为中华崛起传播智慧

To disseminate intelligence for the rise of China

机工传媒
China Machine Media

国家出版基金项目

中国战略性新兴产业研究与发展

R&D of China's Strategic New Industries

数据与企业治理

Data and Corporate Governance

郑爱军　主编

机械工业出版社
China Machine Press

本书从两条线全景描绘了正在到来的数字时代和数据时代，以及正在被数字“浸入”的企业是如何开展有效数据治理的。两条线分别是：数据治理的逻辑线，企业通过数据治理实现数字化转型线。本书共分九章，分别是认识数据、数据与数字化浪潮、数据治理理论概述、数据治理模型和框架、数据全生命周期管理、数据治理运行机制、数据治理应用与价值、数据驱动企业数字化转型、数据时代下企业治理发展趋势与展望。

本书内容系统全面，适合政府、企事业单位和研究机构等进行数字化建设规划制定、组织管理的人员使用，也可供对此类工作感兴趣的各界人士阅读。

图书在版编目（CIP）数据

中国战略性新兴产业研究与发展．数据与企业治理／郑爱军主编．—北京：机械工业出版社，2021.4
（国家出版基金项目）
ISBN 978-7-111-67831-1

Ⅰ．①中… Ⅱ．①郑… Ⅲ．①新兴产业－产业发展－研究－中国②数据处理－信息产业－产业发展－研究－中国 Ⅳ．①F269.24②F492

中国版本图书馆CIP数据核字（2021）第054123号

机械工业出版社（北京市百万庄大街22号 邮政编码 100037）
策划编辑：曹 军 责任编辑：曹 军 王 芳 张珂玲
责任校对：李 伟 封面设计：德浩设计工作室
责任印制：罗彦成
北京宝昌彩色印刷有限公司印刷
2021年5月第1版第1次印刷
170mm×242mm · 16.5印张 · 296千字
标准书号：ISBN 978-7-111-67831-1
定价：118.00元

电话服务
服务咨询电话：(010)88361066
读者购书热线：(010)88379838
(010)68326294

网络服务
年 鉴 网：http://www.cmiy.com
机工官网：http://www.cmpbook.com
机工官博：http://weibo.com/cmp1952

编委会

《中国战略性新兴产业研究与发展·数据与企业治理》

编撰人员

主　　编　郑爱军

撰 稿 人（排名不分先后）

郑爱军　孙泽红　田景熙　王　晓　李子豪

徐向南　刘　波　王路燕　王　芹　黄咏梅

邓北美　苏　芬　龙艳华　李　凯　马春亮

江皇谅

中国战略性新兴产业研究与发展

编委会办公室

主　任　石　勇（兼）

副主任　刘成忠　田付新

成　员　赵　敏　刘世博　曹　军　任智惠　张珂玲

序言

全球金融危机和经济衰退发生以来，美欧日俄等为应对危机、复苏经济、抢占未来发展的先机和制高点，都在重新审视发展战略，不断加快推进“再工业化”，培育发展以新能源、节能环保低碳、生物医药、新材料与高端制造、新一代信息网络、智能电网、海洋空天等技术为支撑的战略性新兴产业，在全球范围内构建以战略性新兴产业为主导的新产业体系。力图通过新一轮技术革命的引领，重新回归实体经济，创造新的经济增长点。这已成为很多国家摆脱危机、实现增长、提升综合国力的根本出路。可以预计，未来的二三十年将是世界大创新、大变革、大调整的历史时期，人类将进入一个以绿色、智能、可持续发展为特征的知识文明时代。那些更多掌握绿色、智能技术，主导战略性新兴产业发展方向的国家和民族将在未来全球竞争合作中占据主导地位，赢得全球竞争合作，共享持续繁荣进程中的主动权和优势地位。

为应对金融危机和全球性经济衰退以及日趋强化的能源、资源和生态环境约束，以实现中国经济社会的科学发展、和谐发展、持续发展，党中央、国务院提出加快调整产业结构、转变经济发展方式，加快培育和促进战略性新兴产业发展的方针，出台了《国务院关于加快培育和发展战略性新兴产业的决定》以及相关政策举措。可以肯定，未来 5 ～ 10 年将是我国结构调整与改革创新发展的一个新的战略机遇期，将通过继续深化改革，扩大开放，提升自主创新能力，建设创新型国家，实现我国科技、产业、经济由大变强的历史性跨越，我国经济社会发展将走出一条依靠创新驱动，绿色智能，科学发展、和谐发展、持续发展之路，实现中华民族的伟大复兴。

展望未来，高端装备制造、新能源汽车、节能环保、新一代信息技术、生物医药、新能源、新材料、绿色运载工具、海洋空天、公共安全等全球战略性新兴产业将形成十几万亿美元规模的宏大产业，成为发展速度最快，采用高新技术最为密集，最具持续增长潜力的产业群落。战略性新兴产业的发展需求也将拉动技术的创新突破和产业的结构调整，为包括我国在内的全球经济发展注入新的强大动力。

在世界各国高度重视培育和发展战略性新兴产业的新形势下，编写一套“中国战略性新兴产业研究与发展”图书，借鉴国外相关产业发展的成功经验，对行业发展思路、发展目标、发展战略、发展重点、投资方向、政策建议等方面进行全面、系统研究，凝聚对战略性新兴产业内涵和发展重点的认识，为国家战略性新兴产业发展规划的顺利实施，以及政府和有关部门制定促进战略性新兴产业发展的相关政策和法规提供参考，具有十分重要的现实意义。

“中国战略性新兴产业研究与发展”系列图书对相应产业的阐述、分析均注重强调战略性新兴产业的六个主要特点：

一是**绿色**。战略性新兴产业属于能耗低、排放少、零部件可再生循环的“环保型”“绿色型”产业，无论从产品的设计、制造、使用，还是回收、再利用等整个生命周期的各个环节，对资源的利用效率与对环境的承载压力均要求达到最理想水平。

二是**智能**。新型工业化要求坚持以信息化带动工业化、以工业化促进信息化，即要实现“两化融合”。而“两化融合”决定了智能是未来产业尤其是战略性新兴产业的发展方向。所谓智能，是指制造过程的智能化、产品本身的智能化、服务方式的智能化。这些均是智能的最基本层次，它还具有其他更为丰富的内涵。例如：智能电网，通过先进的传感和测量技术、先进的设备技术、先进的控制方法以及先进的决策支持系统技术的应用，可实现电网的可靠、安全、经济、高效、环境友好和系统安全等方面的智能；智能汽车不只是安全智能，还包括节能、减排、故障预警等方面的智能。

三是**全球制造**。随着全球化趋势不断深化，战略性新兴产业的发展成果也必将是由全人类共创共享。新产品的研制开发，不再由一个企业独自完成，需要集成各方面优势资源共同解决。例如，iPhone 在中国完成装配，但它的设计、研发以及许多零部件的供应都是在美国、日本和欧洲实现的，其本身就是一个全球化的产品。因而，未来的制造必然是全球化制造、网络化制造。

四是**满足个性化需求与为更多人分享相结合**。目前中国有14亿人口，印度有13亿人口，还有巴西、印度尼西亚等新兴国家、发展中国家也都要实现现代化。在全球如此规模庞大的人群中，既存在富裕阶层、高消费阶层，他们的消费需求是个性化、多样化的；又有占比较大的中产阶层、贫困人口，他们的消费需求是基本层次的，但也不能被忽视。两种类型的消费需求必须同时被满足，这不仅是构建和谐社会的需要，而且是构建和谐世界的需要。因此，我国发展战略性新兴产业，应该既要满足中高端个性化的需求，同时又要满足我国与其他发展中国家广大普通消费者的需求。要把个性化的设计、个性化的产品生产，与规模化、工业化的传统生产结合起来，不能完全抛弃传统的规模化生产方式。

五是**可持续**。要使有限的自然资源得以有效、可持续利用，发展利用可再生资源、能源，强调发展再制造、循环经济。无论是原材料使用，还是零部件制造，从研发、设计之初就考虑到了生产中的废料、使用后的残骸的回收处置，使其能够重新得到循环利用。

六是**增值服务**。培育发展战略性新兴产业需要注意在设计制造过程中与产品售后、使用过程中提供相关增值服务。不应再局限于传统的观念，只注重制造本身，而不注重服务的价值。例如，发展电动汽车产业，必须首先解决好商业模式问题，包括充电桩建设、电池更换、废旧电池回收等服务，否则将无法广泛推广。

“中国战略性新兴产业研究与发展”系列图书内容丰富、资料翔实、观点鲜明、立意高远，并力求充分体现出“四性”，即科学性、前瞻性、指导性和基础性。

第一，体现**科学性**。所谓科学性，就是指以科学发展观为指导。科学发展观的核心是以人为本，基本要求是全面、协调、可持续，根本方法是统筹兼顾，符合客观规律。“中国战略性新兴产业研究与发展”系列图书既要能够为党中央、国务院提出的加快发展战略性新兴产业的总体战略服务，又不应受到行业、部门的局限，更不能写成规划或某些部门规划的解读材料，而应能够立足于事物客观规律、立足于全局。各分册编写组同志重视调查、研究，力求对国情、科技、产业及全球相关产业的发展态势有比较准确的把握，努力为我国战略性新兴产业的发展提供一本基于科学基础的好素材。这套图书立足基于我国国情，而不是简单地把发达国家的相关产业信息进行综合、编译，照搬照抄。当然，我国发展战略性新兴产业不能“闭门造车”，而是要坚持开放性，积极参与国际分工合作，充分利用全球优势资源，提高发展的起点和水平。因而，有必要参照国际成功经验与最新发展趋势，但一定要以我国国情和产业特点为根本出发点，加快培育和发展有中国特色的、竞争能力强的战略性新兴产业。

第二，体现**前瞻性**。一是能够前瞻战略性新兴产业的发展，因为这套图书是战略性新兴产业的发展指导书。二是能够前瞻战略性新兴产业技术的发展。为了做好这两个前瞻，必须要适当地前瞻全球经济、我国经济与战略性新兴产业发展的趋势。只讲发展现状是不够的，因为关于现状的资料很多，通过简单的网络搜索即可查到；也不能只罗列国外的某些规划和发展战略。“中国战略性新兴产业研究与发展”系列图书的编写注重有深度的科学分析与前瞻性的研究。

第三，体现**指导性**。“中国战略性新兴产业研究与发展”系列图书本身就是指导书，能够对产业、对技术、对国家制定政策，甚至在未来国家发展战略与规划的制定等方面发挥一定的引导作用与影响。虽然不能说这套图书可以指导国家战略与规划的制定，但是应该努力发挥其积极的引导作用。

第四，体现**基础性**。所谓基础性，就是指要能够提供战略性新兴产业的基础信息、基础知识，以及我国和有关国家在相关产业发展方面的基本战略，主要的法规、政策和举措，并尽可能提供一些基本的技术路线图。比如，在轴承分册，就描述了一个轴承产业发展的路线图。唯有如此，“中国战略性新兴产业研究与发展”系列图书才能满足原来立项的宗旨——不仅要为工程技术界、大学教师、大学生与研究生提供学习参考书，为产业界的技术人员、管理人员提供决策参照，而且要为政府部门的政策法规制定者提供参考。

机械工业出版社是具有60多年历史的专业性综合型出版机构，改革开放后，随着市场经济的发展，机械工业出版社不断改革转型，不但形成了完善的编辑出版工作流程和质量保证体系，而且编辑人员作风严谨，工作创新。

“中国战略性新兴产业研究与发展”系列图书不仅是一套科技普及书，更是一套产业发展参考书，必须既要介绍国内外战略性新兴产业的发展情况，又要阐述相关政策、法规、扶植措施等内容。因此，这套图书的组编单位、编写负责人和编写工作人员必须要有相关积累和优势。“中国战略性新兴产业研究与发展”系列图书所选的分册主编和作者主要是精力充沛的业内中青年专家，并由资深专家负责相应的编审、校审工作。现在看来大多数工作由中青年同志担当，是完全符合实际的。此外，这套图书的编著还充分发挥了有关科研院所、行业学会和协会的作用，他们的优势在于对行业比较熟悉，并掌握了较为丰富的资料。

最后，特别感谢国家出版基金对“中国战略性新兴产业研究与发展”系列图书的大力支持！感谢全体编写出版人员的辛勤劳动！

期望“中国战略性新兴产业研究与发展”为社会各界了解战略性新兴产业提供帮助，期待中国战略性新兴产业培育和发展尽快取得重大突破，祝愿我国在不久的将来实现由经济大国向经济强国的历史性跨越！

是为序。

路甬祥

前言

当前数据已成为国家的重要战略资源，是驱动经济社会发展的新型生产要素。数据在我国生产活动中扮演着重要角色，将数据纳入收入分配框架中具有必要性和迫切性。党的第十九届四中全会提出健全劳动、资本、土地、知识、技术、管理、数据等生产要素由市场评价贡献、按贡献决定报酬的机制，这是对数据在发展数字经济中所起的关键作用的肯定。数据作为要素参与分配的提出顺应了目前数字经济发展的大趋势，标志着我国已正式进入数字经济红利大规模释放的时代。

数据治理是将数据作为组织资产而开展的一系列具体化工作，是对数据的全生命周期管理。数据治理体系是指从组织架构、管理制度、操作规范、IT应用技术、绩效考核支持等多个维度对组织的数据模型、数据架构、数据质量、数据安全、数据生命周期等各方面进行全面梳理、持续改进建设意见的体系。

数据本身并不具有价值，只有通过治理从分散、无序、碎片化的数据中挖掘出有用的价值后，数据才能变成有效的资产，才能转变为竞争力、服务力和创造力。从企业数据治理的价值来说，数据治理是一个系统的、大型的、长期的工程，大型企业已经开始实施并取得了一定成果。但在众多关键领域，数据治理并没有开始真正意义上的实践，一方面是没有把数据治理的重要性提升到战略高度，另一方面是数据治理的能力普遍缺失，没有形成系统的实施方法论。数据治理需要形成包含组织、制度、标准、流程、安全、技术等内容的数据治理方案，从而打造数据生态环境，为数据应用提供基础保障。

本书全景描绘了正在到来的数字时代和数据时代，以及被数字“浸入”的企业是如何开展有效数据治理的。全书分两条线：一条是数据治理的逻辑线，包括从思维源起、组织实施、治理机制到治理架构、治理模式、治理效果和改进；另一条是企业通过数据治理实现数字化转型线。

本书共分 9 章：

第 1 章是认识数据。本章纵观数据发展历程，经历了从结绳记事、筹算、珠算，到借助计算尺、计算器计算，再到如今的用计算机计算，在不同的发展时期和阶段，数据的内涵和特征有显著差异。在新一代信息技术的变革趋势下，数据的作用不断凸显，不断推动社会治理有序发展。

第 2 章分析数字化浪潮下的数据作用。本章先介绍了数据作为市场要素的背景，然后对数据产业生态进行描述，并结合数字技术革命提出产业变革与生态化的发展趋势，为数字化浪潮下企业转型升级提供方向。

第 3 章概述数据治理理论。数据治理理论是治理理论与互联网数字技术结合而催生的新的公共管理理论准范式，国内外学者、专家对数据治理的内涵、特点均进行了研究。以此为基础，全面分析数据治理的核心要素、数据治理体系建设方法，并为企业进行数据治理提供方法和建议。

第 4 章探讨数据治理模型和框架。本章对数据治理出现的痛点和难点及关键问题进行分析，从数据治理模型内涵、原则目标、路径等方面进行数据治理模型设计，得出包含数据治理框架内容、特征、主流数据治理等的数据治理框架体系，并对企业数据治理框架进行阐述与解读，向读者呈现较为清晰的企业数据治理模型与框架。

第 5 章阐述数据的全生命周期管理。关于数据的生命周期的划分，目前有数据存储理论、分层理论，实际应用中通常将数据生命周期划分为 4 个阶段。本章从数据管理的本质出发，着重描述了数据存储理论和实务中数据生命周期的划分。首先对数据生命周期的基本原理、总体原则、阶段进行论述，其次分析企业数据治理的生命周期模型，剖析数据治理的归集管理、清洗管理、使用管理、交易管理和安全管理，为企业数据治理的应用奠定基础。

第 6 章分析数据治理运行机制。当前，数据治理已成为各行各业面临的共性问题。构建科学合理的运行机制是组织应对大数据时代发展挑战的积极回应，也是数据治理活动顺利进行的必然选择。对数据治理机制的内涵特征、组成要素、主要功能等进行阐述，深刻分析数据治理运行机制现状，并结合数据治理运行机制的设计策略，构建企业运行机制基本结构。

第 7 章探讨数据治理应用和价值。数据治理是国家治理体系和治理能力现代化的重要抓手和衡量标准之一，是借助大数据平台和人工智能、云计算等现代科技手段实施的精准治理、动态治理、高效治理。从数据治理在政府、城市、企业领域的应用，指明数据治理的应用价值，为其发展指明方向。

第 8 章探索数据驱动企业数字化转型。新经济时代下，相对于新兴企业，传统企业进行数字化转型迫在眉睫。本章在数据流动引发企业变革的背景下，对传统企业面临的困境进行分析，提出企业数字化转型的路径。

第 9 章对数据时代下企业治理发展趋势进行展望。本章主要包括数据治理的发展趋势及其支撑、数据时代下企业治理的未来展望两个方面。

本书能够进一步丰富数据治理方面的知识体系，填补国内数据治理研究方面的理论空白，为我国各地开展数据治理提供参考，为企业进行数字化实践提供指导，同时进一步推动数据治理相关理念的普及推广，凝聚社会各界的广泛共识。

本书在撰写过程中得到了诸多业内专家学者的帮助和支持，在此表示衷心的感谢。由于数据治理尚处于培育和发展阶段，尚未形成完整的、系统的理论体系，本书内容难免有不尽如人意和无力企及之处，恳请读者和专家指正。

2021 年 1 月 16 日

编写说明

《国务院关于加快培育和发展战略性新兴产业的决定》确定了我国未来经济社会发展的战略重点和方向是战略性新兴产业，并且根据我国国情和科技、产业基础，又进一步明确为现阶段重点发展节能环保、新一代信息技术、生物、高端装备制造、新能源、新材料、新能源汽车、数字创意和相关服务业九大新兴产业。可见，九大战略性新兴产业将是国家重点支持、大力推广的产业。

为了使大家全面理解、准确把握、深刻领会国家这一战略决定的精神实质，了解其发展内涵，推动产业结构升级和经济发展方式转变，增强国际竞争优势，抢占新一轮经济和科技制高点，机械工业出版社在国家出版基金的支持下，组织各领域权威专家编写了一套“中国战略性新兴产业研究与发展”（以下简称“研究与发展”）图书。

“研究与发展”以国家相关发展政策和规划为基础，借鉴国外相关产业发展的成功经验，对产业发展思路、发展目标、发展战略、发展重点、投资方向、政策建议等方面进行了全面、系统的研究；对前瞻性、基础性和目前产业上有瓶颈限制的问题提出了有针对性的对策。

“研究与发展”采用分期分批的出版方式陆续出版发行，第一期 12 个分册、第二期 13 个分册分别于 2013 年 6 月和 2018 年 2 月完成出版，第一期包括：太阳能、风能、生物质能、智能电网、新能源汽车、轨道交通、工程机械、水电设备、农业机械、数控机床、轴承和齿轮；第二期包括：功能材料、物流仓储装备、紧固件、模具、内燃机、塑料机械、塑木复合材料、物联网、制冷空调、智能制造装备、非常规油气、中压开关和数据中心。本次出版的第三期 29 个分册图书包括：智慧工业、生物基材料、数据与企业治理、智慧经济、智能注塑机、数据赋能、高端轴承、冷链物流、智能汽车、通用航空、远程设备智能维护、智能供应链、智能化立体车库、气体分离设备、焊接材料与装备、高端液气密元件、高端链传动系统、风电齿轮箱、海洋油气装备、燃气轮机、变频调速设备、电子信息功能材料、智能制造、数控系统、工业机器人、核电、智慧交通、增材制造以及内燃机再制造产业发展与技术路线。今后根据国家产业政策要求及各行业的发展情况还将陆续推出其他分册。

为了出版好“研究与发展”，机械工业出版社成立了“中国战略性新兴产业研究与发展”编委会，全国人大常委会原副委员长路甬祥担任编委会主任。路甬祥副委员长对该套图书的编写高度重视，亲自参加编委研讨会，多次提出重要指导意见。他从图书的定位、内容选材、作者队伍建设和运作流程等方面都给予了全面和具体的指导，并提出了“六个特点”和“四性”的具体要求。

机械工业出版社还建立了完善的项目管理、编写组织、出版规范和网络支撑四个方面的工作体系来保证图书质量，投入了大量的精力组织行业权威专家规划内容结构、研讨内容特色。参与图书编写的主创人员自觉自愿地把自己的聪明才智和研究成果奉献给社会，奉献给国家。他们都担负着繁重的科研、教学、行业管理或生产任务，为了使此书能够早日与大家见面，他们不辞辛苦、加班加点，因为他们都有一个共同心愿——帮助企业快速成长，使中国由大变强。

在此，衷心地感谢为此项工作付出大量心血的组编单位、各位专家、各位撰稿人、编辑出版及工作人员！

尽管我们做了大量工作，付出了巨大努力，但仍难免有疏漏或不足之处，敬请读者批评指正！

中国战略性新兴产业研究与发展 编辑部

2021 年 1 月

目录 CONTENTS

第1章

认识数据

认识“数”是开展一切数据治理活动的前提，“数”的发展经历了从简易数字到复杂数字，从统计小数据到大数据的演变。伴随着数据形式的变化，运算工具也发生了变化，从结绳记事到珠算到借助计算器计算到用计算机计算，再到逐渐兴起的云计算，人类运算工具的演变走过了漫长的历程。数据量的激增和运算工具的变革，标志着大数据时代的来临。大数据改变了传统的数据形式、要素和价值，逐渐成为重要的战略性资源，数据治理的研究和实践逐渐兴起。

1.1 数的起源

要认识数据，首先要清楚“数”的渊源，“数”是量度事物的概念，是客观存在的量的表述。“数字”起源于原始人类用来计数的记号，其形成的自然数的“数”符号，是人类最伟大的发明之一，是人类精确描述事物的基础。人类在漫长的历史进程中，通过对现实事物计数这种方式得到了“数”，并学会了使用一定的方式进行运算，将“数”同空间事物相联系，用来表明这些事物的多少。

1.1.1 数是什么

人类对于数的认知是一个从具体到抽象的过程。以前，人类为了生存，往往几十人在一起，过着群居的生活。他们白天共同劳动，搜捕野兽、飞禽或采集果薯食物；晚上住在洞穴里，共同享用劳动所得。在长期的共同劳动和生活中，人类社会逐渐发展到了有些什么非说不可的地步，于是产生了语言。他们能用简单的语言辅以手势，来表达感情和交流思想。随着劳动内容的发展，他们的语言也不断发展，其中的主要标志之一就是语言包含了算术的色彩。

人类先是产生了“数”的朦胧概念。他们狩猎而归，猎物或有或无，于是有了“有”与“无”两个概念。连续几天“无”兽可捕，就没有肉吃了，“有”“无”的概念便逐渐加深。

后来，群居发展为部落。部落由一些成员很少的家庭组成。所谓“有”，就分为“一”“二”“三”“多”等四种（有的部落甚至连“三”也没有）。任何大于“三”的数量，他们都理解为“多”或者“一堆”“一群”。然而，不管怎样，他们已经可以用双手“说清”这样的话（用一个指头指鹿，三个指头指箭）：“要换我一头鹿，你得给我三支箭。”这是他们当时拥有的算术知识。

大约在几千年以前，一些从事游牧的石器时代的狩猎者在中东的山区内，开始了一种新的生活方式——农耕生活。他们碰到了怎样记录日期、季节，怎样计算收藏谷物数、种子数等问题。特别是在尼罗河、底格里斯河与幼发拉底河流域发展成更复杂的农业社会时，他们还碰到交纳租税的问题。这就要求数有名称，而且计数必须更准确。

1.1.2 结绳记事——最古老的数据库

人们对于数的认识，并不是天生就有的。远古时代，人们靠采集和围猎为生。有无猎物或果实，关系到古人的生存，而“有”和“无”的问题，孕育了人类最初的数学思想。对“有”的进一步认识，又产生了另一个数学问题：“多”与“少”。要想知道有多少果实或猎物，就要做比较，和什么做比较呢？被拿来作为比较标准的东西就成了最初的记数工具。

手、耳、脚等人体器官成为人类最早使用的天然记数工具。如果采集到的果实或捕获到的猎物与一只手的手指数相同，就称其个数为“手”，如果与人的耳朵一样多，就称其个数为“耳”，如果与整个人的手指及脚趾数加起来一样多，就称“整个人”。所以，一旦成为记数的工具，一根手指就不仅仅是手指，它可以表示一头羊、一个果子、一根木头或任何别的东西。用手指、脚趾难以长时间记录数据，并且表示的数量有限。经过探索和实践，古人发明了在绳子上打结的计数方式，这在我国古书《易经》《庄子》中都有记载。

在人类学会用文字记事之前，还经历了一个漫长的“刻痕计数”与“结绳记事”（见图 1-1）时代。当然，就技术发明而言，人类最早的工具应该是石器、骨器及木器，而绳索的发明相对要晚些。吉尔伯特（K.P.Gilbert）指出：由于石器时代的人需要绳索来制作捕鱼装置和陷阱，因而人们从旧石器时代起，就通过搓捻把纤维、茸毛或兽皮条制作成带子和绳子。事实上，在西班牙东部的旧石器时代晚期或中石器时代的一幅山洞壁画，描绘了一个人用外表看似绳子的东西沿着悬崖的绝壁向下爬，以便去采集野花蜜。

原始时代，结绳记事是全世界的共同现象，具体办法大致是大事结大结、小事结小结，毫无疑问结绳也具有计数的功用。这一点，无论是在世界几大古文化区域内，还是现代的一些原始部落中，都有丰富的考古资料和事实根据。

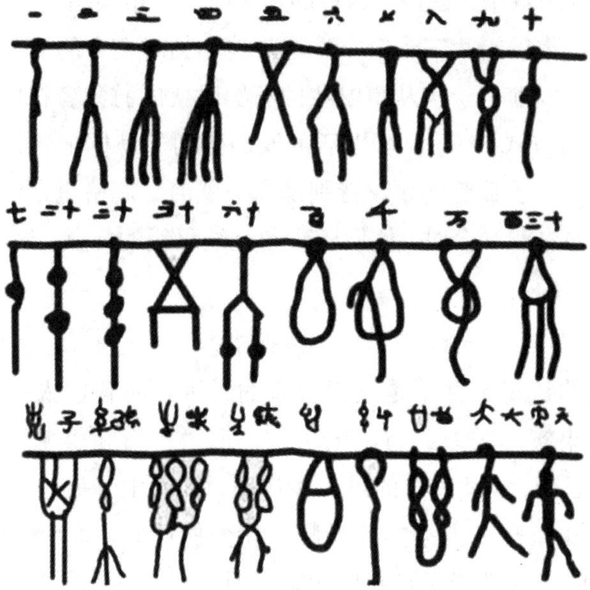

图 1-1 结绳记事

我国记数历史中最古老的传说是："三皇无文，结绳而治，自五帝始有书契。"最有影响的儒家经典《易经·系辞下》中也有"上古结绳而治，后世圣人，易之以书契"的记载。根据史籍和现代考古学的研究，大约在数万年前我们的祖先就进入了结绳记事的时期，后来又发明了用刻痕符号表示数字的方法。《易经·系辞下》还有一段记述伏羲画八卦的传说："古者包牺氏之王天下也，仰则观象于天，俯则观法于地，观鸟兽之文与地之宜，近取诸身，远取诸物，于是始作八卦，以通神明之德，以类万物之情。"

伏羲造书契是民间历史悠久、影响广泛的传说之一。所谓"契"，按刘熙《释名卷六》的解释为："契，刻也，刻识其数也。"那么"书契"也就是指在竹木、甲骨、石片等物体上契刻各种符号以记录一些重要的事情，这里"书"应作为动词解，即书写、刻画之意。所谓"书契"者，并非一定是文字，自然又比结绳记事更加简捷方便一些。

对于数学与语言的关系，美国语言学家布龙菲尔德（Leonard Bloomfield，1887—1949）提出过一个著名的观点：数学不过是语言所能达到的最高境界。英国布洛亨姆（H.P.Brougham）也说：数学语言对任何人来说，不仅是最简单明了的语言，而且是最严格的语言。英国著名数学家霍格本（L.Hogben）认为数学法则是最节约空间的翻译练习。他还认为，数学不同于普通语言，普通语言主要用来描述事物的性质；而数学则与此相反，仅仅用来说明事物的大小、次序和形状。因此，人们可以运用数学这种高度节省空间的国际性书写语言进行信息交流。

我国古代文献中仍然保留着许多有关少数民族刻木、结绳的史实。《隋书·突厥传》中有“突厥无文字，刻木为契”。《唐会要》中有“（吐蕃）无文字，刻木结绳为约”。宋代朱熹（1130年—1200年）曾说：“结绳者，溪峒各蛮，犹各有之。又有刻板者，凡年月日时，以及人民粮草之属，刻板为记，都不相乱。”宋代文献记载“鞑靼人调动军马，或结绳为约，或刻木为契”。明清时代遵义地区少数民族“凡交易，刻木为书契，结绳以为数”。云南众多的少数民族曾采用过结绳计量、刻痕记事法，如佤族用木刻计算日子和账目，苗族用木刻记录歌词，景颇族用木刻记录村寨之间的纠纷，哈尼族用木刻作为借贷离婚、典当土地的契约，独龙族用递送木刻传达通知。

甚至到了20世纪中期，在我国西南的一些少数民族中仍在使用结绳记事与刻痕记事的方法。这种计量、记录法，因为简便易行而得到广泛传承。它们不仅是人类史前时代取得的重大成果，也是后来数据思想发展的源头。

1.1.3 多样的数字

1. 自然数的定义

自然数是指用以计量事物的件数或表示事物次序的数，即用数字0、1、2、3、4… 所表示的数。自然数由0开始，一个接一个，组成一个无穷的集体。自然数有有序性和无限性，分为偶数和奇数、合数和质数等。

自然数是人们认识的所有数中最基本的一类。为了使数的系统有严密的逻辑基础，在19世纪，意大利数学家G.皮亚诺（Giuseppe Peano）总结了自然数的性质，用公理法给出自然数的如下定义。

自然数集**N**是指满足以下条件的集合：

1）**N**中有一个元素，记作1。

2）**N**中每一个元素都能在**N**中找到一个元素作为其后继者。

3）1是0的后继者。

4）0不是任何元素的后继者。

5）不同元素有不同的后继者。

6）归纳公理：**N** 的任一子集 M，如果 $1 \in M$，并且只要 x 在 M 中就能推出 x 的后继者也在 M 中，那么 $M = \mathbf{N}$。

同时期还提出了基数理论。基数理论把自然数定义为有限集的基数，提出“两个可以在元素之间建立一一对应关系的有限集具有共同的数量特征，这一特征叫作基数。”这样，所有单元素集 $\{x\}$、$\{y\}$、$\{a\}$、$\{b\}$ 等具有同一基数，记作 1。类似地，凡能与两个手指头建立一一对应的集合，其基数相同，记作 2，等等。自然数的加法、乘法运算可以基于序数或基数理论给出定义，并且两种理论下的运算是一致的。

自然数在日常生活中起了很大的作用，被人们广泛使用。自然数是人类历史上最早出现的数，在计数和测量中有着广泛的应用。人们还常常用自然数来给事物标号或排序，如城市的公共汽车路线、门牌号码、邮政编码等。

0 是否包括在自然数之内存在争议：有人认为自然数为正整数，即从 1 开始算起；也有人认为自然数为非负整数，即从 0 开始算起。关于这个问题尚无一致意见。不过，在数论中，多采用前者；在集合论中，则多采用后者。我国中小学教材将 0 归为自然数。

2. 古代中国的自然数

在世界各地，数的概念最初都是以 1、2、3、4 这样的自然数开始的，但是记数的符号大不相同。

在我国远古时期，便出现了甲骨文上的数学符号，在殷商之前，古人就已把文字写在乌龟甲和牛骨上。甲骨文上的数字，分别表示 1 ～ 10 和 100、1000、10000。甲骨文记数的位值是十进位制，十、百、千、万都有专门的单位词。甲骨文的记数方式就是由 1 ～ 9 九个数字和若干十进制的位值符号组成的，记数的时候先将两组符号通过乘法结合在一起，以表示位值的若干倍，也就是说，记数将个位数词与单位词靠乘法关系组合而成。但是这种记数方式只适用于文字记载。如图 1-2a 所示，将表示 5 的符号与表示 10 的符号通过乘法结合，则得出图 1-2b 代表数字 50 的符号。同样，表示 5 的符号与表示 100 的符号相结合，写作图 1-2b 500 的符号，表示 100 的 5 倍。如果是非整数的数字，例如 3359，则是表示 3000、300、50 和 9 的四个符号的并列联合书写。目前发现的最大的甲骨文数字是 30000。

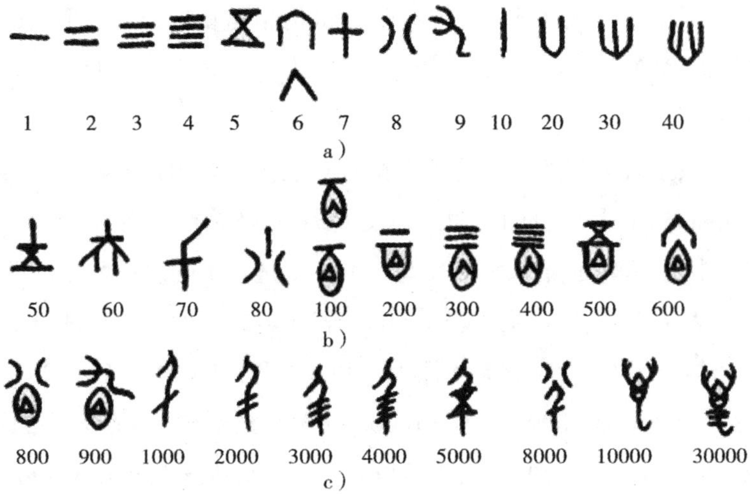

图 1-2 甲骨文中的十进制计数法

我国古代还用算筹来表示数，分为纵式和横式两种，算筹计数法如图 1-3 所示。用算筹计数时，个位、百位、万位都用纵式；十位、千位都用横式；高位在左，低位在右；遇到数字 0 时，就用一个空位表示。后来，就约定俗成以符号○代表数字 0，这恰好与今天阿拉伯数字 0 的形态相近。

纵式	𝍠	𝍡	𝍢	𝍣	𝍤	𝍥	𝍦	𝍧	𝍨
横式	𝍩	𝍪	𝍫	𝍬	𝍭	𝍮	𝍯	𝍰	𝍱
	1	2	3	4	5	6	7	8	9

图 1-3 算筹计数法

3. 罗马数字

罗马数字比阿拉伯数字早 2000 多年，起源于古罗马。

大约在 2500 年前，罗马人还处在文化发展的初期，当时他们用手指作为计算工具。为了表示一、二、三、四个物体，就分别伸出一、二、三、四个手指；表示五个物体就伸出一只手；表示十个物体就伸出两只手。这种习惯被人类一直沿用到今天。人们在交谈中，往往就是运用这样的手势来表示数字的。

当时，罗马人为了记录这些数字，便在羊皮上画出Ⅰ、Ⅱ、Ⅲ来代替手指的数；要表示一只手时，就写成“Ⅴ”，表示大拇指与食指张开的形状；表示两只手时，就写成“ⅤⅤ”，后来又写成一只手向上、一只手向下的“Ⅹ”，这就是罗马数字的雏形。

后来为了表示较大的数，罗马人用符号C表示100。C是拉丁词Centum的头一个字母，Centum就是一百的意思（英文Century就是由此而来）。用符号M表示1000。M是拉丁词Mille的头一个字母，Mille就是一千的意思。取字母C的一半，成为符号L，表示50。用字母D表示500。若在数的上面画一横线，这个数就扩大1000倍。这样，罗马数字就有下面七个基本符号：I（1）、V（5）、X（10）、L（50）、C（100）、D（500）、M（1000）。罗马数字与十进位数字的意义不同，没有表示零的数字，与进位制无关，所以当时的人们用（空格）表示0。

4. 阿拉伯数字

公元3世纪，古印度的一位科学家巴格达发明了阿拉伯数字。大约公元700年前后，阿拉伯人征服了旁遮普地区，他们吃惊地发现被征服地区的数学比他们先进。由于古印度的数字和计数法既简单又方便，其优点远远超过了其他计算法，因而阿拉伯学者们很愿意学习这些先进方法，商人们也乐于采用这种方法去做生意。

后来，阿拉伯人把这种数字传入西班牙。10世纪，又由教皇热尔贝·奥里亚克传到欧洲其他国家。1200年左右，欧洲学者正式采用了这些符号和体系。至13世纪，在意大利比萨的数学家斐波那契（Leonardo Pisano Bigollo）的倡导下，普通欧洲人也开始采用阿拉伯数字，15世纪时这种现象已相当普遍。那时的阿拉伯数字的形状与现代的阿拉伯数字尚不完全相同，只是比较接近而已，为使它们变成1、2、3、4、5、6、7、8、9、0的书写方式，又有许多数学家花费了不少心血，最终形成了现代的阿拉伯数字书写体系。

1.2 信息化趋势下的数据新定义

信息化的本质是将现实世界中的事物通过“数”的转换，以数据的形式存储到计算机系统中，即信息化是一个生产数据的过程。这些数据是自然和生命的一种表示形式，还记录了人类的行为，包括工作、生活和社会发展。今天，数据被快速、大量地生产并存储在计算机系统中，记录着各个领域的信息，等待着人们去挖掘其潜力。

1.2.1 数据的定义

1. 广义上的数据

数据是指记录并可以鉴别客观事件的符号，是记载客观事物的性质、状态以及相互关系等的物理符号或这些物理符号的组合。数据是可识别的、抽象的符号。

广义上的数据概念不仅是数字，还可以是具有一定意义的文字、字母、数字符号的组合、图形、图像、视频、音频等，也是客观事物的属性、数量、位置及其相互关系的抽象表示。例如，“0，1，2…”“阴、雨、下降、气温”“学生的档案记录、货物的运输情况”等都是数据。

2. 计算机中的数据

计算机系统中存储的数据含义很广，不仅指 2、3、7、5 这样一些数字，还指“data”“2011/11/11”等符号、字符、日期形式的数据。确切地说，计算机中的数据是指能够输入计算机中的任何事物，如数字、字符、声音、图像、照片等，而且处理数据的计算机程序本身也是“数据”。数据在物理上以字节（B）作为其大小的计量单位，一个字节为一个数据单位，数据存储于计算机系统中。

数据原子是不可再分割的最小数据单位，是计算机系统所使用的基本字符集，一般为单字节字符，也有一些是双字节字符。

数据对象是识别数据的基本单位，是可命名的，具有独立含义。一个数据对象由有限个数据项组成，必须有一个对象标识，其他为对象内容。

数据项是一个数据原子的有限集，用于描述数据对象的特性，也是可命名的，并且可以定义其数据类型，但没有独立含义，即脱离数据对象单独讨论数据项是没有意义的。

数据集是数据对象的集合。一般情况下，数据集是一个数据对象的有限集合，虽然也有一些无限的数据集需要处理，如流数据，但数据在任何时刻都是有限的。

数据是数据原子、数据项、数据对象和数据集的统称，可以用一个数据表示一个数据原子、一个数据项、一个数据对象或者一个数据集。数据的大小用数据单位 B 来表示，NULL 表示空数据，其大小为 0B。

元数据是描述数据的数据，主要是指描述数据属性的信息，用来支持存储位置指示、历史数据、资源查找、文件记录等功能。元数据可看作一种电子式目录，为了达到编制目录的目的，必须描述并收藏数据的内容或特征，进而实现协助数据检索的目的。

计算机系统是数据的载体，数据是计算机系统的唯一存在。为了避免出现诸如“处理数据的数据，或被数据处理的数据”这样的叙述而陷入表达混乱，在需要的时候可将计算机程序称为数据工具。

数据工具是计算机系统中存储的能够运行的计算机程序或软件系统，是一种特殊的数据对象。数据工具通常用于处理数据，但数据工具本身也是数据，可以被其他数据工具处理，例如，杀毒软件是一个数据工具，用于处理另一个数据工具——“病毒程序”，而“病毒程序”还能自己将自己复制和传播，即自己处理自己。

3. 数据与二进位计数制

在计算机领域，广泛使用二进位计数制来实现对数据的编译、存储与表达。二进位计数制仅用 0 和 1 两个数码，所以，任何具有两个不同稳定状态的元件都可用来表示数的某一位。而在现实中具有两种明显稳定状态的元件有很多。例如，氖灯的“亮”和“熄”、开关的“开”和“关”、电压的“高”和“低”、纸带上的“有孔”和“无孔”等，不胜枚举。利用这些截然不同的状态来代表数字，是很容易实现的。不仅如此，两种截然不同的状态既有量上的差别，也有质上的不同，这样就能大大提高机器的抗干扰能力和可靠性。但是要找出一个能表示多于两种状态而且简单可靠的器件，就困难得多了。

计算机内部采用二进制的原因：

1）技术实现简单。计算机是由逻辑电路组成的，逻辑电路通常只有两个状态（开关的接通与断开），这两种状态正好可以用“1”和“0”表示。

2）简化运算规则。两个二进制数的和、积运算组合各有三种，运算规则简单，有利于简化计算机内部结构，提高运算速度。

3）适合逻辑运算。逻辑代数是逻辑运算的理论依据，二进制只有两个数码，正好与逻辑代数中的“真”和“假”相吻合。

4）易于转换。二进制与十进制数易于互相转换。

5）用二进制表示数据具有抗干扰能力强、可靠性高等优点。因为每位数据只有高低两个状态，即使受到一定程度的干扰，仍能可靠地分辨出它是高还是低。

1.2.2 数据分类厘清数据的边界

1. 定义

数据分类就是把具有某种共同属性或特征的数据归并在一起，通过其类别的属性或特征来对数据进行区别。为了实现数据共享和提高处理效率，必须遵循约定的分类原则和方法。按照信息的内涵、性质及管理的要求，将系统内所有信息按一定的结构体系分为不同的集合，从而使每个信息在相应的分类体系中都有一个对应位置。换句话说，就是将相同内容、相同性质的信息以及要求统一管理的信息集合在一起，而把相异的和需要分别管理的信息区分开来，然后确定各个集合之间的关系，形成一个有条理的分类系统。

数据分类是根据新数据对象的属性，将其分配到一个正确的类别中。分类分析用预测方法预测给定数据对象的类标号，被广泛地应用到医疗诊断及选择购物等领域。

2. 原则

（1）稳定性原则　依据分类的目的，选择分类对象的最稳定的、最本质的特征作为分类的基础和依据，以确保由此产生的分类结果最稳定。因此，在分类过程中，首先应明确界定分类对象最稳定、最本质的特征。

（2）系统性原则　数据分类的一个要点就是要遵循一定的内在规律，通过将选定的分类对象的特征（或特性）按其内在规律系统化排列，形成一个逻辑层次清晰、结构合理、类目明确的分类体系。

（3）可扩充性原则　数据具有迅速增长和不断变迁的特性，在类目的设置或层级的划分上，留有适当的余地，以保证分类对象增加时，不会打乱已经建立的分类体系。

（4）综合实用性原则　数据分类的本质是将繁杂多样的数据进行整理归类，便于统计与处理，需要从实际需求出发，综合各种因素来确定具体的分类原则，使得由此产生的分类结果总体最优、符合需求、综合实用和便于操作。

（5）兼容性原则　数据分类应执行国家标准，若没有相关的国家标准，则执行相关的行业标准；若二者均不存在，则应参照相关的国际标准。只有这样，才能尽可能保证不同分类体系间的协调一致和转换。

3. 方法

根据不同的分类方法，可以将统计数据分为以下几种类型。

（1）按计量层次分类　按照数据的计量层次，可以将统计数据分为定类数据、定序数据、定距数据与定比数据。

1）定类数据。这是数据的最底层。它将数据按照类别属性进行分类，各类别之间是平等并列关系。这种数据不带数量信息，并且不能对各个类别进行排序。例如，某商场将顾客喜爱的服装颜色分为红色、白色、黄色等，红色、白色、黄色即为定类数据。又如，人类按性别分为男性和女性，也属于定类数据。虽然定类数据表现为类别，但是为了便于统计处理，可以将不同的类别用不同的数字或编码来表示，如 1 表示女性，2 表示男性。要注意这种数字不代表着这些类别可以区分大小或进行数学运算。不论用何种编码，其所包含的信息都没有任何损失。对定类数据执行的主要数值运算是计算每一类别中的项目的频数和频率。

2）定序数据。这是数据的中间级别。定序数据不仅可以将数据分成不同的类别，而且各个类别之间还可以通过排序来比较。也就是说，定序数据与定类数据最主要的区别是定序数据之间是可以对顺序做比较。例如，人的受教育程度就属于定序数据。我们仍可以采用数字编码表示不同的类别：文盲 =0，半文盲 =1，小学 =2，初中 =3，高中 =4，大学 =5，硕士 =6，博士 =7。通过将编码排序，可以明显地表示出受教育程度之间的高低差异。虽然这种差异程度不能通过编码之间的差异进行准确的度量，但是可以确定其高低顺序，即可以通过编码数值进行不等式的运算。

3）定距数据。定距数据是具有一定单位的实际测量值（如摄氏温度、考试成绩等）的数据。对于这种数据，不仅可以知道两个变量之间存在差异，还可以通过加、减法运算准确计算出各变量之间的实际差距。可以说，定距数据的精确性比定类数据和定序数据前进了一大步，它可以对事物类别或次序之间的实际距离进行测量。例如，甲的英语成绩为 80 分，乙的为 85 分，可知乙的英语成绩比甲的高 5 分。

4）定比数据。这是数据的最高等级。它的数据表现形式与定距数据一样，均为实际的测量值，唯一的区别是，在定比数据中是存在绝对零点的，而定距数据中是不存在绝对零点的（零点是人为制定的）。因此定比数据间不仅可以比较大小，进行加、减运算，还可以进行乘、除运算。

在统计分析中，区分数据的类型十分重要，不同测度类型的数据所扮演的角色是不一样的。

（2）按来源分类　数据的来源主要有两种渠道：一种是通过直接调查获得的原始数据，一般称为第一手或直接的统计数据；另一种是别人调查的数据，并将这些数据加工和汇总后公布的数据，通常称为第二手或间接的统计数据。

（3）按时间状况分类

1）时间序列数据。这是指在不同的时间所搜集到的数据，反映现象随时间变化的情况。

2）截面型数据。这是指在相同的或近似的时间点所搜集到的数据，描述现象在某一时刻的变化情况。

4. 类别

按照数据分类的原则和方法，可以有多种分类方式，在此仅列举部分较为常见的分类方式。

（1）按性质划分

1）定位的，反映事物坐标的数据，如各种坐标数据。

2）定性的，反映事物属性的数据，如表示事物属性的数据（居民地、河流、道路等）。

3）定量的，反映事物数量特征的数据，如长度、面积、体积、重量、速度等。

4）定时的，反映事物时间特性的数据，如年、月、日、时、分、秒等。

（2）按表现形式划分

1）数字数据，是指取值范围是离散的变量或者数据，如各种统计或量测数据。数字数据在某个区间内是离散的值。

2）模拟数据，由连续函数组成，是指在某个区间连续变化的物理量，又可以分为图形数据（如点、线、面）、符号数据、文字数据和图像数据等，如声音的大小和温度的变化等。

（3）其他划分　按记录方式可分为地图、表格、影像、磁带、纸带等。按数字化方式分为矢量数据、格网数据等。在地理信息系统中，数据的选择、类型、数量、采集方法、详细程度、可信度等，取决于系统应用目标、功能、结构和数据处理、管理、分析的要求。

1.2.3 数据的特性

1. 可共享性

共享是指共同享有，在物理世界中主要是指某样东西被多个人分享。例如，“共享午餐”是指多人一起吃午餐，但其实每个共享者吃的东西并不一样，同样的东西不可能被吃进两个人的肚子里。

数据共享的概念有着本质上的不同，是指同样的数据被多个共享者所拥有，并且每位拥有者拥有完全相同的数据量、数据形式和数据内容，即拥有数据的副本。将一个数据复制多个副本是轻而易举的事情，因此，数据是可以共享的，而共享性也是数据能够被广泛应用和深入挖掘的一个前提。

2. 多样性与复杂性

随着数据“爆炸”的继续进行，越来越多的数据被存储到计算机系统中，数据的类别和数据的形式均有很多种，因此计算机系统中的数据是多样的和复杂的。

数据的多样性是指数据有各种类别，如各种语言的、在互联网中或不在互联网中的、公开或非公开的、企业或政府的等。数据的复杂性是指数据具有各种各样的格式，包括各种专用格式和通用格式，并且数据之间存在复杂的关联性。

3. 无机性

自然界中的物质会老化，有生命周期，而数据不会老化，没有生命周期。就其被生产、被存储、被修改、被删除这些过程而言，数据是有生命周期的，但这是该数据在现实中对应的事物的生命周期，而不是计算机系统中数据的生命周期。数据本身不会随时间的推移而变老变旧，例如，将一张照片数据存放多年，只要载体还存在或者不断替换新载体，这个数据对象本身就不会发生变化，数据就不会减少，其质量也不会下降。

1.2.4 数据在应用过程中迸发价值

1. 结构化数据服务于商业应用

最早的商业数据通常是结构化数据，很多公司从其旧有系统中收集这些数据并把它们存储到关系型数据库管理系统中。这些数据库管理系统中使用的分析技术在 20 世纪 90 年代非常流行，通常都很直观但也很简单，例如报表、仪表盘、条件查询、基于搜索的商业智能、联机事务处理、交互式可视化、记分卡、预测建模、数据挖掘等。自 21 世纪初以来，互联网给各类组织机构提供了一个在线展示其业务并和客户直接互动的独特的机遇。大量的产品和客户信息，包括点击流数据日志、用户行为等，均可以从网站上获取。这样通过采用各种文本和网站挖掘技术进行分析，就可以实现产品布局优化、客户交易分析、产品的建议和市场结构分析。

2. 数据持续提升网络应用水平

早期的网络主要提供电子邮件和网页服务，因而文本分析、数据挖掘和网页分析技术也相应地用于挖掘电子邮件内容、构建搜索引擎等。网络数据量在全球数据量中比重较高。如今，Web 已经成为相互关联的页面世界，充满了各种不同类型的数据，例如文本、图像、视频、照片和交互内容等。大量用于半结构化或非结构化数据的高级技术应运而生。例如，图像分析技术可以从照片中提取有用的信息，可以从脸部识别个人信息等。多媒体分析技术可以应用于商业执法和军事应用的自动化视频监控系统中。2004 年后，在线社交媒体，例如论坛、网上群体、网络博客、社交网站、社交多媒体网站等，为用户创建、上传并分享内容提供了更为便捷的方式，社交数据开始爆发式增长。此外，网络数据不仅源自互联网，移动网络和物联网也成为其重要来源。早在 2011 年，移动电话和平板计算机的数量就超过了便携式计算机和个人计算机的数量，移动电话和基于传感器的物联网正在开启新一轮网络应用的演变。随着目前新趋势下各类信息技术的发展和数据应用水平的提升，网络应用进入了新的阶段。

3. 数据助推科学应用

许多领域的科学研究都在通过高通量传感器和仪器获取大量数据，从天体物理学和海洋学，到基因学和环境研究，无不如此。美国国家科学基金会（NSF）2019 年征集 BIGDATA 方案，以利于信息共享和数据分析。一些学科已经开发了海量数据平台并取得了相应的收益。例如，在生物学中，IPlant（植物生物学家 Andreas Madlung 参与建设的协作网络基础设施项目）正应用网络基础设施、物理计算资源、协作环境、虚拟机资源、可互操作的分析软件和数据服务来协助研究人员、教育工作者和学生建设植物学科。IPlant 数据集形式多样，其中包括规范或参考数据、实验数据、模拟和模型数据、观测数据以及其他派生数据。

1.3 数据与信息

数据与信息是不可分离的。信息可以用与物理介质有关的数据来表达，数据中所包含的意义就是信息。信息是对数据的解释、运用与解算，即使是经过处理后的数据，也只有经过解释才有意义，才能成为信息；就本质而言，数据是客观对象的表示，信息则是数据内涵的意义，只有数据对实体行为产生影响时才成为信息。

1.3.1 概念

1. 数据的定义

数据是客观实体的属性的值，是对现实世界事物的客观描述。例如，某人的身高是 175cm，这里的 175 就是数据，气温 30℃里的 30 也是数据。而在多媒体技术普及的今天，数据不仅是数字，图形、视频也可以称作数据。数据是人们对客观世界的度量或复制。

2. 信息的定义

信息是一种已经被加工为特定形式的，经过解释会对某一社会组织的决策具有明显和实际价值的数据。

信息是对决策有用的那部分数据。信息来自数据，数据是信息的载体。比如，当开车的时候，仪表盘上的速度表反映的只是汽车的一个瞬间时速，这是数据。但是，当看到车速提到 60km/h，将车挡从 3 挡换到 4 挡时，此时的 60km/h 就是一个信息。这是从数据提取信息的一个实例。

1.3.2 信息的性质

1. 真伪性

人们获得的信息未必是真实的，比如用概率统计方法获得的天气预报方面的数据有可能是不真实的，原因在于选取的样本不够或失真等。所以，在获得某种信息后还应对信息的真伪进行鉴别。错误的信息不仅对决策没有帮助，还有可能会贻误工作。

2. 层次性

信息是有层次的，不同的管理层需要的可能是不同层次的信息。企业高层需要战略性信息，中层需要战术性信息，而基层需要操作性信息。不同层次的信息，在保密性、长期保存性、内外区别性方面有所不同。

3. 不完全性

任何信息都是从大量数据中提取出来的，它不可能囊括事实的所有方面。比如，在看到一家企业产能高速增长信息的时候，可能会忽略这家企业质量方面的信息，在审核信息时应考虑其不完全性。

4. 滞后性

信息是从已有数据中提取出来的，总是滞后于真实世界中发生的事。比如要在一年结束后才能知道当年的GDP信息，一年没有结束时的信息只能用于预测。

5. 扩散性

信息是可以扩散的，可以通过各种渠道和手段向四面八方传播，如现在的微博和微信，瞬间就可将信息传播到千百万受众中。这种信息传播的特点有好处也有不足，如果传播正能量就会给社会带来益处，否则会带来反面效果。

6. 可压缩性

可压缩性可以节约传播时间和存储空间，比如一个6MB的图片可以被压缩到几十KB。视频信息也可以大幅度压缩以用于网络传播。

7. 共享性

信息是可以为人们所共享的，例如，一个关于某只股票的信息可以为所有股民共享。信息共享的另一个特点是它的可复制性。例如，一个人有一个苹果，另一个人有一个桃子，如果要共享，只能每人各有半个苹果、半个桃子。但是，这两个人可以共享一个信息，分别拥有一个副本。

8. 价值性

价值性非常重要。信息是从数据中提取出来的有益于决策的那部分数据，所以信息是一种资源，是有价值的。例如，某种饮料在北京市东城区卖两元钱一瓶，在西城区可卖到三元钱一瓶，把一瓶饮料从东城拿到西城就可以多赚一元钱，这就体现了信息的价值，也就是人们研究管理信息的动力。通过特定的转换方式也可以把信息的价值量化。

1.3.3 信息的分类

类似于对数据的分类方法，从不同的角度去认识信息就会有不同的分类形式。

1. 根据认识层次

按对信息的认识可以分为语法信息、语义信息和语用信息三类。

语法信息是关于事物运动及其变化方式的外在形式，比如使用的模型和公式等；语义信息是常用的“信息”一词的概念，可以是数字、图表、文字等；语用信息是指某事物信息的有用性，描述信息效用最大、最小、模糊等。

2. 根据应用领域

根据信息的应用领域可分为工业信息、农业信息、军事信息、政治信息、科技信息、文化信息等。

3. 根据信息源性质

根据信息源的性质，可分为语音信息、图像信息、文字信息、数字信息等。在多媒体时代，信息已不仅以数字形式存在，而是多种多样的。

4. 根据观察过程

信息观察的过程可分为实在信息、先验信息、实得信息。实在信息是指客观存在的信息。先验信息则是根据经验得出的信息，比如6月炎热是一个先验信息，但在南半球未必经得起验证。实得信息是指最后取得的信息。

5. 根据信号形式

信息是通过信号来传递的。根据信号的形式可分为连续信息、离散信息和半连续信息。比如，电流信号是一个连续信息，脉冲信号是一个离散信息。离散信息可以通过适当的形式转化为连续信息，这就是半连续信息。

1.4 数据的多维集合——大数据

近几年来，由于计算机、物联网等信息化技术以及传感技术的发展，现代生活中出现了“一切皆可数据化”的思维，数据的产生方式由“人机”“机物”的二元世界向着融合社会资源、信息系统以及物理资源的三元世界转变，数据规模呈膨胀式发展态势。

1.4.1 大数据的内涵

1. 大数据的多维定义

目前对大数据尚未形成统一的定义，最早提出“大数据”概念的机构——麦肯锡公司认为：大数据是规模超过常规数据库工具获取、存储、管理和分析能力的数据集。该定义有两方面的内涵：一是符合大数据标准的数据集的大小会随着时间的推移、技术的进步而增长；二是不同部门符合大数据标准的数据集的大小会存在差别。麦肯锡公司在研究报告中还指出，大数据已经渗透到每一个行业和业务职能领域，逐渐成为重要的生产因素，而人们对于海量数据的运用预示着新一波生产率增长和消费者盈余浪潮的到来。在麦肯锡公司的报告发布后，大数据迅速成为计算机、金融、物流、交通等领域的热点研究问题，并被认为是关系到社会生产、生活的关键技术，更受到了企业的高度关注。

国际商用机器公司将大数据的特点总结为“4V”理论：

（1）数据规模庞大（Volume） 当数据规模很小时，所遇到的问题已有非常成熟的数据存储、计算、分析、呈现方案，数据模型方面也有非常多的研究成果。大数据则必须是规模异常庞大的数据，只有当规模庞大时，才有新的研究价值。

大数据的“大”，不是说一定要超过特定 TB。由于过去计算能力、存储能力、分析能力有限，现在看起来很简单的问题，可能曾是大数据相关问题。

（2）数据更新频繁（Velocity） 摩尔定律揭示了处理器分析能力与时间的关系，也就是说，每隔 18 个月左右处理器的分析能力翻一番。对一个静止的数据集，今天的处理器无法处理，存储器不好存储，但随着技术的进步，未来可能非常容易处理。

大数据技术，要求人们想出更多的巧妙的分析办法，提出更优秀的处理模型，而不能只依赖存储能力、处理水平、网络带宽等硬件设备的性能改进。大数据技术要求分析对象是频繁更新的数据集。

（3）数据类型多样（Variety） 传统的关系型数据库，无论从理论上还是在应用上都非常成熟。关系型数据库一般保存格式固定、类型单一的数据，多年数据库理论、数据挖掘、数据仓库的研究，已经有相当多的成果。

大数据要求分析对象是异构、异质的数据集，可能包括文本、音频、视频等多种形式，也可能是结构化、半结构化或无结构的。

（4）数据价值巨大（Value） 如果数据没有价值，就没有分析的必要。因此，大数据要求待处理数据集有巨大的商业价值或社会价值。

在价值这个层面，除了要求价值巨大外，一般还会增加一点要求，即价值密度极低。人们常说，大数据是一个“金矿”，金矿包含两个方面的含义：一方面，黄金很值钱，金矿很有价值；另一方面，金矿不是金库，几万吨的矿砂，也许只有几十千克黄金，也就是说金矿的价值密度是非常低的。大数据也要求价值密度非常低。如果每一条数据都是非常有价值的，那么也就无所谓“挖掘”了，没有挖掘，大数据的意义也就荡然无存了。

高德纳研究机构认为，大数据是只有运用新的处理模式才能具有更强的决策力、洞察发现力和流程优化能力的海量、高增长率和多样化的数据资产。从数据的类别上看，大数据指的是无法使用传统流程或工具处理或分析的信息。它定义了那些超出正常处理范围和规模、迫使用户采用非传统处理方法的数据集，这些数据集呈现多样化的特征，即非结构化或半结构化的特征。维基百科对大数据的另外一个定义是：大数据是指所涉及的数据量规模巨大到无法通过人工在合理时间内达到收集、提取、管理、处理并整理成为人类所能解读的信息。该定义同样指出，大数据的数据规模已经大到没有办法用人工的方式加以处理。

美国国家标准和技术研究院从学术的角度对大数据的定义做了解释：大数据是指由于受其数据量、采集速度或数据表示的限制而无法使用传统关系型方法进行有效分析，或需要使用重要的水平缩放技术来实现高效处理的数据。

综上所述，从大数据的定义及其解释来看，其定义、存储、数据结构、并行计算与分析技术、数据处理技术等方面的需求已经超出了传统方式的分析和处理能力，也就是说，运用现有的数据库管理结构、数据仓库架构很难实现大数据的存储、处理与分析。因此，必须研发一套全新的系统开发架构、处理模式和综合管理工具，来完成大数据的管理、处理与分析。

目前，大数据已经成为信息综合管理与处理、知识管理与决策、商务智能与信息增值等相关领域最热门的话题之一。大数据产业链条包含了数据生成、数据存储、数据处理和数据展示等完整生态系统的多个环节。大数据所涉及的企业已经不仅是传统 IT 企业或者少数互联网巨头企业，其影响范畴甚至已经涵盖了那些应用大数据处理结果的企业。大数据通常包括如下相关的企业：①与海量数据的存储和处理相关的企业；②与数据中心建设和运营维护相关的企业；③与视频化应用相关的企业；④与智能化和人机交互概念相关的企业。

2. 大数据的产生

（1）企业级需求孵化出早期大数据　随着电子商务业务的拓展、各行各业信息化应用的普及与深入发展，计算机处理信息的领域不断扩大，其信息处理系统随之产生了大量现行的和历史的重要数据。企业在经营管理过程中，如企业资源计划系统、业务生产系统、产品市场交易系统、生产资料管理系统、财务系统、办公自动化系统、客户关系管理系统、物流供应链管理系统等都产生了大量数据，同时也产生了众多文档、交易记录、操作日志、客户反馈等非结构化数据，以及传感器数据、图像视频监控文件等实时多媒体数据。尽管企业已经意识到这些复杂格式数据的潜在价值，也通过数据挖掘技术对客户的交易过程、业务处理流程等进行了分析和预测，但是企业所处的信息化环境正在变化，企业应用与互联网、移动互联网的融合越来越快，来自企业外部的非结构化数据大大增多。

由此可见，企业级应用的需求拉动了大数据管理与分析技术的发展，而IT企业的积极参与也加速了这一进程的发展步伐，企业级应用的普及成为大数据产生的首要因素。

（2）网络发展推动数据巨量增长　随着互联网的普及、新型互联网应用的不断产生、网络信息与数据的不断增长，目前网络数据量已经在全球数据量中占比很大。伴随数据量增长而来的是网络中日益增多的数据类型，文本、图片、视频、声音数据等大量半结构化、非结构化的复杂数据类型应运而生。

网络数据不仅来自于传统互联网，随着传统互联网到移动互联网的转变，移动宽带的迅速提升，产生数据的终端由个人计算机转向了包括个人计算机、功能手机等在内的多样化终端，因而移动互联网也成为网络数据的重要来源。个人智能手机和平板计算机的快速普及，使得越来越多的人、设备和传感器通过数字网络连接起来，并且产生、分享和访问数据，移动互联网正逐渐渗透到人们工作和生活的各个领域，移动终端逐渐演变成了一个提供通话管理、游戏娱乐、办公记录、网页浏览、购物理财、视频分享等各类应用的运行环境。

（3）云计算的出现带来革新浪潮　云计算是信息技术领域继计算机、互联网之后的第三次革新浪潮。2006 年谷歌公司在搜索引擎大会首次提出“云计算”的概念，短短数年间，云计算就给信息领域带来了巨大的变革。

云计算是一种基于互联网相关服务的增加、使用和交付的模式，通过互联网提供动态易扩展且经常是虚拟化的数据资源。作为一种新型计算模式，云计算体现了网格计算、分布计算、并行计算、效用计算等技术的融合与发展。云计算为数据存储与计算提供了一个新型的平台，也为大数据的发展提供了动力。

从技术上看，大数据与云计算是密不可分的，云计算是大数据的基础与平台，大数据则是云计算的重要应用，两者相辅相成，缺一不可。大数据的特点在于对海量数据的挖掘，其必然无法用单台计算机进行处理，需要依托云计算的分布式处理、分布式数据库、云存储和虚拟化技术。由此可见，云计算的出现是大数据产生必不可缺的前提条件。

（4）物联网将大数据渗透到多维领域　物联网背景下的大数据成倍增长，这不仅体现在联网终端数量逐渐增多，还体现在，由于互联网和电子商务已经渗透到人们工作和生活的各方面，也带来了各个业务领域的数据采集数量的大规模增加。另外，物联网的感知层也出现了多样化的数据需求，涌现了基于物联网领域的感知技术，主要包括传感器技术、红外技术、蓝牙技术等短距离传输技术，音频、视频、图像、文本等的大量数据采集技术。这些技术作为物联网最为重要的技术，使工业、农业、医疗、教育、交通运输、物流、通信、金融等各行各业及相关领域获得了更为广泛的数据来源与数据资产，也为物联网应用的数据采集提供了丰富的数据源。因此，物联网技术已经成为大数据时代的重要技术之一，推动了大数据的发展。

3. 大数据的特征

大数据的特征可以体现在以下方面：从容量上看，数量容量大，数据量的大小决定数据的价值和潜在的信息；从种类上看，数据类型具有多样性；从速度上看，要求处理数据的速度非常快；从复杂性上看，数据量巨大，来源多、渠道多，价值密度低；在可变性、真实性等方面，大数据也都具有自己的特征。

（1）数据容量大　大数据的特征首先体现为“大”，在使用 MP3 技术的时代，一个小小的 MB 级别的 MP3 就可以满足很多人的需求，然而随着时间的推移，存储单位从过去的 GB 到 TB，乃至现在的 PB、EB 级别。随着信息技术的高速发展，数据开始爆发性增长。社交网络（微博、微信）、移动网络、智能工具、服务工具等，都成为数据的来源。迫切需要智能的算法、强大的数据处理平台和新的数据处理技术来统计、分析、预测和实时处理如此大规模的数据。

（2）数据类型多　按照数据的结构，数据可以划分为结构化数据、半结构化数据和非结构化数据。广泛的数据来源决定了大数据形式的多样性。任何形式的数据都可以发挥作用，目前应用最广泛的就是推荐系统，如淘宝、网易云音乐、今日头条等，这些平台都会通过对用户日志数据的分析，推荐用户喜欢的内容。日志数据是结构化明显的数据，还有一些数据结构化不明显，例如图片、音频、视频等，这些数据关系弱，需要人工对其进行标注。

如今，人们会借助互联网发布各种信息，如网络日志、社会数据、互联网文本和文件、互联网搜索索引、呼叫的详细记录，天文学、大气科学、基因组学、生物学和其他复杂学科或跨学科的科研数据，以及军事侦察、医疗记录、摄影档案馆视频档案和大规模的电子商务信息等。大数据已经不仅包含这些发布的信息，全世界范围内的工业设备、汽车、电表上有着无数的传感器，随时测量和传递着位置、运动、振动、温度、湿度乃至空气中化学物质的变化，产生着海量的数据信息，这些数据也包含在大数据中。

（3）价值密度低　虽然大数据具有巨大的商业价值，但是不可否认的是，大数据价值密度的高低与数据总量的大小成反比，这也是大数据的核心特征。以视频为例，一部 1h 的视频，在连续不间断的监控中，有用数据可能仅有 2s。如何通过强大的机器算法更迅速地完成数据的价值“提纯”成为目前大数据背景下亟待解决的难题。

现实世界所产生的数据中，有价值的数据所占比例很小。相比于传统的小数据，大数据最大的价值在于：通过从大量不相关的各种类型的数据中，挖掘出对未来趋势与模式预测分析有价值的数据，利用机器学习方法、人工智能方法或数据挖掘方法进行深度分析，发现新规律和新知识，并将它们运用于农业、金融、医疗等各个领域，最终达到提升社会治理水平、提高生产效率、推进科学研究的效果。

（4）处理速度快　对数据处理速度的要求是，一般要在秒级时间范围内从各种类型的数据中快速获得高价值的信息，时间太长就失去了价值，这是大数据处理区别于传统数据挖掘的最显著特征。

1.4.2　大数据成为经济社会发展新能源

如今数据逐渐成为与物质资产、人力资本并列的重要的生产要素，大数据将成为提高竞争力、生产力、创新能力以及创造消费者价值的关键要素。

1. 大数据有助于政府决策精准化

大数据有助于政府横向部门间、政府与市民间的协作沟通，消除信息孤岛现象，使政府数据的共享和开放成为可能。首先，大数据技术可以集中各部门的数据资源而形成“数据云”，通过制定访问协议并分配访问权限，使各部门根据需要在权限范围内获取云端数据，这种方式可以打破原有时间和空间的束缚，提高数据共享效率。其次，大数据技术有助于规范政府各部门的数据采集存储标准，增强各部门间数据治理工作的一致性。在此基础上建立政府智能系统，可以有效地解决政府部门间数据的冲突或矛盾等问题。再次，大数据使行政过程更加公开透明，公众可以实时监督政府行为，督促公务人员提高工作效率，使得权力在阳光下运行。

决策是政府管理的核心环节，决策水平决定着政府公共管理的成败。数据和信息是决策的基础，关乎决策的准确性和科学性。传统的政府决策方式是通过座谈会、听证会和公民意见箱等方式搜集信息，而这些信息严格来说属于小范围的抽样调查数据，数据和信息本身就是不全面的，据此制定出来的决策难免出现偏差。大数据技术摒弃了抽样调查和经验判断等传统决策方式，利用数据融合、数据挖掘、智能运算等技术，使用完整的、全面的信息进行分析，得出的决策方案更加科学合理。

正如美国著名学者丹尼尔·埃斯蒂（Daniel C.Esty）所说：任何精英或利益集团的判断都是片面的，只有相信基于整体分析的大数据技术，政府才能做出正确的决策，进而提高其管理效率。大数据技术将模糊决策转化成精准决策，增强了决策的科学性。此外，大数据技术对信息的收集、分析和处理过程是实时的，保证了决策的时效性。这让本来静态的政府决策动态化，大幅提升了决策的效率。总而言之，大数据技术可以充分利用政府拥有的信息资源，为政府决策的科学性提供保障。

2. 大数据有助于公共服务精细化

在公共服务领域，大数据凭借数据维度多、处理速度快的特点，有利于深化治理改革、激活治理资源、创新管理手段、提升公共服务水平。在医疗卫生领域，大数据有利于避免过度治疗，减少错误治疗和重复治疗，从而降低系统成本、提高工作效率，改进和提升治疗质量。在公共管理领域，大数据有利于有效推动税收工作的开展，提高企业纳税效率，同时可以提高教育部门和就业部门的服务效率，根据大数据分析，做到“对症下药”。在交通领域，基于大数据的交通路网动态分析正深入发展，各种各样的互联网感知器使得交通通行效率越来越高。

在助力公共服务做大的同时，大数据还推动着公共服务做细做深。以往政府的公共服务对每个人都是相同的，由于技术的限制，公共服务很难针对不同人的特征进行精细化管理。随着经济社会的不断发展，生活水平的不断提高，人们的需求也在不断升级。公众已经不再满足于被动接受服务，而是希望能够选择符合自身要求的个性化的公共服务，因此，政府公共服务的精细化将越来越重要。大数据技术以其全面、准确、高效、智慧等特性，将“人类普遍”还原为“人类特殊”，能够满足公众的个性化需求，为政府公共服务精细化提供技术支持。例如精细化的交通管理，大数据技术能够根据城市实时、全面的路况信息，快速合理、精细准确地调整交通管理策略，提高道路使用效率。此外，大数据还可以应用到公共安全、公共卫生、食品安全、人口管理等领域，以提升这些领域公共服务的精细化水平。这种方式的广泛应用和全面覆盖，将满足公民的个性化需求，提高政府的公共管理能力。

3. 大数据有利于经济可持续发展

在产业升级与经济发展方面，大数据发挥着巨大的作用。经济是由数据构成的，也是由数据驱动的。经济的发展就是数据的运动，经济改革就是数据的重新定义。运用大数据，能对市场做出精准、快速、实时的反应和判断。

（1）创新产业发展模式　大数据产业链涵盖数据采集、数据存储与管理、数据分析与挖掘、数据运行维护及应用、数据安全、数据标准与规范等多个环节，覆盖数据从产生到应用的全部生命周期。在大数据产业链中，可以实现对数据的全面采集、深度分析和系统优化，并将相关数据终端有效连接起来，从而打破产业类别与信息服务之间的壁垒，重构产业发展模式。

（2）促进关联产业集聚　大数据产业的优势不仅在于对庞大数据信息的专业化处理，更在于通过云计算、分布式处理、存储和感知等技术的运用，提升相关产品制造能力，攻克关键核心技术，并在数据获取与应用层面形成产业集聚效应。通过建设大数据发展核心区，建立数据交易流通机制和规范标准体系，在医疗、商业、城市服务等领域实现数据流通和产业体系内各部门的信息互通，促进核心企业周围形成产业集群，显著提升经济发展的规模效应。

（3）促进经济社会可持续发展　大数据的应用有助于推动环保、节能、绿色产业发展，促进环境保护和经济社会可持续发展。首先，利用大数据，可以对环境进行立体监测，通过数据模拟技术和排放清单等工具建立环保大数据系统，提高环境监测数据的可靠性，夯实数据应用基础。其次，利用大数据，可以对污染物排放集中、能源消耗大的产业进行精准治理，从而优化产业结构，提高资源利用效率。再次，大数据所具有的多元化、交互性特征可以为经济决策提供科学依据，有利于促进经济发展与改善民生、保护生态环境相协调，让人民群众更好地共享经济社会发展成果。

4. 大数据加速企业创新能力升级

大量传统企业、制造业、加工行业、快消行业都面临着数字化转型。现有的业务数据化以及与大数据云计算技术相整合、落地，需要更多的传统企业能够跟大数据企业对接。

（1）大数据应用优化企业运营　大数据分析能够为企业的经营管理提供数据和决策支持。企业通过分析大量数据，可以进一步挖掘市场机会和细分市场，然后对每个群体采取有针对性的行动。用创新的方法解构消费者的生活方式，剖析消费者的生活习惯，让吻合消费者未来生活方式的产品研发不再成为问题。如果了解了消费者的特点，就知道了其潜藏的真正需求。大数据分析是发现新客户群体、确定最优供应商、创新产品、理解销售季节性等的最好方法。通过数据驱动产生应用，最后通过技术保障来实现整个产品的生命周期。大数据分析为企业提供了洞察市场规律的条件，也为企业制定营销策略、充分把握市场上转瞬即逝的发展机会、提高经营管理效率创造了良好的环境。

（2）大数据提高决策能力　大数据的核心作用在于实现企业运营数据的价值化，数据价值化包括数据分析和决策两个重要的环节，数据分析的目的之一就是辅助各种决策的制定。大数据能够有效帮助各个行业用户做出更为准确的商业决策，从而实现更大的商业价值，它从诞生开始就是站在决策的角度的。虽然不同行业的业务不同，所产生的数据及其所支撑的管理形态也千差万别，但从数据的获取、数据的整合、数据的加工、数据的综合应用、数据的服务和推广、数据处理的生命线流程来分析，所有行业的模式是一致的。

(3)大数据创新企业管理模式　大数据技术与企业管理核心因素高度契合。企业管理最核心的因素之一是信息搜集与传递，大数据的内涵和实质则在于大数据内部信息的关联、挖掘，由此发现新知识、创造新价值。两者在这一特征上具有高度契合性，甚至可以宣称大数据分析就是企业管理的又一种工具。因为对于任何企业而言，信息即财富，所以从企业战略着眼，利用大数据，充分发挥其辅助决策的潜力，可以更好地服务企业发展战略。企业的智能化运营管理，主要针对其与用户之间的动态交流，根据用户反馈为用户提供更加动态、合理、优质的服务。借助互联网，现代企业可以更好地实现与用户的沟通交流，用户也可以利用互联网享受到更多的设备资源，并通过及时反馈其体验而得到更好的服务。与此同时，数据分析水平的不断提高，使得动态数据的收集、管理、分析、研究有了更重要的意义：一方面，它保证了企业运营管理的有效性；另一方面也为管理用户体验和预测用户消费提供了有力的保障。企业通过与用户交互信息，为用户提供并推荐相关互联网资源，在保证用户体验的前提下，促进了企业资源的优化以及合理分配，也推进了企业的智能化运营进程。

1.4.3 机遇与挑战并存的大数据发展之路

1. 大数据应用的未来发展方向

大数据带来了巨大的技术创新与商业发展机遇，小数据的不断累积，使数据具备更加完善和深层次的价值，开启了时代转型之路。大数据的分析和挖掘功能可以为企业经济发展提供数据支持，帮助企业和社会实现更高的经济效益。

大数据时代下，丰富的数据内容为企业的决策奠定了基础。大数据软件处理平台的出现，使企业可以对数据进行实时的追踪处理和分析，极大提高了信息传播的时效性。例如，一些产业在产品发行后通过大数据（网友的评价、吐槽等相关数据）分析调查，了解顾客的满意度以及消费倾向，从而生产适销对路的产品，缩短开发周期，使产品在市场更具竞争力，最大限度地提高效益。同时也可以根据多年的数据进行经济发展趋势和动向的预判，这种方法能有效规避风险和把握市场动向，精准投放生产，开拓市场。大数据的利用将成为企业提高核心竞争力、抢占市场先机的关键。企业/行业经济决策正在从“业务驱动”转变为“数据驱动”。

当前，在大数据应用的实践中，描述性、预测性分析应用较多，决策指导性等更深层次的分析应用偏少。做出决策的流程通常包括认知现状、预测未来和选择策略这三个基本步骤。这些步骤也对应了大数据分析应用的三个不同类型（描述、预测、决策指导）。不同类型的应用意味着人类和计算机在决策流程中不同的分工和协作。

第一层次的描述性分析中，计算机仅负责将与现状相关的信息和知识展现给人类专家，而对未来态势的判断及对最优策略的选择仍然由人类专家来完成。应用层次越深，计算机承担的任务越多、越复杂，效率提升幅度也越大，价值也越大。

随着研究和应用的不断深入，人们逐渐意识到前期在大数据分析应用中大放异彩的深度神经网络尚存在基础理论不完善、模型不具可解释性等问题。因此，虽然层次最深的决策指导性应用当前已在人机博弈等非关键性领域取得较好应用效果，但是在自动驾驶、政府决策、军事指挥、医疗健康等应用价值更高，且与人类生命、财产、发展和安全紧密关联的领域，要真正获得有效应用，仍面临一系列亟待解决的重大基础理论和核心技术挑战。

2. 大数据发展仍面临诸多挑战

由于各行各业对大数据的需求日益增多，未来越来越多的领域将依靠大数据进行研究和决策，大数据技术的应用将会普及到每个涉及数据处理或计算的领域中。在带来巨大机遇的同时，大数据也带来了许多挑战。大数据在技术、安全和人才方面的要求越来越严苛，需求却又越来越广泛；数据的挖掘、分析和价值实现，都需要强大的技术支持以及大量的人才，这些问题都是在大数据时代全面来临的时候亟待解决的。

（1）技术创新成为制约发展的重要因素　数据的处理主要包括信息采集、信息实时处理、信息结果显示三个过程。丰富的数据源是大数据产业发展的前提，而处理错综复杂的海量数据存在两方面问题：一方面，人们需要从中采集有用的数据信息，抛弃错误数据信息；另一方面，人们在大数据分析中的某些重大要件或技术还不够成熟，挖掘有效信息的能力尚且不足。现在的数据很多都是非结构化的，如何兼顾数据元的存储和数据的保存，仍是一个问题。数据分析在很多应用中成了一项瓶颈，现有技术对此还没有良策。大数据时代下，数据以迅雷不及掩耳之势海量来袭，而大数据分析逻辑不足，大数据技术还有待发展。

（2）开放共享与隐私安全问题亟待解决　数据蕴藏着巨大的潜藏价值，因此数据的安全性问题显得尤为重要，这既需要技术层面的支持，又需要通过制度来约束。大数据现已成为网络攻击的主要目标，存在网络黑客和数据管理漏洞等问题，一旦数据泄密，或者使用了来源不可靠的数据，那么经济、社会安定等各方面就可能遭受不可估量的损失。而与隐私安全所对立的一面便是开放共享的问题，很多企业之间、部门之间不愿意共享数据，这就使得数据投资浪费或所需数据资源缺失。即使企业之间、部门之间愿意数据共享，又该怎样保证其安全性呢？如何平衡开放共享与隐私安全之间的矛盾显得尤为重要。

（3）人才供需矛盾较为突出　经济的发展离不开人的发展。互联网时代知识更新速度快，大数据的发展需要既了解经济知识又具备数据分析能力的人才，一般来说传统用户不具备大数据开发的能力，目前的大数据人才供不应求，缺口较大。某个大数据专业处理平台并不是对所有行业的所有方面都适用的，这就更需要专业人才对数据进行整合，因此，人才的匮乏无疑会阻碍大数据时代下经济的发展。

（4）工业互联网发展存在障碍　当前，工业互联网成为互联网发展的新领域，也是发展智能制造的重要载体和工具。然而工业互联网的发展中仍存在不少问题：政府热、企业冷，政府时常会“项目式”“运动式”推进，而企业由于没看到直接、快捷的好处，接受度低；设备设施的数字化率和联网率偏低；大多数大型企业仍然倾向打造难以与外部系统交互数据的封闭系统，而众多中小型企业数字化转型的动力和能力严重不足；国外厂商的设备在我国具有主导地位，这些厂商纷纷推出相应的工业互联网平台抢占工业领域的大数据基础服务市场。

3. 加速构建新的数据治理体系

要解决这些问题，需要构建一个基于大数据的数据治理体系。该体系必须跳出单个组织的边界，从营造国家大数据产业发展环境的视角来进行全面和系统化考虑。

（1）为经济发展创造大数据环境　在经济活动中，合理有效利用大数据能帮助实现利益的最大化。在这个过程中，需要多方面的配合，共同为经济发展创造一个良好的大数据环境。政府首先应对大数据的发展给予高度重视并落实到政策中，有效推行大数据技术，并在科研上加大技术投入，加快突破海量数据采集、存储、清洗、分析挖掘、可视化、安全与隐私等领域的技术难关。在企业方面，应该意识到大数据对企业效益的影响，深化企业内部改革，整合有效资源，主动培养既了解经营管理又掌握大数据分析挖掘技术的全方位人才，为经济的发展输送动力。推动数据共享开放是各国大数据战略的重中之重，应构建一体化数据共享开放平台，探索政府数据和社会数据融合利用，使数据得到全面利用开发。只有政府、企业、社会三方共同努力，才能为经济发展创造出一个良好的大数据环境。

（2）加强数据安全和隐私保护　数据安全问题是一个全球性问题，也是经济方面至关重要的问题。针对这一问题，目前可以采取数据加密的形式。加密技术是直接作用于数据本身的，从数据源开始加密，加密后，文件便以密文的形式存在。数据加密技术在一定程度上保护了数据的安全，但还远远不够。数据安全问题不仅是技术攻防的较量，也是对隐私保护制度的考验。目前，许多国家已立法保护公众隐私，政府通过法律来保护数据的安全，建立健全安全保障体系。企业也要学习如何统筹安全部署，应对网络攻击、数据泄露等风险，提前做好预案。要提高安全意识，每个人都要重视大数据的安全问题，开展数据服务的同时加强数据安全保护，建立数据保密制度，在技术上提高安全防护能力，为经济的健康发展保驾护航。

（3）完善人才培养机制　人才是经济发展的核心竞争力。大力培养人才，能够为经济的发展提供更多的核心能力。加强大数据研究人员与管理者的联系，培养数据与经济跨领域复合型人才。在国家层面，应将大数据人才的培养提升到战略层次，加强大数据时代所需人才教育的投资与扶助力度。加强企业经济领域与计算机领域的互动，让经济分析人员更加了解大数据的技术与模式，加强专业人员的培训和考查，鼓励经济分析人员重视大数据专业技能的训练。在企业内部培养人才的同时，要扩大校企合作的范围，可以根据市场的实际需要来培养高素质人才。从目前的发展情况来看，校企合作是当前培育大数据人才的一个重要手段。

第2章

数据与数字化浪潮

当前，信息革命逐渐从数字化、网络化进入以数据深度挖掘与融合应用为特征的智慧化阶段。大数据发展日新月异，引领了社会生产新变革，创造了人类生活新空间，拓展了国家治理新领域，极大提高了人类认识世界、改造世界的能力，深刻改变着全球经济格局、利益格局、安全格局，已经成为引领创新、驱动转型的先导力量，是世界主要大国的国家战略重点和优先发展方向。由此引发的数字技术创新、数据要素发展、数字经济布局，成为数字化时代面临的新问题和新挑战。企业获悉当前形势下的问题与挑战，有助于把握机遇，进行数字化转型，实现企业自身的发展与价值。

2.1 数据要素

从互联网兴起开始，历经 20 多年的积累和储备，数据资源大规模聚集，基础性、战略性地位凸显，将进入数据驱动经济发展的爆发期、黄金期。从某种角度上说，谁拥有了大数据，谁就占据了战略的制高点，谁就拥有了未来。

2.1.1 市场机制的培育

2020 年 3 月 30 日，《中共中央国务院关于构建更加完善的要素市场化配置体制机制的意见》发布，该意见首次将“数据”作为要素与土地、劳动力、资本、技术四种传统要素并列，提出要加快培育数据要素市场。具体举措有三个方面：

推进政府数据开放共享。优化经济治理基础数据库，加快推动各地区各部门间数据共享交换，制定出台新一批数据共享责任清单。研究建立促进企业登记、交通运输、气象等公共数据开放和数据资源有效流动的制度规范。

提升社会数据资源价值。培育数字经济新产业、新业态和新模式，支持构建农业、工业、交通、教育、安防、城市管理、公共资源交易等领域规范化数据开发利用的场景。发挥行业协会商会作用，推动人工智能、可穿戴设备、车联网、物联网等领域数据采集标准化。

加强数据资源整合和安全保护。探索建立统一规范的数据管理制度，提高数据质量和规范性，丰富数据产品。研究根据数据性质完善产权性质，制定数据隐私保护制度和安全审查制度。推动完善适用于大数据环境下的数据分类分级安全保护制度，加强对政务数据、企业商业秘密和个人数据的保护。

1. 数据成为关键生产要素

2019 年 3 月，中央网信办、发展改革委、工业和信息化部联合印发《公共信息资源开放试点工作方案》，确定在北京、上海、浙江、福建、贵州开展公共信息资源开放试点。该方案要求，试点地区要着力提高开放数据质量，促进社会化利用，探索建立制度规范。

随着国家大数据综合试验区建设、国家大数据产业规划出台、各地建设不断加快，大数据产业发展将推动形成特色领域。围绕京津冀和珠三角跨区域类综合试验区，将更加注重数据要素流通，以数据流引领技术流、物质流、资金流、人才流，支撑跨区域公共服务、社会治理和产业转移，促进区域一体化发展；围绕上海、重庆、河南和沈阳四大区域示范类综合试验区，将更加注重数据资源统筹，加强大数据产业集聚，发挥辐射带动作用，促进区域协同发展，实现经济提质增效；围绕内蒙古基础设施统筹发展类综合试验区，将在充分发挥区域能源、气候、地质等条件基础上，加大资源整合力度，强化绿色集约发展，加强与东、中部产业、人才、应用优势地区合作，实现跨越发展。此外，结合地方产业发展和应用特色，大数据产业集聚区和大数据新型工业化产业示范基地建设也将持续推进。

2. 数据要素的发展挑战

在数字经济时代，数据是与农业经济时代的土地、工业经济时代的能源相类比的重要资源。在当前“两个一百年”的历史交汇期，除土地、劳动力、资本、技术等传统的生产要素外，数据成长为一个新的生产要素。数据作为一种全新的生产要素，具有多变性、外部性、非结构性、非标准化、边际成本递减、规模报酬递增等特征，数据要素市场的构建更富有挑战性。

第一，数据资产确权的挑战。确权是数据作为一种生产要素得以流通的基本前提，目前全球范围内的数据确权及立法问题是一个巨大挑战。一是数据确权缺乏依据。虽然目前法律规定了对个人信息和数据、网络虚拟财产进行保护，但对数据的权利性质和归属问题的不够界定清晰。二是数据权属生成过程复杂多变。三是数据安全问题进一步增加了确权的难度。数据确权问题与其安全责任的界定密切相关。

第二，交易市场培育发展的挑战。一是数据资产的数据化、商品化和标准化体系尚未建立。由于数据交换的普遍共性体系尚未建立，各方在开展数据共享流通时，缺乏统一标准，无法建立统一的数据大市场。二是缺乏统一的数据收益和成本估算机制。数据具有高初始成本、零边际成本的特点，其价值又会随着交易主体和应用场景的变化而变化，导致交易双方估算数据的成本收益时存在信息不对称问题。三是交易双方信任机制难以建立。对于完全陌生的交易双方而言，一方将数据移交另一方后，难以控制数据使用流向，因此信任关系的建立较为困难，缺乏全社会各方均可接受的统一数据定价机制。

第三，创新资源配置的挑战。资源配置主要涉及数据主体、数据融合和数据交易市场。管理层面，行业和区域资源共享壁垒仍难打破。行业和区域大数据缺乏统筹，数据孤岛现象普遍存在，数据共享渠道不畅，政企之间，数据资源对接困难重重。一方面，我国政府数据开放刚刚起步，另一方面，社会化机构，特别是掌握海量数据的超大型互联网企业不愿也无法向政府开放数据。在产学研协同层面，数据与创新资源脱节问题突出。人才和技术集聚的高校科研机构往往缺乏一手数据，而手握海量数据的政府机构和头部企业又缺乏足够的分析人才。

第四，数据市场监管的挑战。首先，事前监管模式与数据要素市场的快速变动性不相适应，传统事前准入和事后处罚的监管模式越来越难以适应数据市场领域日新月异的发展形势。其次，条块分割的监管体制与数据要素市场的跨域联动性不相适应。现有的条块化和属地化管理机制下，单个部门或单个地区的监管力量已不足以应对“互联网 +”“大数据 +”驱动的跨地区、跨行业、跨层级融合发展的新业态新模式监管需求。

2.1.2 新基建

新基建是新型基础设施建设的简称，包括 5G、数据中心、物联网、特高压、人工智能、工业互联网等。与传统基建相比，新基建涵盖范围更广，这些领域更能代表经济未来转型升级方向，其中大数据是新基建的核心之一。

1. 新基建的技术基因

当前，我国基础产业有转型提高的空间，但在满足社会需求总量方面的供给已有结余。因此，从政策层面直接参与的投资不应局限于现行基础产业，更应以未来经济社会高质量发展为出发点，关注新型基础产业。

（1）社会公共系统的技术植入　以社会公共系统为例，现代通信、数据、互联网信息技术等越来越体现出重要作用。例如，互联网及 5G 技术支持高危病人的远程视频诊断，网上预约购买生活用品与口罩，线上远程办公、网上授课交流，等等。这些事例表明，现代科学技术、高技术产业已经全面渗透人们的工作生活、社会交往、健康卫生、休闲娱乐、学习教育等领域，其中一些新型产业甚至可能成为未来经济社会发展的关键性基础产业。

基础性产业分两类：一类是传统基础产业，通常是指支持人们生产生活的交通、道路、码头、港口、通信、能源、水利等，它们是社会发展的重要基础。另一类就是新基础产业，即支持未来社会高质量发展、满足人们美好生活需要、支持新型智能产业发展的现代基础产业。一些研究机构将新基础产业表达为“云+网+端”。其中，“云”指的是云计算、大数据等信息交互和使用模式；“网”指的是互联网、物联网、工业互联网等；“端”指的是终端、智能应用程序等，负责用户信息的输入和输出。就发展趋势而言，“云+网+端”未能完全涵盖新基础产业的内涵，需要不断延展。

新基础产业可以从“硬、软、联”三个方面来进一步说明。“硬”指的是以5G通信、新材料、新能源、新交通等为代表的产业发展“硬基础”；“软”指的是以大数据、人工智能、IT软件等为代表的产业发展“软基础”；“联”指的是以工业互联网、智能物联网、智慧电网等为代表的“互联性基础产业”。这些新基础产业的发展和应用将广泛影响人们工作、生活的方方面面，包括公共卫生体系建设与运行、社区网格化管理、教育和知识传播等。可以说，新基础产业已成为决定未来社会与生活、经济与产业竞争力的基础，对现行产业转型升级与未来新型产业发展将起到重大的基础性支撑作用。在未来的社会运行体系中，新基础产业将不断发挥作用，真正成为经济与社会、产业与民生高质量发展的基础。

（2）新基建三大核心　新基建的核心是数字基础设施建设。推动新基础产业发展，要在内涵和外延上进行突破，在新基建的建设初期，应着力在重点领域进行突破。

一是5G通信。在新基建中，最主要的新一代信息技术中的重要代表是5G。当下，5G应用已经扩展到产业互联网和智慧城市，拥有增强移动宽带、超可靠低延时、广覆盖大连接等特点。技术决定了新基础设施的集群状态和未来领先性。发展5G通信，既要在核心技术层面，加大核心器件的研发力度，也要在基础设施层面，继续加快推进5G基站建设。同时，在应用层面，着力推进5G与金融、贸易、工业互联等智能应用场景的深度融合。在上游的基础设施方面，5G对天线业、射频业、光模块/光网络等产业的技术发展产生了新的需求。相较于4G技术，5G的频谱效率将提高5～10倍，对信息基础设施建设会产生深远影响。在中游的运营商服务方面，5G为运营商带来了新的商业模式。运营商需要做好管道和承载，并针对不同的带宽要求设计产品业务。在下游的终端和应用方面，5G具有大带宽、低延时、高可靠等特性，能够推动人机物海量互联，能够为平台经济中的信息消费、供需对接提供更高速、更可靠的连接能力。在重点的工业互联网平台建设层面，其核心内涵是数字化、网络化、智能化，5G 赋能工业互联网将催生全新的工业生态体系，二者的融合必将推进制造业高质量发展。

二是人工智能。人工智能是引领未来的战略性技术，全球主要国家和地区都把发展人工智能作为提升竞争力、推动经济增长的重大战略。人工智能的发展，应重视与制造、金融、商贸、交通等领域的深度融合，打破传统企业与相关人工智能企业的合作壁垒，规范数据安全。发展至今，人工智能已成为新一轮科技革命和产业变革的核心驱动力，正对世界经济、社会进步和人民生活产生深刻的影响。人工智能的产业链包括基础支撑、关键技术及应用场景，其中，基础支撑是指芯片、传感器、数据服务和云计算等计算机基础设施服务；关键技术主要是指机器学习、计算机视觉、语音及自然语言处理等算法的迭代优化；应用场景非常广泛，人工智能覆盖“智能 +”的各个领域以及机器人、可穿戴设备等。

三是大数据。大数据产业包括大数据技术产品研发、工业大数据、行业大数据、大数据产业主体、大数据安全保障、大数据应用等内容。从大数据产业链竞争态势来看，大数据产业链的局部环节竞争程度差异化明显。其中，产业链中游的竞争集中度较高，产业链下游的竞争集中度较低，是国内新兴企业最有机会的领域。可以预见，未来几乎各个行业、领域都需要大数据的分析结果。我们亟需在大数据分析应用方面加大研发力量，以期取得突破性成果与进一步发展。

总体来看，大数据能够提供海量数据资源，为生产与服务决策提供信息内容；5G 技术能够提升信息传递速度，为数据传输提供技术支撑；人工智能主要是信息处理技术，为数据的分析处理提供更为成熟、科学的决策方案。

2. 数字基础设施

传统产业数字化转型具有巨大的潜能，但数字化众创众包研发设计、网络化协同智能制造、大规模个性化定制、服务化转型、优质应用场景开发，都需要专业化的数字基础设施支撑。

（1）布局：智能化赋能　未来 10 年，全球数字经济最重要的主题之一是数字基础设施的重构、切换与迁移，以及基于新型数字基础设施的商业生态再造。以物联网、云计算、边缘计算、人工智能、移动化、数字孪生等为代表的智能技术群落，在不断融合、叠加和迭代升级中，为未来经济发展提供高经济性、高可用性、高可靠性的技术底座，未来 10 年将是新型数字基础设施的安装期。新一代信息技术发展将推动人类社会进入一个全面感知、可靠传输、智能处理、精准决策的万物智联时代。

从商业视角来看，伴随着消费者主权的崛起，商业系统变得越来越复杂，这种复杂来自于客户的个性化、产品和服务的复杂性、场景的多样性与复杂性及供应链的复杂性等方面。面对商业系统的复杂性，传统的数字基础设施越来越力不从心，业界都在思考如何重构数字经济新基础设施体系。人工智能物联网、工业互联网、数据中台、业务中台、微服务化等新技术、新概念、新实践、新战略的兴起，成为体现转型价值的基本载体。

工业互联网作为数字经济基础设施体系的重要组成部分，需要多方面、多维度关注工业物联网以及数字化转型契机。智能是一个主体对外部环境的变化做出响应的能力，这个主体可以是机器、工厂，也可以是个人、研发团队、企业等，重要的是这样一个主体对外部环境的变化做出实时响应的能力。

工业物联网的本质就是一个智能系统，可以对客户的需求做出实时、低成本、高效的响应。今天的物联网、大数据、云计算、工业互联网等对企业的影响，首先要回归到企业层面。企业竞争的本质就是资源配置效率的竞争。互联网、大数据、云计算、工业物联网等信息技术对于企业的价值，可以简化和浓缩为数据加算法，实现企业决策的精准度、科学性、低成本和高效率，来促进企业资源的优化配置。

（2）底座：数据中心新契机　互联网行业的蓬勃发展带动了数据和流量不断向数据中心聚集。为充分发挥数据中心的规模效益，大幅降低业务部署成本和维护成本，运营商、互联网、云服务提供商等行业中的大型公司纷纷建设了超大规模数据中心。

超大规模数据中心加速建设。在新基建的推动下，分布式小规模数据中心投资建设方式或将成为过去，更多的集中式、大规模的投资方式将加速超大规模数据中心的建设。在这个大背景下，如何继续提高数据中心规模化效益，构建更大规模的数据中心网络，是每个数据中心架构设计师都要面对的挑战。组建超大规模数据中心主要受限于两方面的因素：一方面是业界主流的交换网络设备的转发能力和端口密度；另一方面则是网络架构设计思想，需具备极高的可扩展性和可管理性，以便能按期完成数据中心网络的交付，并最终具备灵活扩展以承载更大规模集群的能力。

网络能力推动业务升级。无损、智慧、开源成为数据中心网络能力的“三驾马车”，新基建势必将推进5G、人工智能、大数据、云计算等技术飞速发展，这些新技术对网络，尤其是数据中心网络在转发效率、高效运维、开放架构等诸多方面提出了更为苛刻的需求，未来数据中心网络需要在无损、智慧、开源这三大方面全面提升能力，为新一代业务应用保驾护航。其中无损网络技术已经在互联网、金融等行业得到应用。如银行可以基于无损网络技术，在数据中心引入智能拥塞调度手段来加速网络通信。随着人工智能技术的飞速发展，越来越多的应用如工业控制、远程医疗、自动驾驶等将走入人们的生活，而无损网络架构无疑是这些应用的极佳选择。智慧化能力有助于解决数据中心运营难题，数据中心规模扩张以后，设备数量呈倍数增长，设备种类也大大增多，如何实现海量设备的统一管理，实现业务到网络的联动，提高运维效率，降低运维成本，是大规模数据中心亟需解决的问题之一。开放式架构催生数据新的生态，数据中心开放式架构给白盒交换机提供了发展良机。白盒交换机与传统交换机的区别在于白盒交换机采用开放的体系架构，可实现硬件与软件的解耦，需要部署一套集中的网络操作系统。在互联网行业，基于开放式架构的白盒交换机在云数据中心已经规模化部署。

（3）战略：数据安全与价值体系　2020 年 2 月 19 日，欧盟委员会颁布了包括《欧洲数据战略》（*A European Strategy for Data*）在内的系列规划，这是继 2014 年首次提出数字化转型战略以来，欧盟为巩固“技术主权”以及推动数字经济领导者地位建设的又一系列大动作。《欧洲数据战略》指出，数字在全球竞争和数字社会发展中的作用凸显，本着“技术为人服务，公平和竞争的经济建设，开放、民主和可持续社会发展”的三大目标，欧盟致力于构建“单一数据市场”，推动在数据利用、平台治理和人工智能等领域的发展和立法。然而，安全成为数据战略中不可忽视的重要因素。

数据资源在发挥价值的过程中的一个重要问题是安全问题。数据安全又可分为数据主体的隐私保护和数据的质量安全。颁布《欧洲数据战略》的初衷就在于建设“以个人控制为前提”的“公平、开放和合作”的数据市场，此前欧盟还曾颁布了《通用数据保护条例》（GDPR），通过区分数据的生产者、所有者和处理者，将数据的知情权、访问和操作权、删除权等进行分配，以实现数据的正常流动和用户隐私保护平衡。作为欧盟重要的数据隐私保护法案，《通用数据保护条例》已成为各国学习参考的重要条例。以数据驱动的商业决策及社会治理逐渐走向数据依赖化和智能化，数据质量直接关系到服务质量和安全。与此同时，也不能忽视数据的准公共性，如反恐、科学研究等，此时隐藏关键数据信息或数据信息失真也会严重影响社会的发展和稳定。

因此数据流动过程中的安全问题不容忽视。数字经济的本质是数据流动，而数据流动的本质是“分享事实、分发权利、隐匿身份”。在数据基础设施的顶层基础上，通过数据识别身份、事实、信息和隐私信息，解决隐私保护和数据准公共性的基础问题；搭建在线动态资源匹配和数据资产定价框架，为分布式数据提供整合、匹配和撮合交易的安全流动方案；结合电子协议和智能合约实现“物理—信息”系统融合和权力分配，实现数据采集自动化、交易程序化，解决数据安全和交易安全问题；通过对算法进行法律规制和价值观引导等，实现数据交易基础设施的安全可信、透明计算、交易可审计、分布式协同等，为我国数字经济夯实基础，实现数据跨部门流动、公平交易和高效交换，提升社会治理能力，启动经济发展新引擎。

对于已经发布数据管理方面战略的国家而言，数据的流动涉及数据采集、数据存储、数据传输（或交易）、数据处理及应用等多个过程，而往往不同的过程并不在同一个实体中完成，如个人位置信息往往是在个人携带移动通信设备通信时，在运营商、位置服务公司等处留存的，进而提供给外卖、出行等服务平台使用。同样的数据，其使用者也可能不同，数据主体本身、信息服务企业及其他数据驱动的企业都可能是潜在的客户，如消费信贷中的个人历史金融记录，一般要满足个人信用自查、数据公司评估处理和服务公司授信等多方的应用需求；同时这也揭示了数据流动困难重重的根本原因——全连接时代交易模式和关系的不确定，数字经济时代的连接是人与人、人与物、物与物的连接，因此数据流动和交换的模式包括协作（脱敏或整合）、竞争（多方售出）、博弈（交易）、序贯执行（感知控制）等。

2.1.3　数据战略

多国政府已将大数据战略确定为国家战略，创造良好的政策、法律环境，以抢占大数据发展先机，增强本国领先优势。根据权威机构的最新统计数据，至2022年，全球大数据市场规模将达到800亿美元，年均实现15.37%的增长。

1. 国外大数据战略与产业发展

（1）战略规划牵引产业发展　各国注重从国家整体战略出发推动大数据发展。美国率先把大数据上升为国家战略，2012年颁布了《大数据研究和发展计划》，专门组建“大数据高级指导小组”，积极联合企业、科研院校和非营利机构，共同推动大数据发展。欧盟委员会从战略全局高度，协调各成员国从

“开放数据、资金投入、平台建设、数据安全”等方面推进大数据落地。英国于2015年颁布《数字经济战略（2015—2018）》，倡导通过大数据、云计算、人工智能等信息技术创新来驱动数字经济发展；于2017年英国颁布《英国数字战略》，对依托以大数据为代表的新一代信息技术推动国家数字化转型做出全面部署。日本、韩国、新加坡等亚洲国家则从加强信息基础设施建设、开展大数据技术应用、推动数据资源开放共享、培养大数据专业人才、保障数据安全等方面推进大数据产业发展。

（2）政府立法提供制度保障　各国通过立法解决大数据产业发展过程中面临的数据开放、数据保护、数据安全等问题，为大数据产业发展提供制度保障。2016年，美国发布《联邦大数据研发战略计划》，形成涵盖技术研发、数据可信度、基础设施、数据开放与共享、隐私安全与伦理、人才培养以及多主体协同七个维度的系统顶层设计，打造面向未来的大数据创新生态。2018年，英国颁布《工业战略：人工智能》报告，从鼓励创新、培养和集聚人才、升级基础设施、优化营商环境以及促进区域均衡发展五大维度提出一系列具体举措。

（3）加速关键技术研发布局　美国凭借IT优势和软硬件核心技术优势，抢占在搜索服务、数据仓库、服务器、存储设备、数据挖掘等领域的领先态势。2018年，法国相继颁布了《法国人工智能发展战略》《5G发展路线图》《利用数字技术促进工业转型的方案》等前沿技术政策，加强对大数据、人工智能、自动驾驶、5G等技术的布局和应用。2018年，韩国颁布了《第四期科学技术基本计划（2018—2022）》，将人工智能、智慧城市、3D打印作为该计划的重点科技项目，并将下一代通信、自动汽车、虚拟现实/增强现实（VR/AR）、智能机器人、智能半导体等作为政府创新增长引擎，引领第四次科技革命的发展。

（4）开放数据激发创新应用　巴西、印度尼西亚、墨西哥、挪威、菲律宾、南非、英国、美国八个国家联合签署了《开放数据声明》，成立开放政府合作伙伴组织，目前全球已有60多个国家加入。美国至今已开放40万个联邦政府原始数据集，涵盖农业、气象、金融、就业、人口统计、教育、医疗、交通、能源等门类。英国专门建立data.gov.uk网站，帮助政府部门更有效地利用数据和推动商业部门挖掘数据价值。法国政府通过实施“Open Data Proxima Mobile”工程，实现公共数据资源在移动终端上免费查询、使用。日本通过促进产、官、学联合，推动公共数据开放应用。澳大利亚建立了政府信息目录的开放数据网站（data.gov.au）。与此同时，各国政府不断加强数据隐私保护，目前多个国家和地区制定了保护个人信息的法律。

（5）积极培养大数据产业人才　人才培养已被各国政府纳入推进大数据发展的重要议程。美国《大数据研究与发展计划》的一个重要目标是“扩大从事大数据技术开发和应用的人员数量”，通过国家科学基金会，鼓励研究性大学设立跨学科的学位项目，并设立培训基金支持对大学生进行相关技术培训。2013 年的《英国数据能力发展战略规划》对人才的培养做出专项部署，包括以下方面：在初、中等教育中加强数据和计算机课程学习；全面评估当前大学各学科所教授的数据分析技能是否需要进一步完善并实现跨学科交流；通过奖学金、项目资助的形式支持高校培养满足当前和未来数据分析需求的人才。澳大利亚发布《公共服务大数据战略》，强化政府部门与大专院校合作培养大数据技术专家，同时计划将各类大数据分析技术纳入现行教育课程中，强化人才储备。

2. 国内大数据战略与产业发展

我国大数据产业虽然起步较晚，但发展迅速，形成了比较完整的产业链。一方面大数据作为战略性新兴产业，核心产业规模不断壮大；另一方面，大数据与实体经济融合日益深入，从电商、金融、电信等领域全面渗透到农业、工业、服务业。

（1）创新能力明显提升　近年来，我国基础技术、通用技术取得重大突破。芯片方面，集成电路实现了 28nm 工艺规模量产，2016 年“神威·太湖之光”在全球超级计算机 500 强中名列榜首，5G、下一代边缘计算、人工智能、区块链等前沿技术深入推进，2018 年中国创新指数在全球排名上升到第 17 位。依托重大工程和重大专项，电子信息制造业、软件和信息服务业、信息通信服务业稳步发展，云计算、大数据、物联网、人工智能等技术得到广泛应用，不断催生出新产业、新业态、新模式，带动我国经济全面数字化转型。

（2）区域集聚效应凸显　目前我国基本形成了京津冀、珠三角、长三角、中西部等区域大数据产业集聚地。北京依托在信息产业方面的领先态势和资源优势，快速集聚和培养大数据企业，通过向津冀地区辐射，形成京津冀大数据“走廊”。长三角依托上海、杭州、南京等城市，将大数据产业与当地智慧城市、云计算发展紧密结合，吸引大批大数据企业，形成比较完整的大数据产业生态。珠三角地区依托广州、深圳等地区电子信息产业优势，发挥两个国家超级计算中心的集聚作用，在腾讯、华为、中兴等一批骨干企业带动下，形成大数据集聚发展态势。中西部以贵州、重庆、成都为代表，通过创新大数据发展政策，积极吸引国内外龙头骨干企业，实现大数据产业在当地的快速发展。随着国家大数据综合实验区的深入建设，区域产业的辐射带动效应将进一步明显。

（3）企业生态加速融合　在政策、技术、产业生态等多方面推动下，近年来，我国大数据企业不断涌现，形成初创型企业与生态型企业协同发展格局。生态型企业方面，以在全球具有影响力的互联网企业为引领，布局全产业链生态，推出大数据产品和服务，占据产业链核心；实力较强的IT厂商依托软、硬件优势，向客户提供端到端的解决方案。初创型企业方面，以区域性孵化园、“双创”平台与高校创业基地为代表，大数据领域的创新创业不断涌现。企业生态与产业链逐步完善，使得大数据技术在不同场景的应用持续拓展。

（4）数据资源加速整合开放　数据资源建设是大数据产业发展的基础。“十三五”发展时期，我国信息产业迅速壮大，信息技术快速发展，数字经济日益繁荣，通过开展智慧城市、“宽带中国”等重大部署，政府部门、互联网企业、大型集团企业积累了大量数据资源，我国成为产生和积累数据量最大、数据类型最丰富的国家之一。为进一步释放数据资源价值，我国各地数据资源加快整合，共享开放意识逐渐增强。目前，我国所有省市均提出建设数据共享开放平台，加强政府数据的统筹协调管理；部分地区以成立数据交易场所为抓手，推动数据资源流通交易。

3. 大数据发展趋势

从“结绳记事”，到文字发明后的“文以载道”，再到近现代科学的“数据建模”，数据一直伴随着人类社会的发展，承载了人类基于数据和信息认识世界的努力和取得的巨大进步。然而，直到以电子计算机为代表的现代信息技术出现，计算机为数据处理提供了自动的方法和手段，人类掌握数据、处理数据的能力才实现了质的跃升。信息技术及其在经济社会发展方方面面的应用（即信息化），推动数据（信息）成为继物质、能源之后的又一种重要战略资源。因此，成为重要战略资源、与云计算深度融合、分析方法发生变革、网络安全问题凸显以及以数据为中心的解决方案和应用兴起，均是大数据的价值本质。

（1）成为重要战略资源　在未来一段时间内，大数据将成为企业、社会和国家层面重要的战略资源。大数据将不断成为各类机构，尤其是企业的重要资产，成为提升机构和企业竞争力的有力武器。企业将更加钟情于用户数据，充分利用用户与在线产品或服务交互所产生的数据，并从中获取价值。此外，在市场影响方面，大数据也将扮演重要角色——影响广告、产品推销和消费者行为。

（2）与云计算深度融合　大数据处理离不开云计算技术，云计算为大数据提供弹性可扩展的基础设施支撑环境以及数据服务的高效模式，大数据则为云计算提供了新的商业价值。总体而言，云计算、物联网、移动互联网等新兴计算形态，既是产生大数据的地方，也是需要大数据分析方法的领域。

（3）分析方法发生变革　大数据分析将出现一系列重大变革，就像计算机和互联网一样，大数据可能引发新一波的技术革命。基于大数据的数据挖掘、机器学习和人工智能可能会改变小数据里的很多算法和基础理论，这些方面很可能会产生理论上的突破。

（4）网络安全问题凸显　大数据的安全令人担忧，对大数据的保护越来越重要。大数据的不断增多，使得对数据存储的物理安全性要求越来越高，从而对数据的多副本与容灾机制提出更高的要求。网络和数字化生活使得犯罪分子更容易获得用户信息，也有了更多不易被追踪和防范的犯罪手段，可能会出现更高明的骗局。

（5）以数据为中心的解决方案与应用的兴起　在数据管理中，以数据为中心的模式将会取代传统以应用为中心的模式。数据作为新变量、新资源、新力量，能够提升信息化的发展水平，从传统以业务为主导变成以数据为主导。通过数据赋能，做到业务优化和多表合一，数据资源价值日益突出，促进社会文明发展方式转型、社会模式更替。数据作为当下重要的生产要素，会帮助人们更好地决策并提供更好的解决方案。

2.2　数据产业生态

大数据是以容量大、类型多、存取速度快、应用价值高为主要特征的数据集合，正快速发展成为对数量巨大、来源分散、格式多样的数据进行采集、存储和关联分析，从中发现新知识、创造新价值、提升新能力的新一代信息技术和服务业态。

2.2.1　大数据产业演变

大数据产业是指以数据生产、采集、存储、加工、分析、服务为主的相关经济活动，包括数据资源建设、数据软硬件产品的开发、销售和租赁活动及相关信息技术服务。大数据产业包括三大类，一是大数据核心产业，即专门应用于大数据运行处理生命周期的软件、硬件、服务等；二是大数据关联产业，即在大数据运行处理过程中，为其提供基础设施、处理工具、相关技术等的产业；三是大数据衍生产业，即大数据与其他行业领域结合衍生而出的新兴业态、升级业态。

我国大数据产业生态系统日趋完善，大数据技术、交易、开放共享、工业大数据等产业链纵向发展、逐步延伸，重点区域产业布局有效推进。

2.2.2 产业生态格局

（1）我国大数据产业规模保持超高速增长　大数据产业作为新兴产业，目前统计口径没有统一标准，市场上对于大数据规模的统计数据各有不同。根据权威机构的统计数据，我国大数据产业规模呈现超高速增长态势。同时，随着智能硬件的快速推广和普及，大数据爆发式增长，数据量从TB级提升至PB乃至ZB级。

（2）大数据产业链具有极强的覆盖性　大数据产业是以大数据为核心资源，将通过采集、存储、处理、分析、应用和展示数据，最终实现数据的价值。整个大数据产业分为核心业态、衍生业态和融合业态。大数据核心业态以数据获取、存储、处理和应用为重点，对应大数据产业的存储层、分析层与应用层；大数据衍生业态，是指在运行处理过程中，提供基础设施、处理工具、相关技术等的产业，如软件、智能终端、集成电路、电子商务、互联网金融等；三是大数据融合业态，是指大数据与其他行业领域融合产生的新兴业态、升级业态，如智能制造、智慧农业、智慧健康、智慧教育、智慧旅游、智慧交通、智慧环保类业态。从数据采集—数据存储—数据处理—数据分析—数据应用进行梳理，涉及一个全域生态的产品和服务。

（3）城市集群效应初步显现　从区域来看，目前我国已形成了京津冀、长三角、珠三角、西部地区和东北地区五个各具特色的产业集聚区。其中，京津冀地区致力于打造大数据协同发展体系，凭借技术领先优势吸引大量投资和人才流入，分析服务、数据库开发等领域的企业分布较为密集；长三角地区城市成立了大数据联盟，将大数据与当地智慧城市、云计算发展紧密结合；珠三角地区凭借数据资源优势，充分发挥大数据在产业管理、政府治理等方面的作用，呈现大数据企业加速聚集、配套服务体系不断完善的良好态势；中西部地区政府高度重视大数据产业发展，对企业扶持力度较大，快速集聚和培养了大量企业，已经成为大数据产业发展新增长地区；东北地区将行业大数据作为发展重点。

（4）形成以数据生命周期为主导的企业结构　数据生命周期管理是对信息系统的数据在整个生命周期内流动的管理。我国大数据企业竞争格局总体呈现数据资源型企业、技术拥有型企业和应用服务型企业“三分天下”的局面。数据资源型企业，即拥有或者以汇聚数据资源为目标的企业，这类企业将占据一定先发优势，利用手中的数据资源或挖掘数据来提升企业竞争力，或者主导数据交易平台机制的形成；技术拥有型企业是专注开发数据采集、存储、分析以及可视化工具的企业，包括软件企业、硬件企业和解决方案商；应用服务型企业主要是指以提供云服务和数据服务为主的企业。

（5）形成重点突出与全面落地的区域布局　我国大数据产业集聚区主要位于经济比较发达的地区，北京、上海、广东是发展的核心地区，这些地区拥有知名互联网及技术企业、高端科技人才、强有力的政策支撑等良好的信息技术产业发展基础，形成了比较完整的产业业态，且产业规模不断扩大。同时，以贵州、重庆、成都等为中心的大数据产业圈，虽然地处经济比较落后的西南地区，但是依托政府为大数据产业发展提供的政策引导，积极引进大数据相关企业及科技人才，力图占领大数据产业制高点，带动区域经济新发展；以重庆和成都为核心的成渝地区双城经济圈在新经济布局与新旧动能转换方面，不断强化布局，弯道超车优势正在显现。

（6）形成整体布局完整但局部竞争差异化明显的产业链体系　产业链是一个包含价值链、企业链、供需链和空间链四个维度的概念。这四个维度在相互对接的均衡过程中形成产业链，“对接机制”是产业链形成的内模式。从大数据产业链竞争态势来看，大数据产业链整体布局完整，主要由互联网数据、企业数据和政府数据构成，但局部环节竞争程度差异化明显，主要表现在互联网数据方面，基本由超大体量的互联网企业把持。产业链中游竞争集中度较高，数据存储及挖掘市场结构稳定，国际巨头垄断，寡头格局形成。位于产业链下游的数据展示与应用竞争集中度较低，尚未形成垄断，是国内新兴企业最有机会的领域。

2.2.3　发展需求与挑战

（1）技术应用创新滞后　在大数据核心业态中，处于数据库及数据挖掘等技术领域支配地位的领军企业均为国外企业。市场上，由于国内大数据企业技术上的不足，用户更加青睐 IBM、甲骨文、EMC、SAP 等国外 IT 企业。以电子信息业为代表的大数据融合业态是打开大数据价值之门的钥匙，但长期以来，我国集成电路、电子材料和元器件等技术研发和创新能力较弱，影响了大数据产业优化升级发展。

（2）数据开放程度较低　发展以数据为关键要素的数字经济已经上升为国家战略，但不同部门数据标准不一致等导致数据流上游环节处于封闭状态，不能有效地释放和共享，直接影响大数据分析和处理的需求，导致大数据应用缺乏价值。

（3）安全风险日益突出　随着云计算、物联网和移动互联网等新一代信息技术的飞速发展，大数据应用规模日趋扩大，数据及其应用皆呈指数级增长态势。在企业用数据挖掘和数据分析获取商业价值的时候，黑客也在利用大数据分析向企业发起攻击，同时社交网站的隐私数据也可能被不法商家利用，这些都给数据安全带来了巨大的挑战。

2.3 数字革命

当今，一切变革都来自于新科技革命，其核心是数字革命。数字革命有两大支柱：第一是数字化，即将物理系统转化为数字系统，这是具有划时代特征的新思维、新文明；第二是数字新技术，即利用数字技术赋能实体，这是新时代的共性基础技术。数字化有两大概念，即技术意义的数字化和经济意义的数字化。技术意义的数字化，主要是指数据的技术处理，用计算机来计算数据；经济意义的数字化则是经济整体的数字化，以数字构建经济的基础结构，所有业务都要数字化，以数字来驱动业务。而伟大的技术，无疑是驱动数字革命的中坚力量。

2.3.1 数字革命的演变层次

当今，一切变革都来自于新科技革命，其核心是数字革命。数字革命有两大支柱：第一，数字化，即将物理系统转化为数字系统，这是划时代特征的新思维、新文明。第二，数字新技术，即将数字技术赋能实体，这是新时代的共性基础技术。

数字革命主要包括三个层次：第一层次是数字技术，数字技术是新工具，赋能各行各业；第二层次是数字经济，数字经济是新经济，以数字为基础驱动经济发展；第三层次是数字化，数字化是新文明，代表一个新时代的跃升。

2.3.2 大数据驱动的产业发展

在人工智能、5G网络、智能网联汽车等新兴产业持续发展的趋势下，未来大数据的价值将不断提高，除了积极借力新基建发展外，大数据产业同样需要从内部挖掘增长动力，同时政府对这一重要产业的支持也正在落到实处。从目前情况来看，推动大数据产业发展应从以下几个重要领域着手。

1. 头部企业和骨干企业的培育

在当今时代，每一个行业的发展都呈现出明显的头部聚集效应，头部企业对于行业成长的带动作用日益凸显。因而，要根据产业具体实情，积极培育产业头部企业，并重视对于骨干企业的支持和引导，大数据产业发展才能够“有方向”“有韧性”。而以数据创造商业价值，一直是众多数据公司追求的目标。头部企业不只要提供工具、数据、服务，而且要提供一整套方案。其中，行业中的头部企业坚持对数据分析投入，数据和智能也使头部企业获得了丰富的回报，数据可以帮助企业做出正确决策，获取更为丰厚的利润。

2. 大数据企业的资本力量

人工智能等新技术层出不穷，数据这个智能世界中最基本的“元素”也在发生新的变化。其中资本力量成为不容忽视的基本条件，支持有实力的大数据企业上市是新的趋势。大数据产业的发展对于资金的需求较大，盈利周期相对较长，因而政府可以支持有一定规模、具有“硬实力”的大数据企业走向上市之路，以强化资本力量，同时也能促进相关企业管理等各个环节的规范化。数据量在不断增大，英特尔预测，全球数据总量到 2025 年将达到 175ZB。而从企业角度看，很多企业每年的数据增长幅度达到 40% ～ 60%，部分企业的数据量甚至呈指数级增长。

审视数据价值与数据资本变得越来越重要。数据是数字经济的核心，但成功的运营主要还是取决于企业如何感知从边缘到核心再到云的整个环境并管理数据，如何以接近实时的方式分析数据并从数据中学习，然后根据获得的见解采取行动，以影响业务成果。而数据是一种新形式的资本，从其对企业的价值或产生新的数字产品和服务来看，与财务资本在同一级别上。同时，数据也是一种财富，表现为组织数据所产生的价值，而且普遍用于增强数字体验或挖掘业务见解。更进一步看，数据可以长期有价值，与诸如大楼和设备等物理资产同等重要。

3. 产业发展环境与服务

作为一种新型产业形态，大数据产业环境需要做细做实。一方面政府可以灵活运用各种有利政策，为大数据企业赋能、减负，例如通过低电价、网上政务服务能力提升，在提高办事效率的同时降低企业成本；另一方面可以推出合理、稳健的金融服务，为一些有需要的企业提供金融支持。

4. 产业人才引进与培养

新型战略性产业，需要引进与培养数据资源的产业人才，专业、高端人才资源的匮乏已经成为产业发展的硬伤。要想推动大数据产业加速发展，必须在人才引进与培养方面下功夫，利用各种人才引入政策和人才培养机制来消除这一痛点，从而为产业可持续发展奠定基础。其中，应用型人才培养瓶颈、产教融合机制创新是主要障碍。大数据产业井喷式发展，各层次大数据人才尤其是应用型人才严重短缺，国内应用型高校普遍缺乏大数据人才培养的环境和师资力量，而大数据应用型人才既要理解技术逻辑，也要理解业务逻辑，还要具备突出的学习能力和专业协同能力，以适应快速迭代更新的大数据技术和普遍需要团队协作的大数据分析任务。

因此，基于产教融合进行专业建设，以行业应用为主轴来建构人才培养体系，无疑是培养大数据应用型人才的必由之路。通过构建“五位一体”大数据创新生态体系，部署集人才培养、资源开发、科研支撑、行业应用及社会服务于一体的“大数据应用创新中心”，与高等院校、科研机构共同设立“大数据学院”，促进大数据产业、有关高等院校和科研机构的深度融合发展，打造大数据发展的创新生态系统，助力大数据人才培养、科技进步和产业发展。

2.4 产业变革与生态化

数字经济和消费作为新经济的代表形态，已成为促进经济发展的新引擎，正全面渗透到社会的各个环节。在新形态新模式驱动下，需要推动共享经济高质量发展，既要倡导监管包容，也要倡导平台自律，创新适应新经济新业态的行政管理方式，同时也应加强对金融数据安全流动的试点建设等内容。

2.4.1 我国数字经济整体发展迈向新高度

2020 年以来，我国数字经济蓬勃发展，已经成为国民经济中核心的增长极之一。我国数字经济增加值的规模由 2005 年的 2.6 万亿元扩张到 2019 年的 35.8 万亿元，数字经济占 GDP 比重逐年提升，在国民经济中的地位进一步凸显，2005—2019 年我国数字经济占 GDP 的比重由 14.2% 提升至 36.2%。

所谓数字经济，可认为是由新一代信息技术高速发展带来的新经济模式，为国民经济的增长提供了全新动能，促使社会变革迈出里程碑式的一步。从经济增长角度来看，数字经济的发展是新技术应用最前沿的一部分，这部分不仅仅代表着经济发展，也是国家核心竞争力的象征，其带来的价值和红利不言而喻。

2.4.2 数字经济产业生态

数字经济涉及很多产业链，主要包括通信产业链、计算机基础技术产业链、软件产业链、互联网产业链、电子商务产业链等，这些产业链形成了相对完善的数字经济产业生态体系。其中 4G 和 5G 基站、局端、宽带、智能手机皆属于通信产业链；芯片、集成电路、电池、屏幕、内存、存储等属于计算机基础技术产业链；操作系统、数据库、中间件、个人软件、办公软件、企业软件、安全软件等属于软件产业链；云计算、大数据、人工智能、传感器、物联网等技术既是计算机基础技术，也属于软硬一体化产业链；互联网新闻资讯、网络文学、游戏、直播、视频、数字音乐、网上社区、内容搜索（含地图导航）属于互联网产业链。数字化营销服务、零售交易、服务交易、仓储物流配送服务、数字化金融服务，属于大电子商务产业链。

产业融合是未来“数字技术 + 实体经济”的主要形态，包括通信、计算机、互联网、软件、大数据、电子商务等，渗透进各个行业，如渗透进汽车行业就有了智能汽车，渗透进医疗设备行业就有了智能医疗设备，渗透进电力行业就有了智能电网。业务多元化带动了数字技术投资与应用的升级，多行业、多元化的数字生态系统，深入触及消费者工作和生活的方方面面，政府也积极鼓励数字化创新与创业，不仅给了企业尝试的空间，还以新技术的投资者、开发者及消费者的角色给予支持。数字化转型对我国经济产生了深远影响，对全球数字化格局的影响与日俱增，通过并购、投资、新商业模式输出及技术合作等方式，我国将不断发展而成为引领全球数字化发展的中坚力量。

2.4.3 产业集聚与园区模式

目前我国已经设立了多个国家级大数据综合试验区，积极引领东部、中部、西部、东北“四大板块”发展，带动试验区相邻省份加快建设。北京、上海、广东等地依托本地信息产业基础和产业园发展大数据产业，具有良好的发展基础和优势。河南、重庆、辽宁、内蒙古、贵州等地依托国家级综合试验区的建设，加速推进辖区内大数据产业的发展。其他中部、西部地区也顺应产业发展趋势，积极布局大数据产业园，大力促进产业转型升级，其中一些省市的数字经济产业园区具有典型意义，在统筹布局、核心技术攻关、数字生态、安全保障、体制机制创新等方面不断突破。

1. 全国统筹布局

发挥各地比较优势，统筹布局，协同发展，彰显特色。统筹京津冀、长三角、粤港澳等重点地区，发挥特色、增强优势，形成在国际竞争中赢得优势的新高地。统筹创新载体、人才等要素，加快建设国家实验室，培育引进全球领军型创新团队，形成全球领先的研发实力。统筹数字产业化与产业数字化，深化供给侧结构性改革，在核心技术突破、新兴产业发展、传统产业数字化、新型贸易中心和新兴金融中心建设、数据资源开放共享、创新生态建设、扩大开放合作等方面，全面扎实推进，形成整体优势。突出世界互联网大会、世界人工智能大会等全球性大会的特色主题，加强科技、产业与资本合作，打造高地，增强辐射能力。

2. 实施关键核心技术攻关

充分发挥在党的坚强领导下集中力量办大事的制度优势，统一组织实施攻关。由国家有关部门统一组织，从政府与企业两个层面，全面梳理网络信息、高端设备与工艺、新材料等数字经济领域关键核心技术，形成科技攻关清单。由龙头企业和科研大平台分别牵头，统筹全国相关领域有创新突破能力的高等院校、科研院所、研发平台的创新资源，以及产业链上下游企业等创新主体，开展联合攻关。加大基础研究投入，坚持长短结合，加快补齐近期短板，着眼长远培育基础研究能力。设立国家重点研发攻关专项，国家、省、市、县和企业共同支持，形成合力，探索市场经济条件下的举国科研攻关体制。

3. 打造国家数字科创生态系统

在全国范围内统筹企业、高校、研发机构、用户、资本、人才、政府、中介、环境、基础设施等创新支撑要素，构建各方联动的创新生态系统。建设一批具有世界顶级硬件条件，能够吸引全世界科学家来我国开展研究工作的大科学装置。构建并完善数字经济领域开源平台体系，如人工智能、工业互联网等。加强前沿基础研究和应用基础研究布局，组织共性技术创新。引育数字经济高端人才，突出“高精尖缺”导向，建立立体式人才培育体系，改善人才培养结构。

4. 构建安全可控的产业生态

突出重点产业、关键技术，明确要求，落实责任，扩大新产品应用。支持整机企业牵头，建立产业链上下游企业合作机制，组织材料、零件、部件、配套、整机等生产企业对接。强化基础，鼓励龙头企业推出拥有自主知识产权的服务器、个人计算机、手机、云计算、物联网等的操作系统，加快安全可控系统软硬件生态系统建设，完善相关政策措施。

5. 体制机制创新

深化“放管服”改革，加快政府数字化转型，提升制度供给竞争力。推动数字经济地方立法，加快清理和修订不适应数字经济发展的相关法规政策。建立包容审慎监管机制，着力消除阻碍新业态新模式发展的各种行业性、地区性、经营性壁垒。强化安全保障，充分考虑国家数据安全与数字主权等问题。构建政府管平台、平台管企业、行业协会及公众共同参与的多方治理机制，建立政府、平台、用户互动的治理模式。

6. 保障资源要素

推动数据资源的整合开发、开放共享，政府与企业合力促进大数据创新发展。数字经济发展所需的土地、金融、财政等资源要素要优先保障，对优势比较突出的地区要给予适当倾斜。扩大用地占补平衡的跨省统筹力度，探索用能权、排放权等的跨省统筹办法，优化现行管理体制。根据不同地区数字经济发展的迫切需要，加快部署互联网新型交换中心和扩容国际出口通道、骨干直联点等信息基础设施，突破网络瓶颈制约。

第3章

数据治理理论概述

在数字化浪潮下，数据已成为重要的生产资料，组织的发展离不开对数据的应用。随着数据应用的迅猛发展，数据治理被提升到了一个新高度。作为一个独立的研究领域，数据治理并没有标准的、严格的定义，所有为提高数据质量、开发数据价值而展开的业务、技术和管理活动都属于数据治理范畴。面对来源多样化的数据，做好数据治理工作、提高数据质量、深挖数据价值，是企业实现数字化转型、提高竞争力的重要手段。

3.1 数据治理理论的演进

数据治理理论发轫于新公共管理运动的衰微与数字时代治理的兴起之际，强调信息技术和信息系统对公共管理的影响。数据治理理论是治理理论与互联网数字技术结合而催生的新的公共管理理论准范式，它的代表人物是英国学者帕特里克·邓利维（Patrick Dunleavy），该范式强调信息技术和信息系统在公共部门改革中的重要作用。

3.1.1 新公共管理理论的衰微推动治理理论的出现

在20世纪80年代，西方各国相继进入了新公共管理的实践模式，新公共管理运动持续推进并取得显著成效，在公共行政学界成为主导理论，新公共管理理念的核心思想是在公共部门中引入竞争机制和私营企业的管理方法，按照“3E”（Economy，经济；Efficiency，效率；Effect，效果）的原则，实现公共物品供给的多元化，从而提高公共部门服务的效率和效果。新公共管理理念强调分散化，注重内部之间的竞争和激励，这些举措在短期内借助竞争的强化等提升公共管理效能，节省政府资金。然而，随着社会的不断发展，新公共管理逐渐显露出其局限性，新公共管理的分散性、竞争性和激励性已经造成关键部分停止运转，政府内部变得分散和无序，新公共管理逐渐失去了在公共行政学界的主导地位，由此出现的“理论真空”需要一种新的理论加以填补，这推动了治理理论的出现。

20世纪80年代末期，西方各国开始重新探索国家和社会公共事务的管理模式，打出了“良好治理”的旗帜。治理理论逐渐取代新公共管理理论，成为当时社会公共管理学界的主流理论。联合国有关机构还成立了“全球治理委员会”，并出版了《全球治理》杂志。“治理”理论之所以引起众多学者、政治家和政治组织的共同关注，主要是因为，随着全球化时代的来临，人类的政治生活正在发生重大变化，其中最引人注目的变化之一，便是人类政治过程的重心正在从统治走向治理，从善政走向善治。

随着治理理论逐渐成为学术界探讨的热点，虽然西方学者对治理理论的观点，不尽相同，但这些观点也反映了治理的一些共同特征，包括：管理主体从传统一元管理主体向多元治理主体转变；政府职能从职能全能走向治理职能有限；政府与市场，尤其与社会组织和公民的关系从单方强制走向自愿平等的协调合作关系；政府更加突出其透明性、责任性、回应性及有效性等。

随着全球化的发展和科学技术的进步，治理理论研究范围也从全球治理、国家治理、社会治理到社区治理，从治理主体、治理结构、治理机制到治理评价体系等多方面深入；治理理论在不断适应当代社会环境和公共价值的基础上又产生了更多治理理念、方式各异的新型治理模式。整体性治理和数据治理是当今典型的治理理论，尽管理念不同、观点各异，但这两种治理理念的产生均是治理理论在适应社会治理现状的前提下做出的价值选择。

3.1.2 从整体性治理理论到数据治理理论的转变

1997年，以佩里·希克斯（Perri Six）为代表的英国学者和管理者在新公共管理的基础上提出了新的实践模式，即整体性治理理论，佩里·希克斯提出的整体性治理以协调、整合为治理机制，从整体性改革的角度提出政府应在三个层面上实现政府组织的整合和升级，即纵向治理层级的整合、横向治理功能的整合以及公私部门的整合，同时还提出整体性政府是目标和手段均相互增强的互动式政府。之后，整体性治理理论成为政府治理的新趋向。整体性治理理论之所以兴起，一方面是由于新公共管理运动带来的政府治理碎片化、条块分割、信息不对称、目标冲突、效率低下等问题日益突出，新公共管理逐渐衰落；另一方面是由于随着信息技术的发展，信息技术改变了政府人才结构、组织形式、工作能力等，这就要求管理功能更加集中化、整体化和整合化，这个要求与新公共管理理论相悖。

综合国内外学者观点，整体性治理理论就是以公民需求为治理导向，以信息技术为治理手段，以协调、整合和责任为治理机制，对治理中的碎片化问题进行有机协调和整合，实现从分散走向集中、从部分走向整体、从破碎走向整合的目的。整体性治理针对的是碎片化治理带来的一系列问题，其主要思想体现在重新整合和整体性治理两个方面。重新整合具体包括一是通过对部门的合并、整理、组织来解决部门之间的碎片化问题；二是通过大部门式的集中治理实现管理的集中性；三是加强政府的管理职能和权利重新归集；四是加强中央秩序并重塑行政服务链；五是压缩行政成本并推进网络的简化。整体性治理则是通过信息技术及信息系统的应用，以公民和功能为基础，实现组织重建（灵活的政府结构）、数据库的统一、信息的集中搜索和提供、一站式服务等。整体性治理理论的出现给发达国家的政府改革实践带来了重大影响。近年来，关于整体性治理的研究逐步从理论转向实践，整体性治理理论融合至我国地方公共服务改革、公共危机治理体系、公共服务型财政治理、区域公共管理政府合作治理、养老保险改革等应用领域，探索并创新性地提出了破解碎片化问题的整体性治理路径。

随着信息技术的蓬勃发展和网络社会的崛起，数据治理理论在 20 世纪 90 年代末期开始崭露头角。数据治理理论与整体性治理理论同源，两者的产生具有相同的时代背景，前者是后者在数字化时代的深化发展和具体运用，后者为前者的发展奠定了深厚的理论基础。数据治理理论强调信息技术和信息系统对公共管理的影响，是治理理论与互联网数字技术结合所催生的新的公共管理理论。数据治理理论的理念最早是由美国南加利福尼亚大学传播学院的曼纽尔·卡斯特（Manuel Castel）提出的，他在 1996 年出版的著作《网络社会的崛起》中指出：信息技术革命的出现是人类发展史上的一个重大事件，信息技术范式的兴起和全球化的发展为政府公共管理领域奠定了深厚的基础。

数据治理理论为信息时代政府公共部门的治理机制提供了新的治理思路与治理框架。对数据治理内涵的理解，相关研究中比较完善的说法是："数据治理是指在政府与市民社会、政府与以企业为代表的经济社会的互动和政府内部的运行中运用信息技术，简化政府行政，简化公共事务的处理程序，实现办事效率的提升以及服务品质的提升，最终实现善治。"数据治理理论是一个具有包容性的概念，20 世纪末期其理论发展和内容以电子政务建设为主，但电子政务建设未能够充分重视运用数字技术优化公共服务的供给、治理主客体之间的互动、治理课题参与治理过程等。因此，在数字技术快速发展的推动下，政府部门不再局限于将数字技术用于优化内部运作，而是开始致力于借助数字技术优化公共服务供给，电子政务逐步被数据治理取代。

3.2 数据治理理论研究现状

数据治理理论起源于新公共管理运动负面后果的反思，作为一种新型的治理理论准范式，它既有效地应对了新公共管理运动带来的碎片化问题，又为数字时代的政府公共管理实践提供了新的治理思路与治理框架。国外学者从数据治理理论的理论框架着手进行研究，逐步发展至应用领域，并拓宽了数据治理理论的治理范围，这对国内的研究学者具有一定的启示意义。我国学者则多从实践领域着手研究，缺乏理论指导，其研究带有明显的技术导向，且缺乏实证研究。

3.2.1 国外数据治理理论研究

数据治理理论植根于西方国家，自 20 世纪 90 年代以来，数据治理理论日益成为西方公共管理领域研究的重要议题之一，而且近十年来又涌现出许多新的研究成果，学者们不断从实践领域丰富数据治理理论的理论体系，关于数据治理理论应用情况的探索成果颇丰。数据治理理论的核心思想是通过信息技术重塑管理流程，实现办事效率以及服务品质的提升，最终实现善治。在数据治理理论研究的早期阶段，国外相关文献基本集中在对网络社会的产生背景以及整体性治理理论框架的分析与界定，缺乏专门针对数字治理理论的研究。在数据治理理论的蓬勃发展阶段，学者针对数据治理理论的研究分为两个方面：一个方面是对理论框架的探索，主要包括相关概念的界定、理论框架的确立以及核心思想的传播等，基本确立了数据治理的理论体系；另一方面是对数据治理理论实践层面的探讨，从实践领域不断丰富着数据治理理论的内涵和外延。

1. 数字治理理论产生背景的研究

美国南加利福尼亚大学传播学院的曼纽尔卡・斯特在 1996 年初步提出了数据治理理论的雏形，为后续学者研究数据治理理论奠定了基础。探讨了网络社会的崛起背景后，公共管理领域最新的理论基础（整体性治理理论）也为数据治理理论的产生提供了理论指导，整体性治理理论强调政府机构组织间通过充分沟通与合作，形成有效整合与协调，彼此政策目标一致且连续，政策执行手段相互强化，完成合作无间的基于目标的治理行动。而后，信息技术的发展、新技术革命引发了政府在运行机制、组织结构、政府制度、行为模式上的变革，因为政府是社会治理的主导性力量，所以带动了整个社会治理体系和治理方式的变革，信息技术与治理的结合成为一个新的趋势。在整体性治理理论的整合与协调思想以及信息技术与治理结合的基础上，形成了数据治理理论的基本理论框架。

2. 理论诠释与解析

相较于其他公共治理前沿理论，数据治理理论的变革侧重于治理工具，强调政府的治理要结合信息技术、应用大数据等进行有效的治理。数据治理理论的代表人物英国学者帕特里克・邓利维提出，数据治理理论强调信息技术和信息系统在公共部门改革中的重要作用，通过构建公共部门扁平化管理机制，促进权力的共享，逐步实现还权于社会、还权于民的善治过程。数据治理理论是应对数字时代来临而进行的变革，“在信息技术的影响下，公共部门的技术变革和组织变革相继进行，最终导致政府部门和市民社会关系的重新建构。技术、组织、关系和行为的再造呼唤全新的管理模式的出现，这种全新的管理模式就是数字时代的治理”。随着理念发展和技术进步，数据治理不再是技术和理论的简单叠加，而是通过广泛运用政府网站、社交网络和大数据、物联网、云计算、人工智能等数字技术，追求治理手段的数字化、网络化、信息化和智能化。此外，数字治理理论还十分关注公民参与问题，借助信息科技创新公民参与形式。在政治角度，通过增强民主来改变政治体制；从行政角度，公共机构需要和公民、利益相关者和政府官员一起建立均衡的绩效标准来满足不同人群的偏好；在全球化角度，利用互联网改善教育、医疗和社会保障等领域也消弱了全球化的负面影响。

3. 实践领域探讨

国外学者对数据治理理论应用情况的探索并未局限在传统的政府管理系统，而是更多地涉及评估政府网站绩效、数据治理中的公民参与问题、数据治理理论与公共价值创造的模型结构以及数据治理理论在城市治理中的应用等问题。帕特里克·邓利维对英国、美国、澳大利亚、新西兰、加拿大、荷兰和日本七个国家的公共管理系统进行了实证研究，进一步论证了数据治理理论的应用潜力，并在《数字时代的治理》一书中证明数据治理理论不仅在国家的行政体制改革、养老保险制度、预算制度、税收领域、社会保障以及移民系统等方面具有可行性，而且数据治理理论的治理范围正逐渐扩大到城市治理领域，可以从多个维度出发共同促进政府实现善治。

3.2.2 国内数据治理理论研究

我国行政学界对数据治理理论的研究始于 2004 年，正是数据治理理论在国外蓬勃发展的起始期，最早见于学者对电子治理领域的探索，这一时期国内学者更多地将数据治理理论作为一种技术而非一种理论，其研究不可避免地带有一定的技术导向性，代表学者主要有复旦大学竺乾威教授以及台湾学者彭锦鹏。国内学者探索数据治理理论的进程可分为两条主线：一是 2000 年年初借助于信息技术支撑的电子政务、数字政府等的发展，二是竺乾威和彭锦鹏等学者系统翻译和介绍的帕特里克·邓利维的数字时代治理的思想观点。但是，严格来说，传统的电子政务、数字政府建设（即一般意义的数据治理）区别于数据治理理论，并未真正进入理论指导层级。尽管如此，一般意义的数据治理仍旧为数据治理理论的发展奠定了实践基础。从现有文献可以发现，国内学者对数据治理理论及其应用的研究多是从整体性治理理论的理论背景着手，以电子治理领域的探索为基础开展研究工作的，理论空白亟待弥补。

1. 理论产生背景

（1）时代背景　从时代背景来看，数据治理理论的形成主要源于数字技术的发展与公共部门改革进程的推进。国内对数据治理内涵的界定基本上沿袭了帕特里克·邓利维的数字治理理论，并在此基础上结合我国实际情况对其进行了本土化。公共行政学界主导理论的变更大多源于“改革公共部门”这一诉求，公共部门在 20 世纪末期已经展开电子政务建设，但这一建设未充分重视“运用数字技术优化公共服务的供给、治理主客体之间的互动、治理客体参与治理过程”等主题。进一步借助数字技术对公共部门进行改革成为重要诉求，这些诉求推动世界主要国家由电子政务时代进入数据治理时代，也推动电子政务理论演进为数据治理理论。20 世纪末和 21 世纪初，数字技术发展速度明显加快，政府部门不再局限于将数字技术用于优化内部运作，开始致力于借助数字技术优化公共服务的供给（尤其是提供数字公共服务），电子政务时代开始迈进数据治理时代。2010 年前后，大数据和云计算等数字技术的发展再次带来革新，新兴数字技术的出现使数据资源共享得以实现，中下层公职人员能够获得更多信息，这使他们能够独立处理诸多事项，无须再求助于上级，公共管理的成本随之下降，效能随之上升。同时，新兴数字技术的使用一方面使治理主体能够及时、准确地为治理客体提供其所需的公共服务，另一方面使治理客体能够更加有效地参与治理过程，更加有效地影响决策，为切实可行的政策出台创造条件；数据治理主体与治理客体各自内部及相互之间的互动因数字技术的革新而强化，治理主客体内部及相互之间的关系因而变得更加紧密，政府决策的准确性、科学性得以强化。这些情况的出现均为数据治理理论的形成创造了条件。

（2）政策理论背景　2015 年 3 月，国务院总理李克强在《政府工作报告》中首次正式提出“互联网 +”的战略构想，通过将传统产业与互联网、物联网、大数据等先进信息技术结合，实现各行业协同发展的新业态。2015年7月，《国务院关于积极推进“互联网+”行动的指导意见》发布，积极推进传统产业与互联网的深度融合。其中，发展政府基于线上线下的网络化公共服务成为“互联网+”的热点话题，线上公共服务提供方式具有便利和花费少的优点。2017年1月，国务院办公厅印发《“互联网+政务服务”技术体系建设指南》，旨在推动“互联网+政务服务”技术体系建设，构建国家级、省级、市级以及县乡级政务信息资源的交换平台，促进政务数据资源的开放共享。该体系简化了政务服务程序，大大提高了中央与地方政府政务服务的效率。2017年5月，国务院办公厅印发《政务信息系统整合共享实施方案》，旨在有效推进政务信息系统整合共享，切实避免各自为政、自成体系、重复投资、重复建设。2018年6月，国务院办公厅颁布的《进一步深化“互联网+政务服务”推进政务服务“一网、一门、一次”改革实施方案》提出“整合构建全国一体化网上政务服务平台”。2018年7月，《国务院关于加快推进全国一体化在线政务服务平台建设的指导意见》进一步提出：“2022年年底前，以国家政务服务平台为总枢纽的全国一体化在线政务服务平台更加完善，全国范围内政务服务事项基本做到标准统一、整体联动、业务协同，除法律法规另有规定或涉及国家秘密等外，政务服务事项全部纳入平台办理，全面实现‘一网通办’。”这些都体现出在政务大数据领域具有整合治理的趋势。

此外，我国一些省级、地市政府也出台了有关数据治理的政策文件，例如《上海市推进大数据研究与发展三年行动计划（2013—2015）》《福建省政务数据管理办法》《浙江省大数据管理暂行办法》《江苏省大数据发展行动计划》《贵州省大数据发展应用促进条例》《杭州市政务数据安全管理办法（暂行）》等。这些不同层次的政策文件都体现了对数据治理规范化、科学化、安全化的共同诉求，为数据治理运行机制的构建提供了必备的制度环境，使各级政府充分利用互联网数字技术来指导自身的治理变革，是其治理效率与能力提高的重要举措，也为政府推动数据治理奠定了重要政策理论基础。

（3）数据治理产生的现实依据　伴随着数字信息技术的迭代发展与应用普及，我国正在快速进入数字时代。中国互联网络信息中心（CNNIC）发布的第46次《中国互联网络发展状况统计报告》显示，截至2020年6月，我国网民规模达9.40亿元，较2020年3月增长3 625万元，互联网普及率达67.0%；手机网民规模达 9.32 亿元，较 2020 年 3 月增长 3 546 万元，网民使用手机上网的比例达 99.2%。上述数字从另外一个层面显示了数字信息技术影响下我国政治、经济、社会业态正在经历的剧烈变化。互联网、物联网、云计算等领域的数字化技术在政府治理、企业管理以及媒体宣传等各方面得到了广泛的运用，较好地实现了数字化技术在社会各个领域的创新发展；而政府部门数据资源的深入应用催生着数据资源管理，这就要求各级政府积极主动适应信息化时代的发展要求，在治理中创新利用数字化技术来实现政府信息的开放共享。目前，北京、天津、江苏、浙江、广东和上海等发达地区和城市已经率先启动了数字化城市建设，充分利用计算机网络技术、无线通信技术、GIS 技术、云计算技术和数据库技术等，构建数字化城市管理平台，实现城市治理的数字化建设，大大提高了政府服务的能力和水平，得到了社会各界的广泛认可。

2. 理论诠释

国内学者对数据治理理论的研究大致围绕四个主题开展：数据治理理论的概念研究；数据治理理论的制度化构建研究；数据治理理论的产生背景研究；数据治理理论的影响研究。这四个主题基本涵盖当前国内学者对数据治理理论进行理论研究的核心领域。徐晓林、刘勇、王文凯、肖伟从广义及狭义的角度对数据治理的概念进行了界定，认为其核心理念是运用信息技术简化行政流程，实现政府、企业、市民三者之间的良性互动。彭锦鹏基于佩里・希克斯的整体性治理理论的基本观点，提出制度化构建的具体要求，强调线上治理（数据治理）的重要性。陈水生对数据治理理论的产生背景进行了理论与实践视角分析。竺乾威系统地翻译了帕特里克・邓利维关于数字时代治理的观点并做出简要评价，一定程度上推动了我国学者对数据治理理论的关注。韩兆柱对新公共管理体制的形成做出简要概括，并指出数字时代治理对政府改革的影响。

3. 实践领域探讨

国内学者对数据治理理论的关注是基于对电子治理领域的探索的。王浦劬、杨凤春较早指出了对电子治理领域进行研究的重要性，“从公共管理、政府发展的角度看，电子治理能够赋予公共管理、政府更多更高层面的价值，实现规范、廉洁责任化的政府管理”。后续学者从制度、法律、思想意识等维度继续完善对电子治理技术的研究，但电子治理是一种工具性较强的治理工具，其理论视角缺乏针对性，仍旧与数据治理理论有所区别，这也为数据治理理论的后续发展提供了实践基础。徐晓林、刘勇探讨了数据治理在城市政府善治中的体系构建问题，提出可以通过加强政府与市民（G2C）、政府与政府（G2G）、政府与企业（G2B）之间的互动和政府内部运作（IEE）之间的互动，创建一个完整的多向交流的数字城市善治体系 。数据治理是数字时代的整体性运动，治理主体是多元的。在非政府组织参与数字政府治理方面，徐顽强、庄杰等学者认为：只有实现以非政府组织为代表的社会力量与政府在互动平台上的有机协同，数字政府治理才能成为一个全方位和全新的治理系统，才能够较大程度地增进公共利益的福祉。

3.3 数据治理内涵概述

数据治理是为了更好地与物理状态中的“治理”区分。数据治理这一术语最早出现在 2001 年 10 月 19 日伦敦举办的“数据治理：数字档案、数字图书馆和科研信息化研讨会”上。该研讨会由数字保存联合会和英国国家空间中心共同举办。本次研讨会的一大贡献就是慎重选择了“数据治理”一词用于表述数字化环境中的治理行为。这一术语来源于图书馆、博物馆以及生物科学领域中的现有术语。在这三大领域中，数据治理不仅包括数据收集或数据库的保存和维持，同时还包括一定程度上的附加价值和知识。数据治理是一个新术语、不仅包含了数据治理（Data Curation）、数字保存（Digital Preservation）等概念，还为这些概念建立联系，创建新的方法。

3.3.1 相关概念区分

新公共管理运动和信息技术的发展推动了城市政府治理模式的变革，在这场变革中，网络治理、电子治理、数据治理等概念陆续被提出，这些理论的研究渐次开展并相互补充、借鉴和促进。因此，厘清数据治理与其他相关概念之间的关系对准确界定数据治理的理论内涵具有重要作用，也有助于消除对数据治理概念认知模糊不清的现象。

1. 网络治理

网络治理最初是在组织治理结构中出现的新的治理形式，是指正式或非正式组织和个体通过经济合约的联结、与社会关系的嵌入所构成的，以企业制度安排为核心的参与者间的关系安排。后来延伸为实现与增进公共利益，政府部门、非政府部门、社区等众多公共行动主体彼此合作，在相互依存的环境中分享公共权力，共同管理公共事务的过程。网络治理结构是由各级政府组织、非政府组织、公民、企业与国际组织等多元治理主体，运用现代信息与网络技术，围绕一个共同的政策目标而形成的一个彼此依赖、权力共享的动态网络组织系统。网络治理理论揭示了治理的主体、信息资源、权力运行、参与和责任的动态联系。从理论溯源来讲，网络治理理论是在制度经济学、管理学的系统和自组织理论以及企业网络治理理论等相关理论基础上发展起来的；在研究侧重点上，网络治理主要关注政府和外部环境的“外联”。

2. 电子治理

在国外，相关研究将电子政务、数字政府与电子治理作为数据治理发展的三个阶段。最初，电子政务是基于提升效率和节省成本的需要而向服务对象提供信息的一种公共服务，而随着信息技术在公共管理中的运用与创新，其内涵不断丰富，先后衍生出了数字政府、电子治理等概念。数字政府则被认为是与新公共管理阶段相关联的阶段，主要是利用数字技术提供在线服务、支持电子民主以及制定公共政策，在重点关注绩效、透明度和责任的同时，提倡服务供给和政民沟通两个方面。为更好解答“如何提供公共服务”这一深层次的治理问题，产生了电子治理的概念。电子治理定位于如何使公民利用信息技术来影响公共决策、公共服务和政府运行等，其实质是借助信息技术来推进行政改革和强化公众参与，核心内涵是权利重构、分享和合作。

在国内，部分学者将电子治理等同于数据治理，也有部分学者将电子治理称为一般意义上的数据治理，但在内涵理解上均将其作为数字时代全新的、先进的治理模式，突出其充分利用信息技术优势以及治理与善治理论的创新思维，强化多元参与，以更好地解决社会问题、应对挑战、服务公民。综合国内外研究，电子治理理论尚未上升到大数据应用创新下的数据治理层面，治理主体对数据的重要性认识不够，对数据本身的治理还很欠缺。因此，可以认为电子治理是数据治理的起步和奠基阶段。

3. 数据治理

随着社会生产力和生活水平的提高以及信息技术的发展，数据的生长速度不断加快，展现的价值在不断增大。海量的数据已经构建出一个与现实世界并行的数据世界，数据治理就是在这种背景下产生的。简单来说，数据治理是对数据资产行使权力和控制的活动集合，即依托信息技术及一套管理机制，实现数据的可持续管理和利用，包括发现和检索数据、维持数据质量、增加数据价值、长期提供使用等一系列行为。也有学者从数据治理实践的角度提出数据治理的概念，即数据治理是指政府充分利用物联网、移动互联网、云计算、Web3.0 等信息技术，收集、存储及统计分析与民生相关的海量数据，搭建政府数据资源开放与共享平台，为政府决策的精准化提供重要的技术支撑与丰富的数据资源，实现政府治理的“智能化”，使政府由数据的“收集者”向“分析者”转变，由数据的“被索取者”向服务的“推送者”转变，使决策由“预报”向“实报”“精报”转变，提高政府数据治理的能力与水平。数据治理的核心是通过信息资源共享共用，实现政府高效决策，可以说数据是数据治理的内容和基础。

3.3.2 数据治理的内涵

我国对数据治理的研究起步较晚，目前尚处于起步阶段，实践与理论的特征较为明显。在最初的研究中，以竺乾威教授为代表的一批学者，从不同视角探讨了数据治理理论的基本观点，其中部分学者将数据治理等同于电子治理。数据治理，从广义上讲，是指通过信息技术综合治理经济和社会资源，影响政府、立法机关以及公共管理过程的一系列活动；从狭义上讲，是指在政府与市民社会、政府与以企业为代表的经济社会互动和政府内部运行中运用信息技术，简化政府行政及公共事务的处理程序，并提高民主化程度的治理模式。但随着当前信息技术的发展，数据治理的内涵也在发生变化，尤其是近些年的研究已将数据治理领域扩展至智慧城市领域，且更加强调运用数字技术重塑行政权力运行流程和模式，有效打破组织壁垒和信息壁垒，强调数字技术对提高政府治理能力、公共服务质量和政府公信力的有力推动作用。何哲在《国家数字治理的宏观架构》中提出，数字治理有两种含义，一种是对数字的治理，一种是基于数字的治理。前者是实现对全社会越来越庞大的数据的有效管理与组织，后者则是利用数字实现全社会有效的组织与运行。这两者也是互相支撑的关系。只有构建完整、高效、安全的数字组织管理体系，才能同步围绕数据构建同样统筹高效的治理体系。

综合相关研究可以认为，数据治理是指在充分利用治理与善治理论的创新思维，把握“以人为本、服务导向、数据驱动、协同治理”理念的基础上，利用新一代信息技术，以数据为核心，以满足政府、企业、市民社会等主体治理的需求为目标，通过管理和利用数据资产、搭建数字化管理平台、整合治理资源等手段，强化公共服务供给能力、社会管理能力、经济治理能力。可以看到，数据治理已经不再是数字技术与治理理念的简单叠加。随着经济社会的快速发展，以及大数据、物联网、云计算、区块链、人机交换技术、人工智能技术等数字化技术的普及，数据治理更加强调数字要素与治理要素的充分结合，包含对数据的治理和利用数据治理两个层面的含义。

3.3.3 数据治理的特征

数据治理充分利用数字技术的优势，融入治理与善治理论的创新思维，更多地引入多元化的思路、注意发挥信息技术在治理方式中的优势，强调对公民需求的尊重，注意对治理手段、方法的数字化，重视提升政府的公共服务供给能力，以更加协同、高效、专业的方式解决社会问题、应对挑战、服务公民。数据治理体现出了“以人为本、服务导向、数据驱动、协同治理”等主要特征。

以人为本：随着治理理念的不断转变，以人为本、多元参与已经成为治理的题中之意。数据治理作为现代信息技术与治理理论融合的新型治理模式，更是体现了治理的核心——以人为本：一是要以充分把握民众需求为出发点，把握“为民、便民、利民、惠民”的原则，以提高服务供给能力和民众满意度；二是要强化市民参与，利用数字技术充分提高社会参与度，调动民众的主动性、积极性和创造性，打造社会协同的开放创新空间。

服务导向：数据治理是实现国家治理现代化的重要手段，但当前服务海量供给与有效需求之间的差距仍较大。数据治理要坚持以服务为导向，通过“互联网+”模式和方法以及平台化的共享策略，全面整合服务资源与服务渠道，针对公众、企业和社会组织的实际问题和迫切需求，运用多种信息化渠道和平台，为公众提供用得上、用得起、用得好的信息服务，以保障服务的有效供给。

数据驱动：数据治理以数字信息技术为关键，促进政府、经济、社会治理方法的突破。数据治理的核心是以数据驱动为基本动力，推动数据的决策、管理和服务。因此注重数据的集中、融合、开放、挖掘和利用，并基于云计算搭建数据采集、管理、交换共享、服务等大数据平台，通过智能融合技术，建设数字政府一体化服务平台、城市“大脑”等创新应用，建立起用数据说话、用数据决策、用数据管理、用数据创新的管理和服务新方式。

协同治理：数据治理理论在理论源头上借鉴了整体性治理理论，因此，数据治理更加强调打破原有碎片化的治理格局，融入重新整合和协同运作思路，努力打破政府、企业、社会公众之间信息资源和实体资源壁垒和边界。以数据共享为基础，加强数据整合、开放、共享和业务协同，实现大数据在各部门、各层级、各系统之间的畅通流动；以一体化协同管理为动力，建立一个综合管理平台，打造人机物全面互联的网络平台，打造一个服务整合、协同决策、智能广泛的数字治理体系，实现资源的统一调配。

3.3.4　数据治理的主体

数据治理涉及政府、市民社会与以企业为代表的经济社会三大主体，形成了政府与企业（G2B）、政府与市民（G2C）、政府与政府（G2G）等层次，是各主体依托信息技术所进行的参与、互动和合作的一种多元社会治理模式。

（1）政府　政府是数据治理主体中的“掌舵者”，在治理中协调宏观管理及各个主体间的矛盾和冲突，并承担着治理合作者、输出者、引领者等角色。首先，政府需要与时俱进，根据社会的发展趋势，强化数据标准建设，打通数据壁垒，实现向服务型政府转型；其次，政府要充分利用信息技术搭建开放公平的协作平台，集聚更多的管理资源，创新治理模式；再次，通过自身改革与廉政优政，带动城市组织优化与效率提升。

（2）以企业为代表的经济社会　企业虽然是以盈利为目的的经济组织，但仍然是最重要的社会责任承担与维护者，也是政府以外的重要治理主体。随着共享经济的快速发展，大批互联网公司与创新型企业在治理中的作用越发凸显：一方面它们以营利或公益的形式积极参与城市治理，不断推动城市治理模式的变革，实现技术创新和制度创新，为治理提供了新路径；另一方面通过推进自身业务数字化转型和数字产业化发展，带动了经济发展及技术创新。

（3）市民社会　市民社会作为治理的参与者与直接受益者，不仅有权利参与城市治理，更有责任主动参与到城市管理、公共服务、社区自治共治及社情民意调查等治理环节中，发挥人人参与、献策、监督的作用。此外，随着经济社会发展水平的不断提升及市民参与社会治理意识的增强，各种社会团体与民间公益组织快速壮大，积极参与到社会救助、灾害恢复等城市治理及公共服务中，并且发挥着越来越重要的作用。

3.4 数据治理核心要素

我国现阶段数据治理实践的发展依托于现代信息技术、数字化网络平台等，各地数字治理建设都围绕城市发展问题、提供智能化的公众服务等方面展开，在城市建设、公共服务完善中发挥着越来越重要的作用，逐步由数字管理走向数据治理，且数据治理的质量与水平不断提高。数据治理不仅为经济和社会发展创造了机遇，更为政府自身改革开辟了新路径，提供了新动力。因此，结合数据治理的内涵、特征及治理主体等分析，可以将数据治理的核心要素确定为以大数据技术为核心的技术要素，以及以数字政府、数字经济、智慧社会为重点的内容要素两部分，其中技术要素主要体现为数据治理体系的建设。

3.4.1 数据治理

数据治理的核心内容是以数据为基础的实现对数据的治理和利用数字治理两个方面，数据治理是数字治理的基础工作。数据治理是对大数据的有效管理及使用，治理主体通过对数据的优化、管理和利用，充分挖掘数据价值，将实现业务流程优化、辅助管理决策、业务应用集中建设等作为数据治理的主要目标。数据治理的关键因素必然涉及治理理念、治理主体、治理客体、治理工具和治理目标五个方面。治理理念方面，必须关注人，即能够均等享用数据、自由享用数据、民主治理数据；治理主体方面，涉及政府、企业、社会组织、公众等，各主体在数据治理方面发挥着不同的作用；治理客体方面，以数据为主体的数据结构、数据形态、数据容量、数据安全等；治理工具方面，主要是组织、政策、制度、平台等；治理目标方面，主要集中在对数据价值的挖掘及应用。

从数据治理方法来看，数据治理不仅仅要关注技术层面，还需要在健全数据治理体系、提升数据质量管理水平、全方位拓展数据应用等方面提升数据治理水平。健全数据治理体系，要结合实际情况设立数据治理的目标，在目标引导下，搭建专业的数据治理组织架构，强化人才保障，从协同共享的角度出发，建立统一的技术、业务、管理、数据质量等方面的标准规范，并利用数据管理平台实现数据的管控和支撑。提升数据质量管理水平，应以改进当前数据质量管控现状为前提，健全数据质量管控体系，包括对数据收集、数据整理、数据分析、数据挖掘、数据控制、数据传播等环节的管控。拓展数据应用则要基于对数据深层次的分析以及与业务需求的有效融合，实现智能决策分析应用。

3.4.2 数字政府

考虑到政府作为治理主体的重要性，数字政府成为数字治理的重要内容和要素。从宏观层面，数字政府可以分为两个方面：一方面，聚焦信息技术推动下的政府内部变革，重在提高政府内部信息资源利用效率，并侧重将信息技术作为政府治理工具的应用与创新；另一方面，聚焦信息社会形态下政府与其他主体的关系，以数字治理推进治理模式创新，提高各主体协同参与能力，重点在于服务型政府建设及政府公共服务水平提升。

在微观层面，大数据等数字技术使政府可以开发及利用海量数据来提高公共服务供给效率、公共决策社会化水平，提升政府绩效。在公共服务供给效率方面，一方面数据的开放和流动使得政府更加开放，城市更加智慧，社会更加民主，构成一种开放式、平台式、推送式的公共服务生态环境；另一方面，随着大数据技术的不断完善，数据挖掘和分析更加精细化，政府提供的公共服务更加人性化和个性化，同时，基于对公众“网上留痕”的分析，提供公众所想、所需的服务。在公共决策社会化方面，政府数据开放激发了社会公众的参与积极性，使得社会公众为政策制定做出独特贡献，使社会公众能协助监管政府、参与计划管理、提供制定决策的依据及评估服务绩效，提高了政府政策制定水平。从社会媒体中分析和挖掘公民对政府管理、公共政策和公共服务的负面态度和不满，这种方法也可以服务于政府公共决策。在政府绩效水平方面，数字化应用打破了原有单一部门、单一区域的治理现状，实现了跨部门、跨层级、跨区域协调和协同的良治、善治，实现了政府自身业务运营效率的提高，同时也降低了政府行政成本，提升了政府运营绩效。

3.4.3 社会治理

数字时代的来临给我国的社会治理带来了新的机遇和挑战。依托于新一代信息技术的迅猛发展，我国传统社会治理体系中的等级结构得以改变，社会治理的结构由严格的“金字塔”状态向着更加科学合理的“扁平化”状态转变。利用大数据技术进行社会协同治理创新，既是推动国家治理体系和治理能力现代化的客观需要，也是贯彻落实社会治理创新与协调发展理念的迫切要求。

数量巨大、来源分散、格式多样的大数据在对社会治理能力提出新挑战的同时，也为社会精准治理和科学决策带来了新的机遇。一方面，在大数据推进社会治理精细化过程中，理顺治理主体各方之间的关系，尤其是政府与社会组织、政府与群众自治组织、政府与企业、政府与个人之间的关系，明确各主体职责边界，解决社会治理主体缺位、角色错位等问题，为社会多元治理奠定了基础。另一方面，大数据在公共事业、市政管理、城市安全、健康医疗、交通旅游、环境保护、养老保障、社会救助、劳动就业等领域的应用，既满足了公民多样化的社会基本需要，又实现了社会需要项目的合理安排，提高了决策智能化水平；同时，基于各领域数据的全面采集、开放、共享，借助社会治理服务一体化平台，实现对社会治理各要素的实时监督掌控、信息研判、预警应急、决策治理等环节的智能化治理，最终实现社会治理各领域的集中调度、统一指挥、整体联动。

3.4.4 数字经济

大数据等数字技术发展为经济发展注入了新的活力，尤其在当前，数字经济已经成为经济高质量发展的重要动能，数字经济治理亦成为国家治理的重要组成部分。数据是数字经济发展的关键生产要素，数字经济将呈现全新的运行规律——以数据流动的自动化来化解复杂系统的不确定性，实现资源优化配置，支撑经济高质量发展。结合数字治理的特征，数字经济治理应包含发展和保障两个方面。

在发展方面，基于数字技术的创新，技术产业化的进程不断加快，云计算技术推动IaaS、PaaS、SaaS等服务模式逐步成熟，大数据的价值挖掘正成为企业争相布局的重点，在虚拟现实技术驱动下产业迅速发展，区块链技术应用的关注度大幅提升，以算法满足消费者需求的创业已经成为当前的主流创业模式，一些数字经济创业先锋企业基于智能家居、无人驾驶、无人商店、城市“大脑”、智慧医疗等场景，构建自己的平台经济和产业生态。同时，大数据促进了企业、政府和个人的协作，不仅能够提高企业竞争力，而且能够有效推动企业创新，整体上增强了经济发展动能。

在保障方面，数字经济注重利用数字化平台加强对企业运营过程中产生的海量数据的治理，只有充分利用数据采集、清洗、分析、展现等大数据技术，才能更好地实现对数字经济企业的监管和数字经济行业运行的分析，并在过程中建立“搜集数据→量化分析→找出相互关系→提出优化方案”的决策流程，进一步提高决策效率，推动决策更具科学性和权威性。同时，构建数据联通、系统联动的数字化监管平台，围绕监测预警、信息披露、大数据征信、社会评价和数据共享等实现数字经济的实时监管、行为监管和功能监管，并围绕经济发展建设各类统一的信息服务数据库，积极利用全量数据、权威数据、实时数据如实反映数字经济行业运行和数字经济企业经营现状，推进数字经济治理精准化、智能化、数字化，精准应对数字经济可能存在的风险。还要鼓励企业主体通过大数据技术，优化内部管理流程、提升精细化管理水平、有效应对市场风险和预测市场走向，推动企业主体利用大数据技术优势逐步实现自治，以实现监管高效化。

3.5 数据治理体系建设方法

随着信息化的推进，大数据已成为社会生活和工业生产不可或缺的基础资源。有效管理和利用大数据，提升大数据应用效率迫在眉睫。数据治理体系标准的制定是全面提升数据质量、实现数据规范化、提升数据应用价值的前提；需要制定统一的数据标准和规范，运用数字技术支撑，开发共用的、标准的、组织级的数据治理模型。

3.5.1 建设原则

从国内外大数据发展的态势来分析，大数据已成为当代经济社会发展的重要引擎，成为全球各国科技和产业竞争合作的重要领域和制高点，成为各行业创新转型的新空间和新范式。在大数据战略下，数据治理是核心是关键，因此数据治理体系建设应遵循以下原则。

（1）政策性原则　以国家战略和政策为数据治理体系建设的重要依据，紧密结合国家治理体系、治理能力及现代化建设方面的政策文件与推进策略，充分体现国家数据治理发展战略。

（2）统一性原则　建立并完善数据治理体系架构，统一全面管理数据，并要求从数据采集员、部门负责人到高级管理者，所有相关人员都对数据治理负起相应责任。

（3）开放性原则　数据融合的价值远远大于数据割裂的价值，而解决数据连接问题，需要数据的“开放性”。要跨越、连接不同体系的全局数据，就要做到数据源的开放以及不同体系之间接口的开放。

（4）安全性原则　全面考虑数据治理系统安全的各个方面，通过网络安全、系统平台安全、应用安全的各项设计，防止非法用户对重要的、不宜公开的数据的侵入。

3.5.2 建设标准

建设数据治理体系标准的目的是建立统一的数据标准，提高数据质量，促进数据共享。数据治理的成效很大程度上取决于数据标准的合理性和统一实施的程度。目前，国际和国家层面均已经出台一些标准，为开展数据治理工作提供了重要依据。

1. 国际标准

1）ISO/IEC TR 38505-1。ISO/IEC TR 38505-1 保持了与 ISO/IEC 38500：2015 的一致性，基于 IT 治理的原则和模型给出了数据治理的原则和模型，同时提出了将数据治理的责任和特征作为标准的主体，并用数据治理责任和特征构成数据治理责任矩阵，为组织的数据治理主体提供实践指南。

2）ISO/IEC TR 38505-2。ISO/IEC TR 38505-2 描述了组织的治理主体需要建立相关机制，以评估、指导和监督数据管理活动，确保管理活动符合数据治理原则的要求。数据治理作为 IT 治理的一部分，用来帮助组织从数据中获取最大价值。因此，治理主体需要制定数据战略，而管理者需要了解数据治理战略，并通过管理活动来实现组织的战略目标。同时，管理者也需要为治理主体提供相关的建议和计划，帮助治理主体建立数据治理战略。ISO/IEC TR 38505-2 在数据治理主体和管理者之间建立了沟通机制，同时给出了建立数据治理策略的建议，以确保数据管理活动符合数据治理战略，进而实现整个组织的战略目标。

2. 国内标准

全国信息技术标准化委员会（简称信标委）大数据标准工作组已经开展了大数据治理标准的研制工作，目前发布了 9 项国家标准，见表 3-1。

表 3-1　信标委大数据标准

序号	国家标准号	标准名称
1	GB/T 35295—2017	信息技术　大数据　术语
2	GB/T 35589—2017	信息技术　大数据　技术参考模型
3	GB/T 34952—2017	多媒体数据语义描述要求
4	GB/T 35294—2017	信息技术　科学数据引用
5	GB/T 34945—2017	信息技术　数据溯源描述模型
6	GB/T 36073—2018	数据管理能力成熟度评估模型
7	GB/T 36343—2018	信息技术　数据交易服务平台　交易数据描述
8	GB/T 36344—2018	信息技术　数据质量评价指标
9	GB/T 36345—2018	信息技术　通用数据导入接口

针对大数据治理评估，信标委大数据标准工作组重点围绕国家标准《数据管理能力成熟度评估模型》（GB/T 36073—2018）开展了标准应用推广工作。此标准规定了组织进行数据管理、评价的能力成熟度模型，包含数据战略、数据治理、数据架构、数据应用、数据安全、数据质量管理、数据标准、数据生命周期管理八个关键过程域，描述了每个过程域的建设目标和度量标准，可以作为组织进行数据管理的参考模型。

3.5.3　技术支撑

1. 数据融合技术

数据融合技术是指利用计算机对按时序获得的若干观测信息，在一定准则下加以自动分析、综合，以完成决策和评估任务的信息处理技术。数据治理往往需要在多个相关系统之间实现信息的充分交互与共享，而底层数据的集成与融合是保障系统高效协同联动的前提和基础。此外，在大数据融合技术领域，要加强大数据标准建设，加快海量异构数据建模与融合、海量异构数据列存储与索引等关键技术研发，为底层数据的集成与融合提供标准和技术保障。

2. 数据收集技术

数据治理离不开大数据技术的支持，而大数据收集无疑是应用大数据技术的关键环节。数据收集是数据治理的基础，同时也是数据治理发展的重要保障。一般情况下，在收集大数据时，公共平台可通过数据库访问、数据导入、中间件技术、接口调用、网络爬虫、内容采编等，从城市基础库或者行业系统之中采集数据。

3. 数据处理技术

数据处理技术主要是指完成对已收集数据的辨析、抽取、清洗、填补、平滑、合并、规格化及一致性检查等操作。在治理过程中，进行大数据处理时，数据处理服务主要通过公共平台系统对大数据信息进行分析，利用大数据 ETL（抽取、转换、加载）、大数据隐私保护等技术，对数据进行抽取、转换、加载、删除处理，以满足数据分析与挖掘的需要，从而提高治理工作的效率。

4. 数据分析与挖掘技术

大数据处理的核心就是对大数据进行分析，只有进行分析才能获取很多智能的、深入的、有价值的信息，而开展数据治理的前提在于准确的数据中蕴含特点和规律，据此深刻洞察数据治理问题的成因。大数据分析与挖掘技术为数据治理提供了强大的决策支持能力。面向数据治理的大数据分析与挖掘主要通过综合利用机器学习、统计分析、可视数据分析、时空轨迹分析、社交网络分析、智能图像 / 视频分析、情感与舆情分析等技术手段，对多源异构融合的海量数据进行过滤、抽取、汇聚、挖掘和展现，并通过参考历史数据和领域知识、考虑事件间的相关性和上下文感知，对事件发生成因和发展规律进行分析推理，最终给出决策支持信息。

5. 数据安全技术

大数据时代，数据价值受到重视，同时，一些不法分子也通过各种手段窃取和泄露数据，这严重威胁到企业的数据安全。数据安全是信息安全的重要一环，是安全防范的重点和难点。因此，如何进一步加强数据安全建设成为当务之急。当前，数据安全的防护手段包括数据安全分析技术、数据防泄露技术、数据加密技术、数据库安全加固技术等。

3.6 企业数据治理方法

随着大数据相关技术的不断成熟，数据作为一种资产，得到了越来越多企业的重视。为了能够有效地利用数据资产，企业将数据治理当作重点关注的问题。

3.6.1 企业数据治理的必要性

所谓数据治理，就是针对企业数据的整个生命周期制定由业务推动的数据政策、数据所有权、数据监控、数据标准以及数据指导方案。通过实施数据治理策略，可以更有效地制定更明智的数据驱动的决策，提高企业生产效率与竞争力，降低企业经营风险。企业数据治理的必要性体现在以下方面。

1. 提高管理和决策水平

企业数据治理可以提高企业数据的一致性、准确性，从而提高企业数据的质量，提供更有效的信息访问和可见性。对于企业来说，以企业数据治理为基础的业务决策会更加可靠。

2. 提升业务开展敏捷度

通过建立一致的企业数据模型，统一组织数据的展示和利用方式，从而使业务人员能够更快地获取用户及产品的相关数据，更全面地获取和洞察市场信息，提升企业对于市场的响应力，让业务开展得更敏捷。

3. 进一步降低运营成本

企业可以通过对所有可能的数据进行精细化和自动化处理来降低运营成本。企业数据治理流程涉及多个业务部门、多个系统的数据库和应用程序，提供统一、清晰的数据视图，有助于解决冗余问题，从而使成本和复杂性保持在较低水平。

4. 支撑风险和合规管理

企业风险和合规管理很重要，尤其是在受到严格监管的行业中，风险管理以及遵守外部法规和内部政策都会要求引入数据使用的透明性以及基于这些数据的报告的可操作性。通过定义所有必要的数据政策、标准和流程，并形成具有明确角色和职责的框架，可以提升企业的风险和合规管理水平。

5. 提高企业核心竞争力

高质量数据是企业开展业务创新的基础，也是企业争夺优质客户资源的关键。只有建立了完整的数据治理体系，保证数据内容的质量，才能够真正有效地挖掘企业内部的数据价值，支撑业务创新，提高对外核心竞争力。

3.6.2 企业应用大数据的必备条件

1. 明确大数据的价值理念

很多企业意识到数据是核心资产，大数据很重要。但它们认为只有花钱才能得到数据，而看不到自己的经营过程有很多数据，自己可以做数据化运营。这样的情况意味着企业并不清楚数据能对其业务产生什么样的影响。

明确大数据的价值理念，就是不要用大数据做形象工程，而是真的相信数据能够给业务创造价值，一定会用到业务里。一方面，企业要尽可能地把消费者最满意的信息给他，另一方面也要找到对企业产品感兴趣的消费者，然后再基于数据分析整个过程。哪怕一开始确实效果非常不好，甚至比以前更差，企业也要相信通过不断的优化、不断的反馈可以提高效率。

大数据要驱动智能化的业务系统，其中最核心的是人工智能相关技术和应用知识，包括自然语言理解、知识表示、自动求解和决策、机器学习、图像语音识别、智能代理等技术。这些技术对数据存储和计算的要求超出了以往任何时候，因此 Hadoop 的分布式存储和计算技术等应运而生。Hadoop 的诞生源自搜索引擎的驱动需求；而 Spark 的诞生则是来自于机器学习算法的要求。

2. 将业务转化成数据的能力

在高喊数字时代已经到来的同时，很多企业连信息化的门槛都没迈过。譬如很多企业仍没有客户关系管理系统，所有的会员管理还在依靠一些纸质文件，根本谈不上数据化；很多企业只有本地化的系统，这些系统还没有接入互联网，数据化程度很低。在这种前提下，谈大数据是没有意义的。

从数据技术到大数据平台，大数据技术一定是跟着业务或者智能化技术的发展而发展的。其实，从企业的现实业务到真正构建数据模型，中间有非常大的鸿沟。这个鸿沟包括数据如何采集、如何建模以及如何把一个业务问题转化成真正的数据问题等。需要具备深厚理论和经验的人来完成这些工作，如果不能将一个实际问题转化为数据和数学模型，那就没有任何技术手段可以解决问题。

3.6.3 企业数据治理体系构建思考

为了更好地实施数据治理工作，应采用规划先行的方式，运用科学的方法和管理策略，构建数据治理体系，明确数据治理的工作机制和工作内容，稳步推进数据治理各项工作。

（1）建立并健全数据治理相关政策规范　政策规范是数据治理体系的顶层设计，是相关工作的全局规划及实施保障。应明确在数据治理过程中数据产生者、数据使用者、数据管理者的行为边界，以及数据分级分类使用的原则、规范和相关技术标准，形成一个安全、健康、有序、和谐的数据治理环境。

（2）构建并完善数据治理管理协调机制　管理协调机制的有效运行决定数据治理的最终效果。应明确统一协调、法律保障、资金保障、具体实施等工作的主体职责，并制定相关监管考核措施，形成一个目标明确、团结协作的数据治理管理核心团队。

（3）构建并强化数据治理体系、安全管理体系　针对数据治理体系的基础设施、数据库、平台系统以及用户访问、权限控制等建立安全保障体系，保障平台系统和数据资产安全。除了相关软硬件技术和防护手段外，还应建立必要的安全管理制度。

（4）优化人才环境，推进人才队伍建设　加强数据治理人才的引进培育，完善人才引进、培养、使用和激励机制，重点抓好紧缺的大数据人才队伍建设。强化管理者的数据治理知识培训，通过多种形式、渠道向员工普及大数据技术知识和基础技能。

3.6.4　企业数据管控体系建设

为了提高数据质量，企业需要对公司范围的数据进行全生命周期管理，并在制度、组织人员、标准、技术等多方面提供体系化的保证，从原来对数据的零星随意检查纠错转化为建立全面数据质量管理（TDQM）体系（见图 3-1），从管理入手，借助信息技术的支持，不断探索科学有效的方法改进数据质量。

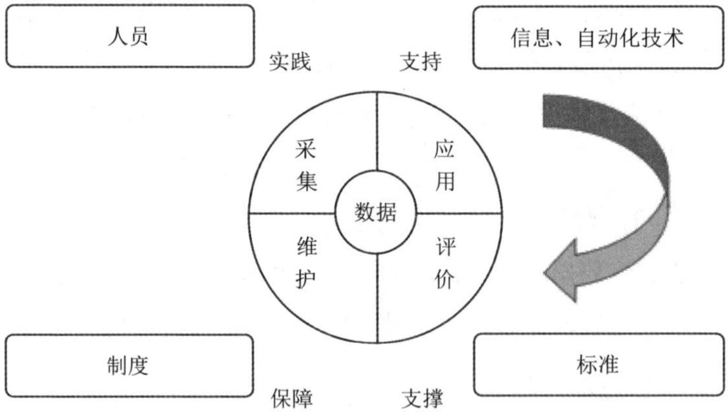

图 3-1　全面数据质量管理体系

要建立数据质量管理体系，首先要有制度保证，企业要引入相应理论方法体系，制定数据质量有关管理方法，包括职责界定、作业指导、评价考核、学习培训等内容，还要有配套的标准规范，包括企业信息模型、数据分类编码和数据元素标准、共享数据规范与接口标准、数据质量评价标准、数据安全防护标准等技术标准和工作标准。

建立数据质量控制体系，实现数据的高效监控，通过数据质量的实时跟踪和反馈机制实现对数据的持续优化。通过建立管控流程体系来固化数据管控流程、建立数据治理长效机制。数据管控体系是为了规范数据标准、数据质量、数据安全中的各类管理任务和活动而建立的组织、流程与工具，用以实现组织、流程与工具的常态化运转；数据管控体系建立的目标是制定提升数据质量、促进数据标准一致、保障数据共享与使用安全。在数据全生命周期管理过程中流程的梳理和定义是提升数据质量的重要保证因素，定义了持续开展数据治理所需的统一的、集中的业务过程与规则。数据的流程控制包括数据业务控制、数据技术控制和数据逻辑控制。流程规划包括业务流程管控、风险管控和安全管控等方面。通过流程规划，建立数据质量控制体系，确认质量控制流程，确立数据的长期运维模式，实现数据的持续性治理，保障数据治理机制的可靠运行。

建立数据监督和数据质量的评价体系和指标体系，实现量化数据考核，对数据的创建、变更、销毁的过程实现质量管控。加强数据安全管理，有效控制数据风险，通过建立常态化的基础数据管理安全审计流程，定期开展数据管理平台的安全等级保护及系统的安全测评；建立数据安全事件管理机制，为数据出现的异常问题，制定完善的解决流程及风险应急方案；定期开展各类安全培训、制度的宣贯，提高对基础数据风险管理的认识程度。

3.6.5 企业数据治理组织架构

企业数据治理是一项基础性工作，仅仅依靠数据治理部门是不可能完成的，需要企业各级组织和部门共同参与，建立企业数据治理文化。数据是企业的重要资产之一，数据治理是在明确数据责任的前提下，为促进数据有效使用和发挥业务价值而开展的一系列业务、技术和管理相结合的实践活动。

建立覆盖组织范围的、集中的数据治理组织体系，持续提升对数据战略的认知程度和重要性。有效的数据治理需要跨越不同组织和部门。因此，需要建立数据治理组织架构，有效地管理和控制数据治理的各项任务，描述数据治理主要目标，明确数据治理的关键流程、关键利益相关方、角色、职责、决策权和成功的度量方式等。数据组织机构主要由数据治理委员会、数据治理中心和数据管理团队构成。

（1）数据治理委员会　数据治理委员会是数据管理决策者，由公司主管领导和各业务部门领导组成。主要工作是：负责牵头数据治理工作；制定数据治理的政策、标准、规则、流程，界定各方责任，协调冲突；对数据实施治理，保证数据的质量和隐私；在数据出现质量问题时负责仲裁工作。

（2）数据治理中心　数据管理中心的平台运营人员的重要工作是：负责提交数据标准要求、数据质量规则和业务规范，解释数据的业务规则和含义；监督各项数据规则、规范及约束的落实情况；负责数据治理平台中整体数据管控流程的制定和平台功能的实施；负责平台的整体运营、组织、协调。

（3）数据管理团队　数据管理团队由面向业务主题域的业务数据管理人员组成。该团队负责数据及相关系统的开发，以及执行数据标准和维护数据质量内容；负责从技术角度解决数据质量问题；是数据出现质量问题时的主要负责者。

数据治理架构层面致力于技能和责任，而组织协调层面侧重于各级部门之间的工作关系。在开始数据治理工作时，很多企业在现有架构内实现决策责任界定、资源分配和职责分配，当然，早期的商业价值和企业动力都是以这样的方式传递的。但是，要想真正把数据治理看作一个整体，努力为跨企业的多个部门带来利益，就需要变革组织结构。

第 4 章

数据治理模型和框架

数据治理是一个复杂、多元的系统工程，需要组织的决策层、管理层、系统开发者、使用者、维护者多方协作。构建系统科学的数据治理模型和数据治理框架是开展数据治理工作的首要任务。目前很多组织的数据治理面临着一系列痛点和难点，以问题为导向，完善数据治理能力和治理体系是每个组织科学设计数据治理模型和框架的核心要求和主要任务。为了指导组织有效开展数据治理工作，国内外权威研究机构在各自研究成果和实践经验的基础上，提出了一些通用的数据治理模型和框架，为各组织的数据治理工作提供了不同的价值视角和关注维度，为企业进行数据治理提供借鉴与参考。

4.1 数据治理主要问题

正在快速升级、日益智能的外部客观环境和社会信息化建设中的不足，使数据治理成为各级组织亟须应对和解决的难题。

4.1.1 数据治理存在的痛点和难点

目前数据治理主要存在以下痛点和难点：

数据思维意识缺乏。数据已成为国家基础性战略资源，但很多组织缺乏“大数据思维”，对数据开放和共享持拒绝或消极态度，对大数据的重视程度还不够，用数据说话、用数据决策、用数据管理、用数据创新的机制还未形成。

数据互联共享困难。目前各级组织在数据资源管理方面依然存在信息孤岛等现象。系统数量多、较分散，缺乏统一规划和标准规范，导致数据联通共享难，造成数据服务中标准不统一、平台不联通、数据不共享、业务不协同的后果。

数据质量难以保障。目前大数据应用系统模式多样、功能不一、架构自定，造成数据来源不清晰，数据命名、类型及格式的差异巨大等问题，数据质量难以获得保障，数据使用困难重重。

数据资产底数不明。目前尚未对数据资源进行全面梳理，缺乏完整、统一的数据资源标准规范，未建立跨组织、跨部门的数据资源目录体系和数据共享机制，导致数据资源底数不明，直接影响数据资源的共享、开放和有效利用。

数据流动逻辑不清。大数据应用涉及诸多利益主体及相关者，只有让利益相关者共建和共赢，才能提高数据的复用率，发挥数据的最大价值。

数据管理效能不高。大数据自身属性特征决定了其和传统数据有着本质上的区别，然而传统的组织管理思维仍然禁锢着数据管理方式，大多只做了简单的数据质量检查、归档、安全等分散性数据处理工作，缺少数据的甄别、分类、整合和加工，无法及时有效地对有价值的数据资源进行提取、集成和分析，数据治理尚处于初级阶段，数据价值亟待挖掘。

4.1.2 数据治理的关键问题和隐患

数据资产不可知。数据资产包括各类业务应用系统、软硬件、数据库等。目前只有少数行业开展了数据资产登记管理工作，很少有某个组织能完全掌握全部数据资产，需对不同组织进行调研、梳理、登记，需要完整、统一、清晰的数据资产体系。

资产关系不可联。把数据资产管理好，充分释放数据的价值，是当前大数据治理的基础与重点。各地、各行业在开展信息化建设时存在各自建设、管理、使用数据资产的情况，造成系统与系统之间、系统与数据库表之间、数据与数据之间的关系不清晰，不能对数据进行自助式探索和挖掘，数据的深层价值难以体现。

数据质量不可控。目前各地、各行业建有大量的应用系统，数据类型、存储方式等千差万别。由于缺乏统一的数据标准规范，因而跨行业、跨层级、跨部门的数据难以共享、业务难以协同，海量数据因为质量过低而难以利用。同时新建或改造升级的系统没有遵循标准先行的原则，继续造成“信息孤岛”，无法真正实现数据的高效流动。

4.2 数据治理模型设计

对于组织而言，数据治理是一项复杂多样而意义重大的工作，数据治理模型是治理行动的前提与基础。聚焦现实中的问题，构建数据治理模型，是每个组织的当务之急。数据治理模型代表了一种状态，即解决组织数据资产低效问题所需的未来状态。

4.2.1 数据治理模型内涵

数据治理模型是对数据治理特征的抽象，从抽象层次上描述了组织数据治理的静态特征、动态行为和约束条件，为数据治理的信息表示与操作提供了一个抽象的框架。数据治理模型可以帮助组织厘清复杂或模糊的概念，指导组织开展高效的数据治理工作。同时，模型可以作为实施数据治理举措的指导方针，并提供适当的评估机制，即当组织的治理期望与实际状态不符时，该评估机制可以提供差距分析。

此外，构建模型还有利于数据利益相关者从中获取信息，进而做出正确的决策。

4.2.2 主流数据治理模型

1. 国际数据治理模型

（1）ISACA 数据治理模型　国际信息系统审计与控制协会（ISACA）是全球公认的信息科技管理、监控领域的领导组织。ISACA 从行政资助、文化、管理指标、培训与意识培养四个角度，全面覆盖并构建了数据治理模型。ISACA 数据治理在组织资助的前提下，依据组织的愿景和使命，共同确定数据治理的策略或目标。因此，数据治理模型的定位将会更精准，更扎根于组织本身。此模型的另一特点是，充分体现了人的能动性与主导作用，让人全程参与数据治理过程。此外，模型采用顶层设计、基层实施的方法，秉持简单实用的原则，只在需要的地方进行治理，无须将额外的步骤加入简单的过程中，确保模型的所有环节都为整个组织增值。

（2）HESA 数据治理模型　高等教育统计局（HESA）是英国收集、分析和传播高等教育定量信息的官方机构。HESA 强调数据治理模型与组织的设计和管理结构密切相关，同时指出每个组织都应根据自身侧重点，对通用模型进行适当修改，即“特色化”。首先在该模型中，HESA 将数据治理团队与法律、安全、人力资源等团队置于并列位置，共同受数据治理委员会指导。其次，授权给数据管家、业务人员和数据用户等。HESA 指出，治理模型在一定程度上体现了“为所有人公平获取数据”的概念内涵，数据应被视为组织资产。因此该模型数据治理的范围包括：①确保数据安全、管理良好，确保组织面临的风险可控；②防止和纠正数据错误，并作为计划持续改进的一部分；③衡量数据质量，并提供检测和评估数据质量的改进框架；④制定标准，记录数据及其在组织内的使用情况；⑤作为数据相关问题/变更的升级和决策主体。

数据治理呈现一种层层递进的态势，在数据治理模型中，需要定义和分配一些关键角色。政策指引包括两部分：一是基于数据生命周期的数据管理过程的政策，该政策应嵌入治理过程内部；二是纵观治理全过程的宏观层面政策。HESA 模型中的“指导”与“授权”步骤正是政策指引的具体表现。HESA 指出，构建模型的同时会定义和分配一些关键角色。重要的是，分配的是角色，而不是工作，数据治理过程应是一个整体，HESA 模型将这个过程清晰化、具体化。

（3）数据治理螺旋模型　数据治理螺旋模型始于数据治理的愿景和原则，根植于人们对数据治理和核心指导原则的愿景，因此愿景和原则是该模型的第一个核心要素。核心指导原则为组织的数据治理提供了全面的方法和保障。随着螺旋模型的发展，治理结构成为该模型的第二个核心要素。治理结构包括治理的概念、组织结构、相关角色与责任。螺旋模型首先将数据分为国内和国外数据；其次分为企业、文化、人力、地产与资源四部分。在组织结构中，数据治理委员会需要一名高层数据管理人员，还要有关注具体领域的数据管理人员；除此之外，针对不同类型的数据，需由不同部门进行数据治理，这也是该模型的一大特点。在第三个核心要素——责任机制中，该模型强调要明确责任重点、要求及相关机制。在责任机制中提出了决策矩阵的概念，与相关政策保持一致和连贯，用以明确和界定决策者的任务和责任。构建螺旋模型时充分考虑了数据治理模型的连贯性，使整个组织共同参与，而不是前后断层、要素分离。

基于螺旋模型的结构特点，每个政策都应将数据治理模型的第一步——愿景和原则纳入考虑范围。有别于其他模型，基于螺旋模型的数据治理政策的目标是通过对数据治理应用的共同理解来帮助预防发展中可能遇到的问题。隐私与安全政策描述了如何保护数据，以及维护隐私和安全的措施与流程，以防止隐私侵权和治理过程中的不当访问。结合数据治理模型的其他要素，愿景和原则要素为数据治理成果及数据保护提供了更多的保障。

螺旋模型的最后一个核心要素是法律，例如数据管理法、数据治理协议、数据共享协议等。通过上述基于要素的模型分析可见，模型虽从直观上看是螺旋形的，但实际上是具有纵向深度的柱体，包含了全面的数据治理及其相关延伸。

（4）数据治理简易模型　Information Builders 是美国一家软件与咨询公司，致力于帮助组织构建信息系统，以形成竞争优势。该公司强调，创建一个简易模型确保数据的保密性、高质量和完整性，是数据治理的核心价值，这对于满足内外部要求（如财务报告、合规性和隐私权等）至关重要。数据简易模型通过加强监督、根除风险，有效地将政策与业务战略相结合，该模型采用可重复的渐进式方法，适用于任何规模的组织，也适用于组织短期或长期的需求和预算，拥有实用且经过证实的策略。

以上四个模型的共同之处在于，明确指出数据治理不是游离于组织而单独存在的，数据治理模型的建立应与组织的管理指标、文化背景相融合。数据治理模型应特色化，这是不争的事实，但无论如何修改，数据治理都必须被看作是为整个组织的共享服务的。数据治理模型与组织的其他功能应是相互协调、共同运作的，应避免单独运作。数据治理模型的最终目的是为组织数据治理具体实践提供指导，同时培养各阶段数据管理人员的数据治理意识与治理能力。

2. 国内数据治理模型

（1）政府实践——杭州政府数据治理模型　大数据是智慧城市的战略性资产，数据治理已经成为智慧城市建设的关键领域。近年来，各省市均将数据规划作为智慧城市建设的核心，通过数据有序流动撬动城市治理、民生服务、产业经济数字化转型。杭州市智慧城市建设始终走在全国前列，近年来在数字政府、数字经济、城市治理、公共服务等领域，以数字化、智能化、网络化带动技术、管理、服务、产业创新，取得了突出的成效，先后获得“智慧数据之城”“智慧办事之城”“智慧支付之城”等称号，其建设成果得益于数据治理的科学规划。杭州市政府数字化转型数据治理模型（见图 4-1）由基础设施层、数据资源层、应用支撑层、业务应用层四个主要部分组成，对数据从采集、存储、计算、分析到应用的全生命周期进行管理，将数据治理每一个环节都融入政府转型、社会治理、民生服务、产业经济中，做强组织保障体系、标准规范体系、政策制度体系三个支撑，实现市、县统筹谋划、集约共享。

（2）企业实践——建设银行数据能力模型　银行作为一种数据密集型金融机构，对数据依赖度高。对银行来说，数据是一种战略资产，对战略资产进行管理必然会形成一个组织的核心竞争力，数据是核心竞争力的重要组成部分。中国建设银行较早认识到数据治理工作对整个银行业务发展、经营管理的重要支撑作用，已开展了较多探索和实践。中国建设银行的数据能力框架聚焦银行数据治理痛点和难点，按照“业务数据化、数据业务化、数据资产化、资产价值化”的总体思路，实现数据流对业务流的支撑。整个框架除了底层的技术环境（技术的实施支撑）外，还包括元数据管理、数据规范管理、数据安全管理、数据供应链管理、数据质量管理、数据管控机制、数据应用等内容。

其中，技术环境包括数据存储、数据移动、数据安全管理工具、数据架构等；元数据管理包括元数据资产库、血缘分析、影响性分析、数据地图等；数据规范管理包括业务术语、数据标准、数据模型、指标体系等；数据安全管理包括数据敏感性分级、数据安全管理策略等；数据供应链管理包括数据生命周期、数据采集、基准数据、数据集成等；数据质量管理包括数据质量定义、数据质量过程控制、数据质量监测、数据质量整改、数据质量评估等；数据管控机制包括职能和职责、组织流程、数据政策、培训和沟通、评价与考核等；数据应用包括固定报表、自助查询/灵活查询、指标应用、决策仪表盘、数据挖掘等。

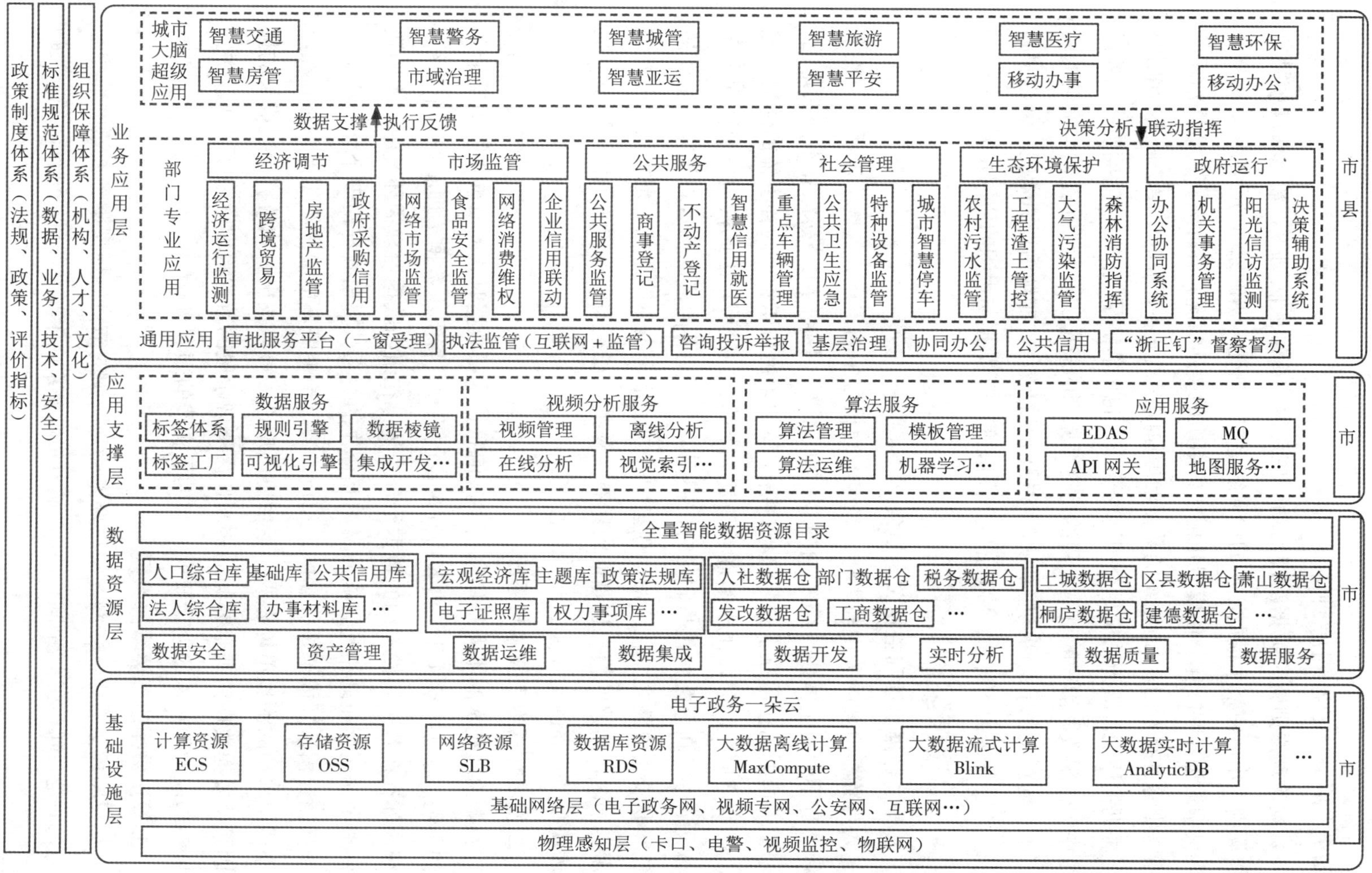

图 4-1　杭州市政府数字化转型数据治理模型

4.2.3 治理模型的原则和目标

数据治理原则就是数据治理活动所应遵循的标准或法则等。数据治理模型首先将原则列出，使整个模型运转的边界线更加明晰化。明确原则与目的便于对整个治理模型的边界明晰化，使模型扎根于各组织的实际情况。各行业有关数据治理的规章法则等各有不同,因此组织的数据治理原则应根据各行业的法律法规进行细化。毫无根据的原则，既无法满足合规性的要求，也不能满足数据治理的期望。此外，模型中应体现数据治理的目的，目的是遵循原则的成果的展示，也是治理活动的展望。模型的意义在于：帮助组织明晰数据治理的流程，实现治理清晰度；创建明确的任务，确保努力的价值。治理的意义则更偏向于数据与组织的协同发展。

4.2.4 治理模型设计路径

1. 建立数据治理利益相关者链条

人是数据治理的关键与主体，也是治理模型中的重点。数据治理活动的整个过程会有不同的主体参与进来，根据利益的不同，不同的主体扮演着不同的角色。数据治理模型的作用在于分配链条中各主体的角色与职责，为各主体的数据治理活动指明方向。同时，由于治理活动是一个动态的过程，因此模型也应体现多元化与灵活性。在分配角色与职责时，根据治理活动各阶段的侧重点不同，主体的角色和职责也应随之变化。治理模型中体现出治理主体的角色，是模型全面性的体现。同时，构建的模型也是面向所有主体的，在模型中落实各主体的职责，能够体现模型较强的实践性。

2. 发展数据治理技术与系统

数据治理技术的本质是信息技术，信息技术在数据时代的发展中扮演着辅助者的角色，起到推动作用。借鉴协同理论的思想，将组织数据治理看作一个系统，系统内部存在若干属性不同的数据治理个体；在组织数据治理的环境中，不同数据治理个体间存在既相互影响而又相互合作的关系。提出数据治理个体的概念，并非强调数据治理内部是分离的，相反，数据治理既不能脱离组织而单独存在，也不能由单独的治理单位完成。运用协同理论，可以找出影响数据治理成果的控制因素，发挥数据治理个体间的协同作用。现阶段的数据治理亟须技术或软件的辅助治理。治理技术的创新研究，有助于实践的顺利进行。

3. 厘清数据治理要素关系网

如果将模型看作一张网，治理要素就是网中的节点。模型中各要素并非相互独立，而是共同存在于治理体系中。倘若治理要素尚未厘清即盲目进行治理，治理模型就会有失偏颇，不能将治理所要面对的全部问题纳入其中。模型的要素可分为人、操作、环境三方面。人是模型构建要素，可分为数据管理员、数据用户和数据治理委员会等。人既是数据治理的主体，也是构建模型必不可少的要素。在构建模型时，应体现治理的主客体。操作要素包括技术、管理和政策法律等。政策法律是进行治理操作的保障，虽不涉及具体的操作步骤，但却是治理活动的外部推动因素。内部推动因素则是组织治理的原则和目的，也是治理操作的内在依据。治理活动秉承治理原则，与治理目的遥相呼应。环境要素是指组织进行治理活动的环境特征，如资金的资助、文化的冲击以及人们的观念意识等。各模型对要素的表达不尽相同，组织可根据实际情况，在构建模型时确定具体的治理要素。

4.3 数据治理框架体系

数据治理是一个复杂的、多元的系统工程，构建系统科学的数据治理架构是开展数据治理工作的首要任务。引入数据治理框架的目的是为组织的数据治理具体实践提供理论指导，确保数据治理付出的努力获得应有的价值回报。

4.3.1 数据治理框架内涵

1. 数据治理框架定义

数据治理框架是指为了实现数据治理的总体战略和目标，将数据治理领域的基本概念（如原则、组织架构、过程和规则等），利用概念间关系组织起来的一种逻辑结构。它用于描述数据治理领域的基本组件（概念）及组件（概念）间的逻辑关系。

2. 数据治理框架要素

数据治理框架通常需要明确以下要素：①每个组件的职能及组件间的逻辑关系；②数据治理的工作范围和重点；③数据治理的工作任务和主要目标；④建立清晰的组织架构和职责分工制度；⑤建立数据治理成效的评估标准。

分析大数据环境下的数据治理需求可知，数据标准化、数据质量管理、数据安全与隐私保护等过程中存在的问题是组织开展数据治理面临的重要挑战。为了更好地解决这些问题，组织需要重点关注元数据管理、主数据管理、数据质量管理和数据安全隐私与合规等方面的治理。

4.3.2 数据治理框架特征

1. 动态性

目前数据治理研究机构、知名大数据企业均提出具有代表性的数据治理框架，但不可否认的是，数据治理没有“一劳永逸”的框架模型，不同领域适合不同的治理框架。建立有效的数据治理框架并非易事，数据的特点甚至是数据本身都有可能与组织产生矛盾。而且，组织的战略、目标、业务、资源等都在动态演变过程中，建立一个唯一的、静态的框架来评估和管理数据是不可能的，数据治理框架需要基于组织演变而动态调整。同时，数据治理需要将来自不同部门的不同期望和专家结合在一起，以建立公认、一致、透明和可重复的治理流程，从而更好地实现与数据相关的决策。

2. 目标性

框架设计是为优化企业数据治理服务的，组织的决策者可以通过数据治理框架，获取决策需要的信息，同时还可以及时发现治理过程中的问题，进而及早地解决。有效的数据治理框架会通过改进决策、缩减成本、降低风险和提高安全合规性等方式将价值回馈于业务，并最终体现为增加收入和利润。

3. 技术性

新一代信息技术为数据治理框架设计提供了新工具和新思路。在把握治理要素的基础上，数据治理人员可以将云计算、大数据、物联网等技术手段嵌入治理的框架之中，从而贯穿于数据治理的全过程，充分发挥数据治理效能。

4.3.3 主流数据治理框架

国内外的研究机构在各自研究成果的基础上，提出了一些数据治理框架，这些框架为各组织的数据治理工作提供了一个多角度、多层次的服务指南和价值评价体系。

1. 国际数据治理框架

（1）国际标准化组织框架　国际标准化组织所提出的数据治理框架建立在IT治理的基础上。2015年，国际标准化组织IT服务管理与IT治理分技术委员会制定了ISO/IEC 38500系列标准，提出IT治理的通用模型和方法论，并认为该模型同样适用于数据治理领域。

数据治理规范相关的ISO/IEC 38505标准，阐述了基于原则驱动的数据治理方法论，提出通过评估现在和将来的数据利用情况，指导数据治理准备及实施，并监督数据治理实施的符合性等。

ISO/IEC 38505为组织的数据治理主体提供数据治理指南，组织的数据治理主体可以应用上述基于原则的方法来开展数据治理活动，在降低数据风险的同时提升数据的价值。该标准主要关注治理主体评估、指导和监督数据利用的过程，而不关注数据存储结构、恢复等数据管理活动。该标准强调数据治理的责任主体在治理层，治理层在开展数据治理的过程中主要通过制定数据战略来指导数据管理活动，而管理层需要通过管理活动来实现战略目标。同时，治理主体需要通过建立数据策略来保障数据管理活动符合数据战略的需要，进而满足组织的战略目标。

该标准实际上是对 IT 治理方法论的进一步扩展，并未对数据治理的实施和落地提供有效的手段。在实践中，数据治理虽根植于 IT 治理，但两者之间又有明显的区别：IT 治理的对象是 IT 系统、设备和相关基础设施，而数据治理的对象是可记录的数据；IT 治理过程中过于强调 IT 投资和系统实施，忽视了商业价值增长中的数据创建、处理、消耗和交换方式。

（2）国际数据管理协会框架　国际数据管理协会（DAMA）框架以数据管理为主导，其数据管理的核心是数据治理。该框架的构建理念是用数据治理来解决数据管理中的功能（见图 4-2）与七要素（见图 4-3）之间的问题。因此，DAMA 框架的优点在于充分考虑了功能与环境要素对数据本身的影响，并建立了对应关系。然而该框架的缺点也在于此，功能子框架总结的数据管理功能并不全面。随着大数据时代的发展，数据治理要求越来越高，应该强化数据流动管理、数据要素配置、数据资产管理等功能，而现有的 DAMA 框架难以满足数据管理的未来需求。

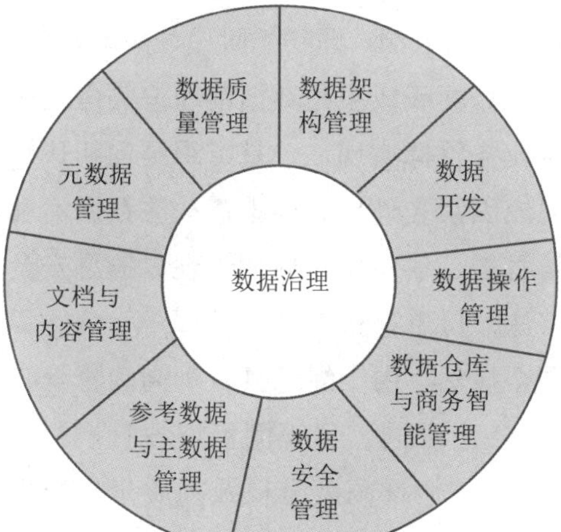

图 4-2　DAMA 功能子框架

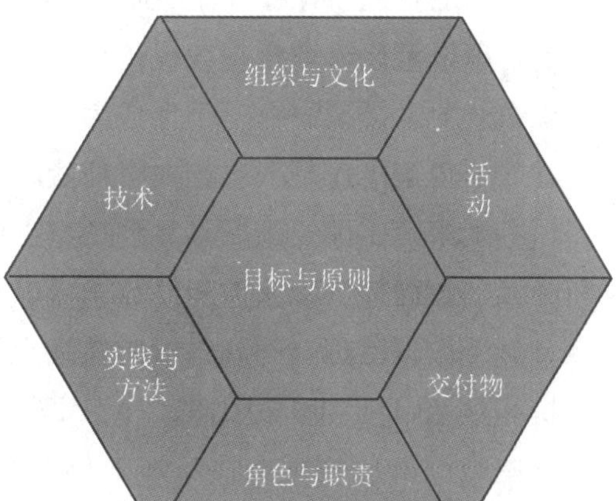

图 4-3　DAMA 环境要素子框架

（3）数据治理研究所框架　数据治理研究所（DGI）认为数据治理不同于IT治理，应建立独立的数据治理理论体系。DGI从组织、规则、流程三个层面，总结了数据治理的10大关键要素，创新性地提出了DGI数据治理框架（见图4-4）。DGI以一种非常直观的访问路径形式展示了10个基本组件间的逻辑关系，形成了一个涵盖从方法到实施的自成一体的完整系统。如图4-4所示，组件按职能划分为三组：规则与协调工作规范、人员与组织结构、流程。

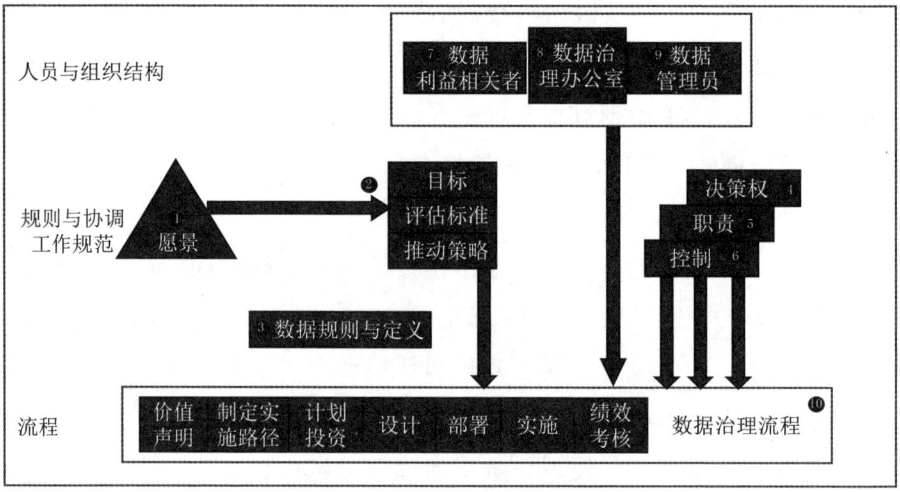

图4-4　DGI数据治理框架

（4）国际商业机器公司框架　国际商业机器公司（IBM）数据治理委员会结合数据的特性，有针对性地提出将数据治理分为五级，即初始阶段、基本管理、主动管理、量化管理和持续优化，并认为业务目标或成果是数据治理最关键的命题。在其要素模型中有三个促成因素会影响业务目标实现，一是组织结构和认知度，二是政策，三是数据相关责任者。在促成因素之外，必须重点关注数据治理的核心要素和支撑要素，具体包括数据质量管理、信息生命周期管理、信息安全和隐私、数据架构、分类和元数据，以及审计、日志和报告。

对于数据治理，不同组织的关注点不同。显然，由于组织具有不同的背景、动机和期望，所以所提出的数据治理框架也各有不同。尽管侧重点各有不同，但这些数据治理框架在决策域上仍有共同点，它们都高度重视数据质量、数据可获取性和数据隐私。数据治理通用框架为日后每个组织机构制定自己的数据治理框架指明了方向，提供了思路。各组织机构可根据所处行业的特点，个性化制定治理框架，将组织机构的特点和数据治理紧密结合，更好地把控数据质量，实现数据价值。

2. 国内数据治理框架

（1）数据治理三维模型　2015 年 3 月，中国信息技术服务标准（ITSS）数据治理研究小组调研了我国企业实践，总结了金融、移动通信、央企能源、互联网企业在数据治理方面的典型案例，进一步明确了数据治理的定义和范围；以此为基础，于 2015 年 5 月在巴西圣保罗召开的 SC40/WG1 第三次工作组会议上，正式提交了《数据治理白皮书》国际标准研究报告，提出了数据治理三维模型。

该数据治理模型的特色可以分为三个层面：体制机制层面、管理对象层面和技术平台层面。在体制机制层面，数据治理对依系统、依业务条线的集团总部—分子公司的纵向数据管控推动力、执行力强，效果较好。在管理对象层面，我国数据治理的实践更符合我国企业特点。强调数据标准建设（数据元素、参考数据），广泛制定行业性数据标准，较之于“主数据管理”，数据标准可覆盖交易数据，强调指标管理。数据标准管理和指标管理在国外数据治理体系中未单独成为一部分，而是分别归入主数据管理和业务元数据管理。在技术平台层面，我国数据治理实践将主数据、数据标准、数据质量、元数据等功能统一形成数据资源管理平台并进行定制化开发，一站式数据管理使用户体验更好。但由于数据资源管理平台多为软件开发商按项目方式开发的，产品化程度不高，存在重复投资等问题。

基于我国数据治理实际提出的数据治理模型，以目标和准则为导向，在明确的目标下，考虑重要的关注域和促成因素，并考虑影响促成因素和关注域的流程和活动，最终形成一个从底层活动和流程到关注域和组成要素，再到战略的从底层到高层的业务逻辑。具体实施的方法通常是自顶向下的，从数据治理的核心内容、顶层战略、组织、驱动因素到关键域、活动与流程，在各环节中具体体现其标准要求。

研究报告中提出的数据治理模型和框架（见图 4-5）由三个组成：原则框架（模型顶面）、范围框架（模型正面）、实施和评估框架（模型侧面）。该模型明确数据治理的三个主要方面：数据治理的原则、治理域和实施方法。这三个方面是组织开展数据治理应该重点关注的方面，也已在国际数据治理的实践和研究中达成了共识。原则表明了治理应遵守的准则，治理域展示了关注的内容，实施方法则展示了实现治理的方法论。

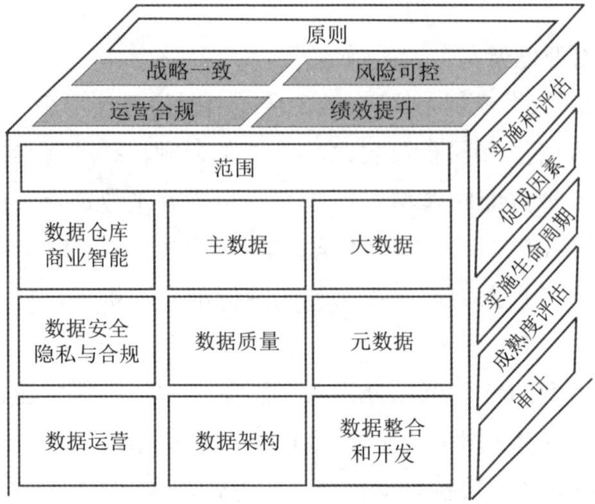

图 4-5　数据治理模型

该数据治理模型依据四个原则开展九个关键域的治理。范围框架明确了数据治理的主要工作，定义了数据治理的范围和任务，分为三层，最下面为基础层，中间为保障层，上面为应用层。其中，应用层包含大数据，将大数据作为支撑战略的应用特性加以提炼，并对基础层、保障层产生影响。

在数据治理实施方面，应考虑两个重要方面：数据治理的实施生命周期和数据治理的成熟度评估。实施生命周期展示了依据过程来开展治理工作，而成熟度评估可以帮助组织了解当前的治理水平，并且为其指明了改进的路径。

（2）大数据环境下的数据治理框架　在国内外数据治理理论、方法和新的应用需求分析的基础上，上海计算机软件技术研发中心提出了大数据环境下的数据治理框架，该框架包括治理目标、治理保障、治理域、治理方法论四个部分，全面展现了大数据治理的总体框架和内容，以全局视角描述了大数据治理所涉及的各个方面。该框架以治理目标为指导，充分考虑数据治理过程中的保障因素，建立数据治理域，基于评估—指导—监督的治理方法论，系统化地构建数据治理体系，从而满足数据完整性、正确性、一致性要求，为大数据的应用创新和价值创造提供支撑，保障数据安全隐私并满足合规性要求。

数据治理的目标是战略一致、风险可控、运营合规和价值实现。在数据治理过程中，战略一致是指应满足组织持续发展的需要，数据既是组织的价值来源，也是风险来源，有效的大数据治理能够避免决策失败和经济损失，降低合规风险。

组织的运营应符合国内外法律法规和行业相关规范，运营合规可以帮助组织有效地提升自身信誉，增强在不同监管环境下的生存能力和竞争力，最终通过大数据与业务的融合保证数据价值的实现。

治理保障可以分为促成因素和内外部环境两部分。促成因素是指对大数据治理实施成功起关键促进作用的因素，如文化、技术与工具、流程与活动等。内外部环境则是指大数据治理所处的内部与外部环境，如政策法规、行业规范、市场需求与竞争力等。大数据治理要求组织在各个层面都具备大数据治理的意识，并通过适应大数据环境、技术环境、战略环境等，逐渐形成自身的大数据治理文化氛围。最终以文化氛围促进组织对大数据治理的应用实践。同时，大数据治理需要通过安全基础设施、识别和访问控制、大数据保护等技术工具来支撑和保障大数据治理的实施工作，以提高大数据治理的效率，降低大数据治理的成本。组织需要通过定义、优化业务流程活动来提高用户和大数据之间的沟通效率，从而保障大数据治理的风险可控、服务创新和价值创造。

治理域描述了组织在开展数据治理活动时应关注的治理对象，主要包括战略、组织、架构、元数据管理、主数据管理、数据生命周期管理、数据质量管理、数据安全与合规、数据应用与服务创新。战略、组织、架构是大数据治理自上而下的顶层设计。通过顶层设计，组织可以站在较高的战略点上，统筹协调各方面因素，整体、系统地解决组织数据管理与应用中的问题，它是实现治理目标的重要保障。大数据战略在组织战略规划中占有重要地位，组织在制定大数据战略时，应以大数据的服务创新和价值创造为最终目标，根据业务模式、组织架构，通过明确组织的角色和职责，来落实大数据战略、提高组织协同性。元数据管理和主数据管理是数据标准化层面的治理，从基础上保障数据的完整性、规范性和一致性。大数据环境下的数据生命周期管理应从降低成本转向有效地管理和使用大数据，并基于大数据采集、存储、整合、处理和分析，应用与呈现，归档与销毁的全生命周期，进行持续优化管理。大数据环境下的数据质量管理要求组织在调整业务重点和整体战略的同时，更加关注数据质量治理能力的提高，以及数据在清洗后的整合、分析和价值利用。大数据的开放与共享将传统的数据安全隐私和合规问题显著放大，因此大数据环境下的数据安全与合规管理要求组织建立有效的大数据安全规范和策略，以确保大数据资产在使用过程中具有适当的认证、授权、访问和审计等控制措施，满足大数据利益相关者的隐私与合规要求。大数据的核心价值是持续不断地应用数据并创新服务，为组织创造价值是大数据治理与数据治理最显著的区别。

数据治理的方法论是指评估、指导、监督。在数据治理过程中，治理主体通过评估实施过程及实施后的效果，全面深入地了解大数据治理当前的状态和差距，为大数据治理领导层提供更准确的决策信息，并通过对大数据治理工作的持续改进和优化，确保达到组织的预期目标。同时，治理主体通过治理战略和策略的准备与实施，监控组织管理和应用数据的绩效，保障大数据治理有效开展。治理的方法论意义重大，是大数据治理工作可持续发展的重要抓手，它不仅能够提高组织对大数据治理的风险控制的能力，满足社会和行业的监管需要，而且有利于实现数据的商业价值和社会价值。

（3）政务大数据环境下的数据治理框架　政务领域是数据治理的重点方向，政务数据治理的成效对行业数据治理具有重要的引导意义。针对政务大数据治理中存在的问题，汇总各种治理场景，就政务大数据治理框架提出以下基本需求：

第一，建立政务大数据标准规范。围绕数据中心各基础数据库，建立元数据标准、主要实体的数据元标准、数据分类编码标准、数据质量标准及数据处理流程规范等。

第二，建立全面数据质量管理体系。在政务大数据整个生命周期中，建立贯穿于数据采集、处理、融合、应用等环节的数据质量控制体系，实现对问题数据的“发现—反馈—修正”数据质量闭环管理。为促进数据质量提升和设计质量评价体系，提供量化、自动的数据质量评价和报告。

第三，建立数据治理可溯机制。围绕建立快速发现并解决问题数据的数据质量闭环控制体系，深度挖掘和分析问题数据，在数据建模阶段引入必要的数据质量控制字段，以实现对问题数据的源头可追溯和反馈。相关基础功能点包括：精确定位问题数据的产生源单位，给出问题的所属分类及解决方案，以问题数据工单的方式反馈源单位并跟踪问题的解决。另外，给出问题数据闭环控制的工作流程机制。

第四，建立数据质量检核引擎。一是引入机器学习、模式识别等技术，建立数据质量检核引擎，支持对结构化和非结构化数据的检核；二是构建较为齐全的数据检核规则库，支持对结构化、半结构化和非结构化数据进行正则检核、函数依赖检核、自定义函数检核、文本识别检核等，实现深度数据质量技术检核；三是支持对关系型数据库和主流非关系型数据库中数据的检核；四是基于主数据和核心数据项，进行业务数据检核（业务检核结果支持人工干预）等，从业务和技术两方面确保数据质量；五是能以 API、SDK 函数包等多种方式，对外提供数据质量检核、检测和分析服务。

第五，实现数据治理可视化。提供数据治理可视化功能，并将其集成到统一可视化运维平台中，实时展示数据质量监测、分析、考核等情况。

根据政务大数据治理特点和场景需求分析，可以从政务大数据应用创新的角度提出一个数据治理框架设计。该治理框架由以下部分组成。

1）大数据生命周期管理。数据生命周期是数据治理的时间轴，数据治理服务于数据的全生命周期。因此，完善的数据生命周期管理是确保数据治理有序、全面的前提条件之一。在政务大数据领域，大数据生命周期管理又分为两类：一类是技术层面的大数据周期管理，即按照数据加工处理时序（数据建模、数据处理、数据调度、数据销存）而建立的时间里程管理；另一类是业务层面的大数据周期管理，即按照业务流程时序而建立的时间里程管理。

2）数据源管理。以数据资源目录的功能形式，管理待治理的数据源。从功能模块方面看，数据源管理由两类功能组成：一是数据源部门相关的组织机构管理功能，二是数据源的目录、格式类型和交互周期等资源属性管理功能。从数据源提供的数据类型方面看，政务大数据治理的对象包括结构化数据、半结构化数据和非结构化数据，以及来自互联网的数据等。

3）主要技术支撑。政务大数据治理中所用的主要技术包括数据检核引擎、ETL 工具、消息中间件、流程引擎、Hive 和 MPPDB 等。相较于传统的数据治理，政务大数据治理专门引入了 Hive 和 MPPDB 等大数据领域的数据仓库工具，代替传统数据仓库中 Oracle、MySQL 等关系型数据库，以满足大规模数据的治理效率的要求。另外，要特别强调的是，数据质量检核引擎的设计最具技术含量，也最为重要，它直接决定了数据检核的能力和数据质量的把控程度。因此，质量检核引擎的设计要充分考虑政务大数据治理框架的基本需求，体现技术先进性、功能完整性、覆盖全面性、检核深度性和使用便捷性，实现良好的数据质量检查和核对功能。

4）贴源层治理。贴源层治理又叫近源治理，是指在最贴近数据源头的一侧，对数据进行建模、标准化和技术检核方面的治理。贴源层治理的要点如下：

第一，数据建模时，须按照对业务属性的影响程度，区分主数据和一般数据，以满足数据实体在业务流程、数据质量控制方面的不同要求。主数据是指对业务有至关重要影响的数据，如来自工商、民政、编办（中央机构编制委员会办公室）的法人登记信息；其他则为一般数据。同时，也要按照记录属性对识别数据实体的影响，为每个属性设计权重，区分核心和普通属性，以满足深度数据质量控制要求。

第二，数据标准化是指按照元数据或数据元标准规范，对汇集的源头数据（以下简称源数据）进行格式转换、字典映射，进行初步的数据规范。

第三，数据检核是数据质量控制的核心举措，根据是否存在业务相关性，又分为技术检核和业务检核。其中，数据技术检核是指对数据进行不涉及业务的检查和核对，即按照数据质量标准，使用数据检核引擎，对源数据进行格式、值域、重复度、完整性、准确性等质量校核，以最大限度地发现、排除问题数据，为后续质量控制打下坚实基础。

第四，数据质量考核评价是贴源层治理的主要输出结果，通常这个结果以数据质量报告的形式输出。数据质量报告由标准规范体系中预先定义的质量评价指标组成，用于反馈数据治理相关方，触发数据质量控制的相关业务流程。

5）中心层治理。与贴源层治理相对应的是中心层治理，即在贴源层治理和数据资源中心之外的其他治理内容。中心层治理的内容包括数据关联、数据融合和数据业务检核，治理内容和数据具有一个业务相关的共性特征，即治理内容与数据所属业务领域密切相关。中心层治理的要点如下：

第一，数据关联是指基于业务主数据，将各相关数据模型串联起来，形成实体的一个全息数据画像，并通过相关属性，将这种数据间的关联关系保存起来。数据关联对于政务大数据应用实施具有决定性作用，通常可关联的数据才是实际可用的数据。

第二，数据融合是指在数据关联的基础上，将同类数据去重后聚合，把“一数多源”变为“一数一源”；或者将同一实体的不同数据片段，构建成新的、更完整的数据描述。数据融合通常面向特定应用场景，是数据应用中最常见的数据操作之一。

第三，数据业务检核是指基于数据的业务属性进行的业务逻辑合规性检查核对。业务检核是数据质量检核中不可或缺的部分，与技术检核同等重要。以个人身份证号数据为例，技术检核仅能做到身份证号长度、格式、特定位值（地区编码、年龄）等的合规检查，而不能识别该号码的真假；业务检核则是通过把该号码与身份证登记机关的数据库相比对，确认出号码的真假。

6）数据资源中心。形成数据资源中心是数据治理的结尾环节，进入数据资源中心的数据被认为是标准、合规、正确、可直接应用的数据。在政务大数据治理体系中，数据资源中心阶段的数据治理，侧重于数据资产的形成和管理以及数据集的存储划分。政务大数据环境下的数据治理框架，以数据资产目录来统领数据资产的管理，以面向数据实体的基础数据库和面向应用的主题数据库统一存储治理后的数据。

7）数据标准规范体系。数据标准规范是实施数据治理的基础前提条件，对数据治理的成效起着决定性作用。简而言之，没有标准规范，就无法开展数据治理；标准规范不全，数据治理也就不全。对于政务大数据来说，要做好治理需建立健全以下标准规范：

第一，元数据标准。全面建立元数据标准，应做到对全域数据的覆盖。

第二，数据元标准。有选择地为主要数据实体建立数据元标准。

第三，数据分类编码标准。为重要数据建立分类编码标准，并为基础数据建立编码字典表。

第四，数据目录规范。在尽可能大的范围内，建立统一的政务数据资源目录规范，在最大限度上规范目录编码和操作。

第五，数据质量标准。从准确性、合规性、一致性、重复性、及时性、完整性等指标维度，建立全面的数据质量标准，并给出评估指标和评估方式。

第六，数据治理流程规范。流程化是治理有序的保障，要将数据治理流程化，建立相应的流程规范，通过流程规范提升治理有序水平。

8）大数据安全和隐私管理。政务大数据价值大、敏感度高，涉及各类社会主体的隐私和权益。因此，在政务大数据的治理中，要建立相应的治理安全管理体系，确保各治理环节的数据安全。一般情况下，数据治理要达到以下安全保护要求：

第一，按照《信息安全等级保护管理办法》和《信息安全技术　网络安全等级保护定级指南》（GB/T 22240—2020）的要求，确定数据治理系统的安全保护等级，构建安全防护体系。

第二，针对不同信息，可动态确定安全保护手段。

第三，治理功能与组织机构和用户分级权限相结合。

第四，提供数据签名和数据脱敏功能，确保隐私安全。

第五，所有治理操作均有记录日志，并纳入统一安全审计管理。

9）其他方面。为构建自动化、智能化的数据治理平台，政务大数据治理框架还需具有追溯和可视化展示功能。

追溯功能是指设置并记录数据治理的各个里程节点，可以追查数据治理的过程信息，并且在一定时效和条件下，可将某节点治理后的数据回退到其之前的任何状态。追溯功能可实现数据治理的灵活控制，利于复杂数据环境下实现智能化数据治理。

具有良好可视化展示功能是先进数据治理平台的基本要求。治理可视化能带来良好的用户操作体验，便于治理工作的实施，利于在治理中人工效率的提高。

国内外学者已经提出了不少具有代表性的数据治理框架或模型，但不可否认的是，数据治理没有一劳永逸的框架模型，不同领域适合不同的治理框架。把握数据治理要素可以为建立模型框架提供思路、简化步骤，而模型框架的建立是数据治理工作顺利开展的保障。组织的决策者可以通过治理框架，获取决策需要的信息，同时还可以及时发现治理过程中的问题，以便及早解决。在把握治理要素的基础上，数据治理人员可以将云计算、大数据、物联网等技术手段嵌入治理的框架之中。虽然众多的国内外研究机构在数据治理领域进行了广泛研究和探索，也贡献了大量卓有成效的研究成果，但研究成果之间仍存在一些差异和矛盾。将现有成果进行研究和整合，确定相对统一的原则、促成因素、关键域和框架，已成为当前比较迫切的任务。

4.3.4 企业数据治理框架和解读

以上章节内容对数据治理给出了框架性建议，但是任何指导性的框架文件都不是万能的。不同的行业、不同性质的企业、不同的信息化程度、不同的企业文化，其数据治理方案必须因地制宜，量身定制。人们常说：没有最好的解决方案，只有更适合的解决方案。企业在实施数据治理的时候，应充分地分析和评估，切勿盲目跟风，避免陷入数据治理收效甚微、浪费投资的窘境。企业数据治理应考虑以下要素。

1. 数据治理的对象

需要明确到底哪些数据需要被治理，数据治理并不是治理全部数据，而是针对企业数据资产的治理。那么，到底什么才是数据资产？又如何识别数据资产？

维基百科中的定义：数据资产是属于普通个人和企业的数字财产；数据资产是无形资产的延伸，不具有实物形态。它的本质是数据作为一种经济资源参与企业的经济活动，减少和消除了企业经济活动中的风险，为企业的管理控制和科学决策提供合理依据，并预期给企业带来经济利益。

笔者认为，数据资产虽不具备实物形态，但必定是实物在网络世界映射的一种虚拟形态。对于企业而言，人、设备、产品、物料、软件系统、数据库以及任何涉及使用文件作为载体的各类数据，都属于企业的数据资产。

虽然定义了数据资产，但是不同行业的数据治理侧重点也不同。数据治理要理解行业需求、企业诉求，不同行业、不同企业应具有不同的差异化方案。企业在实施数据治理的时候，首先要进行数据资产的定义和识别，明确数据治理的对象和范围，做好数据治理的顶层设计。

2. 数据治理的时机

不同的企业受不同因素的影响，其经济情况不同、行业特点不同、信息化程度不同，数据治理情况也不尽相同。下面将企业分为三种类型进行分析。

第一类企业：经济实力雄厚，信息化起步较早，信息化程度较高，如××银行、国家电网，它们已形成了系统性的数据治理体系。

第二类企业：有一定的经济实力、信息化程度相对较高，但是早期的信息化较盲目，虽拥有大量、套装软件，建设了多个系统，且这些系统和软件或多或少都在使用，却效果不佳，对于企业到底有哪些数据、这些数据都分布在哪里、数据治理该如何入手等问题，没有明晰的答案。

第三类企业：经济实力相对薄弱，信息化刚刚起步的企业，这些企业多数业务还是依靠纸质或线下模式，部分企业使用了财务软件或企业资源计划ERP系统，数据存放于个人计算机或生产系统中，基本没有数据治理。我国的一些中小型民营制造企业多数处于这个水平。

企业数据治理的时机该如何选择？是先有了数据再进行治理，还是先建设好数据治理体系再进行应用系统建设？不同类型的企业，其数据治理的时机和体系建设的设计绝对不能一概而论。

第一类企业，已经有了相对完善的数据治理体系，应加强数据安全、数据应用、数据创新，稳固提升数据管理、数据应用和数据变现的能力。

第二类企业，单体架构的系统多、信息孤岛现象严重，存在数据多源、重复、不一致等问题，其数据治理已迫在眉睫。

第三类企业，信息化虽然薄弱，但在数字化的浪潮下，打好数据基础，实现企业改革创新，抓住“弯道超车”的最佳时机。

3. 谁来实施、谁来主导

企业常常有这样一个误区，认为数据治理就是信息化部门的事情，和业务部门无关。然而，数据治理是对企业数据资产的治理，既然涉及资产，就一定要确权。企业数据资产的生产、使用应该有明确的责任部门，显然，数据资产的生产及归属部门应该是业务部门，信息化部门只是数据资产的托管部门而已。笔者也多次强调，企业的数据问题80%是业务和管理的问题，20%是技术问题。

所以，企业数据治理应由高层领导牵头，业务部门负责，信息部门执行，企业全员共同参与。企业全员应培养数据思维和数据意识。当然这是一个长期的过程，也是一件很不容易的事情，需要一点一滴的积累沉淀，不断将数据思维和意识融入企业文化中。

4. 数据治理的内容

数据治理是长期、复杂的工程，涉及组织体系、标准体系、流程体系、技术体系和评价体系多个工作领域，包含数据标准、数据质量、主数据、元数据、数据安全等多个方面的内容。由于企业性质、业务特点、管理模式的不同，有必要建立符合企业现状和企业需求的数据治理框架，指导企业数据治理工作的开展。数据治理框架如图4-6所示。

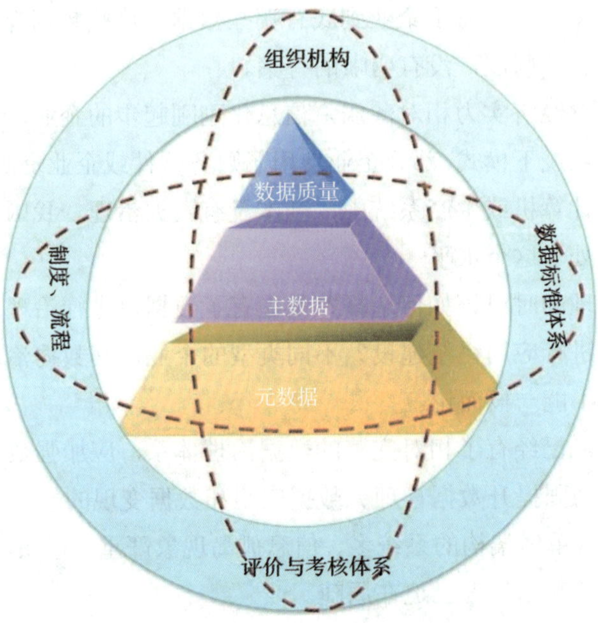

图4-6　数据治理框架图

（1）组织体系　数据治理项目的实施绝非是一个部门的事情，不能在企业的单一部门得到解决。需要从整个组织来考虑，建立专业的数据治理组织体系，进行数据资产的确权，明确相应的治理制度和标准，培养整个组织的数据治理意识。这需要IT部门与业务部门协作，而且必须始终如一地协作，以改善数据的可靠性和质量，从而为关键业务和管理决策提供支持，并确保数据治理遵守法规。

(2) 标准体系　数据治理的标准体系是多个层面的，包括：国际标准、国家标准、行业标准、企业标准等。企业数据标准体系的内容应涵盖元数据标准、主数据标准、参照数据标准、数据指标标准等。数据治理的成效很大程度上取决于数据标准的合理性和统一实施的程度。企业数据标准体系的建设应既能满足当前的实际需求，又能着眼未来与国家及国际的标准接轨。

(3) 流程体系　数据治理流程体系为数据治理的开展提供有据可依的管理办法，规定数据治理的业务流程、认责体系、人员角色和岗位职责、支持环境，以及颁布数据治理的规章制度、流程等，建立数据的生产、流转、使用、归档、消除的全生命周期管理过程。企业应围绕数据治理的对象，如数据质量、数据标准、主数据、元数据、数据安全等内容建立相应的制度和流程。

(4) 评价体系　建立数据评价与考核体系，是企业实施和贯彻数据治理相关标准、制度和流程的根本。在实际操作中，可根据不同企业的具体情况和企业未来发展要求建立数据的认责体系，设置考核指标和考核办法，并与个人绩效挂钩。考核指标包括两个方面的内容，一方面是对数据的生产、管理和应用等过程的评估和考核指标，另一方面是数据质量的评测指标。

(5) 技术体系　数据治理包括数据治理的工具和技术，总体应包括元数据管理、主数据管理、数据标准管理、数据质量管理和数据安全管理。数据治理技术体系如图 4-7 所示。

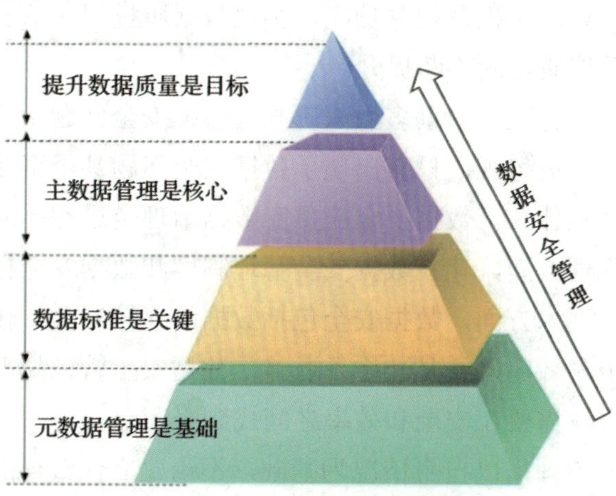

图 4-7　数据治理技术体系

(6) 元数据管理　元数据管理是指对企业涉及的业务元数据、技术元数据、管理元数据进行盘点、集成和管理，按照科学、有效的机制对元数据进行管理，并面向开发人员、最终用户提供元数据服务，以满足用户的业务需求，为企业业务系统和数据分析平台的开发、维护过程提供支持。借助变更报告、影响分析等应用，控制数据质量、减少业务术语歧义，建立业务和技术之间的良好沟通渠道，进一步提高各种数据的可信性、可维护性、适应性和可集成性。

（7）数据标准管理　数据标准适用于业务数据描述、信息管理及应用系统开发，可以作为经营管理中所涉及数据的规范化定义和统一解释，也可以作为信息管理的基础，同时也是应用系统开发时进行数据定义的依据。数据标准涉及国家标准、行业标准、企业标准和地方标准，在定义元数据实体或元素时依据这些标准进行关联。数据标准需要不断地补充完善、更新优化和积累，以便更好地支撑业务开发和系统集成。

（8）主数据管理　主数据管理是指通过运用相关的流程、技术和解决方案，对企业核心数据进行有效管理的过程。主数据管理涉及主数据的所有参与方，如用户、应用程序、业务流程等，创建并维护企业核心数据的一致性、完整性、关联性和正确性。主数据是企业内外被广泛应用和共享的数据，被誉为企业数据资产中的“黄金数据”；主数据管理是撬动企业数字化转型的支点，是企业数据治理最核心的部分。

（9）数据质量管理　建立数据质量管理体系，明确数据质量管理目标、控制对象和指标，定义数据质量检验规则，执行数据质量检核，产生数据质量报告。利用数据质量问题处理流程及相关功能，实现数据质量问题从发现到处理的闭环管理，从而促进数据质量的不断提升。

（10）数据安全管理　目前多数人都知道数据安全问题十分重要，但在现实中，数据安全却常常被忽视，只有出现了数据安全问题甚至事故时，人们才认识到要为数据安全做点什么。数据安全应贯穿数据治理全过程，应保证管理和技术两条腿走路。在管理方面，建立数据安全管理制度和数据安全标准，培养全员的数据安全意识。在技术方面，数据安全包括数据的存储安全、传输安全和接口安全等。当然，安全与效率始终是一个矛盾体，数据安全管控越严格，数据的应用就可能越受限。企业需要在安全和效率之间找到平衡点。

企业实施数据治理需以自身情况为基础，不论建立什么样的数据治理体系，采用什么样的数据治理技术，其目的都是实现企业的数据治理目标，即通过有效的数据资源控制手段，管理和控制数据，以提升数据质量，进而提升数据变现的能力。数据治理体系和框架，只是企业数据治理的一个参考，不能照搬和套用，更不能为了治理而治理。

第5章 数据全生命周期管理

随着数据井喷式增长，越来越多的企业认识到数据的重要性，把数据当作数据资产。但数据不等于数据资产，只有以合理、易用、安全和易于理解的方式组织起来，才能为业务注入有效的价值，才能成为数据资产。因此数据变成数据资产的前提是建立涵盖数据归集、数据清洗、数据使用、数据交易和数据安全管理的从数据产生到销毁的全生命周期管理体系。数据全生命周期管理模型是设计良好的用于组织数据资产的框架，也是一种针对数据进行主动管理的过程策略。数据价值发掘贯穿于数据生命周期管理全过程，也是开展数据全生命周期管理的目标。对数据全生命周期管理的深入分析，可以为企业实施数据全生命周期管理提供借鉴。

5.1 数据全生命周期概述

数据全生命周期管理是指依据不同数据在不同阶段的价值实施不同的管理策略，以简单、可靠、经济和有效的方式使组织或个人获取数据的最大价值。按照传统的数据存储理论，数据全生命周期分为采集、存储、整合、呈现与使用、分析与应用、归档和销毁几个阶段。明确数据全生命周期的不同特征和要求是开展数据治理的前提和基础。

5.1.1 数据全生命周期的基本原理

1. 数据生命周期理论

数据存储管理理论是传统的常用的数据生命周期管理理论，该理论将数据生命周期管理划分为六个阶段，分别是数据创建阶段、数据保护阶段、数据访问阶段、数据迁移阶段、数据归档阶段、数据回收（销毁）阶段。在数据生命周期管理实务中，数据管理因数据访问频次的不同而采用不同的管理策略。

在实务中，数据随着时间的推移，遵循数据访问频率变化与数据量累积变化成反比这一客观规律。以新闻数据为例，头条级热点新闻（非持续式）在发布之后的 24h 内访问量达到峰值，之后访问量断崖式骤减，三天之后的访问量不足峰值的 1/10，一周之后骤减到峰值的 1/100 以下，一个月后基本为零星访问。

因此，需要根据数据访问频率对数据进行价值评估。访问频率低的新闻采用成本较低的存储方式；访问频率高的新闻，则采用能够快速响应访问以及高速加载的方式进行存储，使数据的价值与存储技术、管理方式相匹配，进而大幅降低数据的整体存储成本。

2. 数据生命周期的划分

（1）实务中生命周期的划分　在数据生命周期的管理实践中，根据访问频率和重要性对数据进行划分，企业将数据的生命周期分为在线、近线、离线以及销毁四个阶段。

在线阶段，数据访问频率处于高水平状态，访问量大。因此数据从产生开始一直保存在生产系统中。为保障数据的快速和稳定读写，数据的生成和利用需要使用高速存储设备，并提供相应的保护措施，保障数据的高可用性。

近线阶段，数据使用量骤减，且一直维持在较低水平，甚至长时间无用户访问，其重要性逐渐降低。通常将数据保存在中低端存储设备中，虽然仍能够对数据进行在线访问，但由于中低端存储设备的数据处理能力有限，因而访问的响应时间明显长于在线数据访问时间。在企业数据生命周期管理的实践中，近线数据往往是已经失去时效性的历史数据，发挥着追溯查询、验证等功能。例如临时放假通知的数据，过了时间就成了失去时效性的数据，对企业当前业务基本没有影响。

离线阶段，数据一般是没有用户访问的，只是为了预防一些特殊事件而存储。例如法律和财务要求保留的电子档案、录音、会议纪要、视频、财务报表和合同等文件，这些数据按照规定需要保存较长的时间。由于财务、法律上的要求，需要保存的历史数据越来越多，数据存储量也越来越大。因为这些数据只用于今后备查，所以可备份到磁带上长时间保存。

销毁阶段，数据已过保存期，不再具有利用价值，可以销毁。

（2）数据存储管理理论　数据生命周期理论根据数据动作种类，将数据的生命周期分为数据创建、数据保护、数据访问、数据迁移、数据归档以及数据回收（销毁）六个阶段。

数据创建是指数据生成过程，产生的数据则根据一定的标准进行分类。数据分类标准并无明确限制，例如按照数据的性质划分为定性数据和定量数据。正常情况下，可以结合企业实际情况，制定恰当的分类标准，例如企业可以根据数据的用途划分为业务数据和管理数据。

数据保护是指通过一系列手段和方式保障数据的保密、可用和完整。学术上将数据保护分为狭义数据保护和广义数据保护。广义数据保护可以理解为信息安全，即防止未经授权访问、使用、披露、破坏、修改、检查、记录或销毁信息的做法；其关注点主要是保密性、可用性和完整性（这三点也被称为信息的“铁三角”）。狭义数据（即个人信息）保护，通常被认为涵盖数据收集和传播、信息技术、公众对隐私的期望以及围绕它们的法律和政治问题之间的关系。

数据访问是指使用者对数据的查看，这是数据生命周期中的重要一环，是数据实现价值的主要方式。根据数据的访问权限，不同的用户可以访问不同权限的数据。公开的数据可以被所有用户访问。影响用户访问体验的重要因素是响应速度、加载速度和稳定性。一般来说，重要的数据会优先使用高成本的存储方式，以满足访问者的要求。

数据迁移是指数据从将离线存储设备转移到在线存储设备的过程。它将高速、高容量的离线存储设备（相较于磁盘设备，其单位存储成本较低）作为磁盘设备的下一级设备，然后将磁盘中常用的数据按事先设计的数据管理策略自动迁移到磁带库（简称带库）等二级大容量存储设备上。用户访问这些数据时，系统会将数据从下一级设备上调回上一级设备，从而实现访问，但这种方式决定了数据访问的响应速度相对较慢。

数据归档是指将不经常使用的数据移到一个单独的存储设备来长期保存。相较于数据迁移，数据归档实际上不提供在线访问功能。数据被存储在更低成本的设备中，在单位存储成本（包含运维成本）更低的同时，也使数据丧失了被访问的功能。在实务中，由于相关规定的要求，企业往往需要保存一些当前不使用的数据，这些数据多采用这种方式保存。

数据回收（销毁）是指数据已过保存期，不再具有利用价值，可以进行回收或销毁。

5.1.2 数据生命周期的总体原则

数据的不同阶段对数据的性能、可用性、保存等的要求不同。

一般情况下，在数据生命周期的初期，数据的使用频率往往较高，需要使用高速存储设备以及与网络连接，所以应确保数据访问的高速响应和稳定性。

随着时间的推移，数据的重要性会逐渐降低，使用频率也会随之下降，有些数据的使用频率甚至会断崖式下降。根据数据不同强度的访问频率，匹配恰当的可用性存储空间，可以大幅度降低数据存储成本。

最终大部分数据将不再被使用，可以将数据清理后归档保存，以备临时需要时使用。

5.1.3 数据生命周期的阶段

数据价值决定数据全生命周期的长度，并且会随着时间的推移而不断降低。同样，数据的采集粒度与时效性、存储方式、整合状况、可视化程度、分析的深度和应用衔接的程度，都会对数据价值的体现产生影响，所以需针对数据生命周期各个阶段的特点，采取不同的管理方法和控制手段。总之，在成本可控、可量化、可管理的前提下，从数据中挖掘出更大的数据价值。

而且，数据全生命周期管理与企业数据战略是密不可分的。企业数据战略决定了对数据采集策略和范围、存储和计算资源投入、数据整合能力、可视化程度以及分析的广度和深度等的资源投入。

5.2 数据治理的生命周期模型

数据生命周期模型是指数据从产生到最终销毁全过程管理的方式。根据不同的行业、领域、组织对数据使用的不同要求以及数据产生、使用的场景，国内外研究机构提出了几种主流的数据生命周期模型，并从模块化、功能化角度考虑数据模型和数据结构，实现对元属性、数据约束条件、校验规则和编码规则等方面的定义与管理。

5.2.1 代表性数据生命周期模型

数字生命周期（Digital Life Cycle）的提法在国际社会科学信息服务与技术协会（IASSIST）的相关资料中多次出现，AnnGreen 总结了各类数字生命周期理论，并指出了数字生命周期的内涵：“生命周期”不同于“生命期”，从产生到消亡，一个生命周期就意味着一种数据加工环境，经过数据管理和长期保存，实现资源发现和再利用。具体来说，就是在一段时间内保存数字资源，并提供访问或下载途径，最终将这些资源用于各种经济活动（包含科研活动）以创造价值。

（1）DCC 数据生命周期模型　DCC（Data Communication Channel）数据生命周期模型是以数据为核心的环状包围式循环流程。该模型层次分明，能够全面具体地阐述数据生命周期。该模型共分为五层：由内而外，第一层是数据描述；第二层是数据长期保存规划；第三层是社会观察和参与；第四层是数据管理和长期保存；第五层包括创建或接收数据、数据评估和选择、传递数据到数据中心等机构、数据长期保存、数据获取或再利用、数据转换。

（2）DDI3.0 数据生命周期模型　DDI（Data Documentation Initiative）3.0 数据生命周期模型（见图 5-1）根据 DDI 以社会科学数据的处理加工流程来创建元

数据，是最简单、最基本的数据生命周期表达方式。

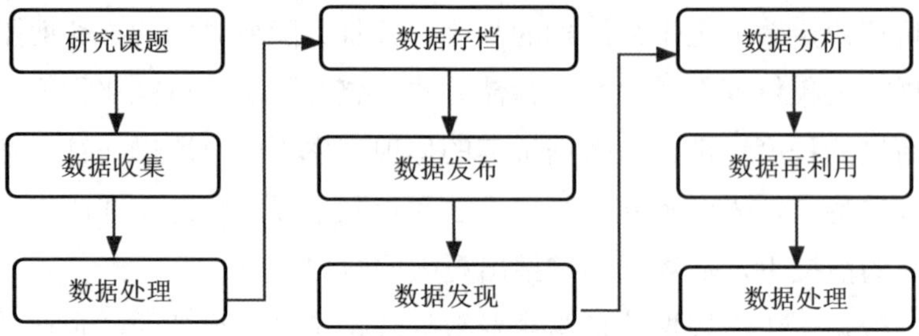

图 5-1　DDI3.0 数据生命周期模型

（3）UCSD 数据生命周期模型　在数据管理研究领域领先的加利福尼亚大学圣地亚哥分校（University of California，San Diego）在“数据管理”板块提出了 UCSD 数据生命周期模型。该模型是一个封闭的循环流程，包括数据提出、收集或创建、描述、分析、发布、分享或保存，随后又将走入新一轮流程之中，体现出数据的再利用与深度处理特性。

（4）科研数据管理的能力成熟度模型（SDM-CMM）

1）SDM-CMM 体系结构。最初的能力成熟度模型（Capability Maturity Model for Software，CMM）是美国卡内基梅隆大学的软件工程研究所为提高软件开发过程中的组织能力而开发的。目前，CMM 模型已在系统工程、人力资源管理、知识管理等领域的组织过程改进方面取得了大量的研究成果。

目前，国外已将能力成熟度模型应用到数据管理领域，并提出了四个相关的模型，分别是英国巴斯大学的社区成熟度模型框架、美国弗吉尼亚大学图书馆的 DMVitals、澳大利亚国家数据服务局（ANDS）的研究数据管理能力成熟度模型和美国雪城大学的 SDM-CMM。其中，巴斯大学的社区成熟度模型框架关注社区开展数据密集型研究的能力；弗吉尼亚大学图书馆的 DMVitals 仅关注人员数据管理；ANDS 的模型和 SDM-CMM 均从机构层面出发，关注整个机构的数据管理，但与 ANDS 的模型相比，SDM-CMM 的定义更加明确、内容更加全面。SDM-CMM 包含五个成熟度等级：初始级、管理级、已定义级、量化管理级、优化级。在一个项目中，如果数据管理根本未执行，项目就处于成熟度的零级别；如果数据管理在一个临时基础上执行，项目就处于初始级；如果数据管理过程是根据项目级别对应的政策和程序执行的，项目就处于管理级；如果数据管理一直应用于一个机构的所有项目中，这就意味着项目是在已定义级执行的；在量化管理级，项目会衡量、评估数据管理过程的有效性，确保维持标准；在优化级，组织致力于过程改进，可以完成缺陷识别和弊端自动处理。

除了初始级，每一个成熟度等级都包含若干关键过程域，每个关键过程域都确认一组目标，并包括四个共同特征；每个共同特征又包含若干关键实践，当实现这些关键实践时，就实现了关键过程域的目标。

2）关键过程域和关键实践。秦健等于 2014 年发布的 SDM-CMM 模型，将数据管理的若干关键实践聚集到五个关键过程域的四个共同特征中（见表 5-1）。其中，五个关键过程域及其目标分别为：①一般性的数据管理，目标是拥有高质量的研究数据管理流程。②数据采集、处理和质量保证，目标是可靠地获取研究数据，便于使用、保存和再利用。③数据描述和表示，目标是描述和表示数据，以便以后发现和使用。④数据发布，目标是为用户共享、发现、获取和与数据交互制定政策和技术基础设施。⑤知识库服务与保护，目标是硬件、软件和存储介质发生变化时仍能保持研究数据的可访问性。

表 5-1　SDM-CMM 关键过程域与关键实践

	一般性的数据管理	数据采集、处理和质量保证	数据描述和表示	数据发布	知识库服务与保护
执行约定	识别利益相关者；建立数据管理的量化目标，制定传播政策	制定数据质量控制政策；制定数据文件政策	制定元数据政策	制定数据共享政策；制定数据权利政策和使用规则；制定数据保密政策	制定数据保存政策；制定数据备份政策；制定数据监护政策
执行能力	制定和实施预算；配备数据管理人员；发展合作伙伴关系；培训研究人员和数据管理人员；开发研究数据管理工具；制订数据管理计划	制定数据文件格式；制定数据质量控制程序	制定或采用元数据规范和模式；选择和获取工具；基于社区实践制定元数据生产策略；配备元数据创建人员；为研究人员和馆员提供培训；评估社区数据和元数据实践	管理访问支持技术并符合标准	评价和选择支持技术；制定保存的商业模式；制定备份程序和培训

（续）

	一般性的数据管理	数据采集、处理和质量保证	数据描述和表示	数据发布	知识库服务与保护
执行活动	管理研究数据管理要求；管理合作伙伴关系；创建可操作的研究数据管理计划；制定数据管理工作流和程序	采集数据和数据文档	按照已确定的流程生成元数据	识别和管理数据产品；鼓励分享；促进数据的发现；数据传播，数据引用	存储数据；保障数据安全；控制数据文件的更改；备份数据；监护数据；执行数据迁移
过程评估	测量与分析；验证实施	测量和分析；保证数据质量；检查其他来源的数据集成	测量和验证实施	测量和分析；验证实施	测量和分析；验证数据存储；验证备份

四个共同特征分别为执行约定、执行能力、执行活动和过程评估。执行约定说明组织为确保数据管理流程所必须开展的行动，一般包括制定组织政策及获得领导层的支持；执行能力说明组织必须具备完成数据管理过程的前提条件，通常涉及资源、组织结构和培训；执行活动描述实现一个关键过程域所需的角色和程序，通常涉及制定计划和程序，执行与跟踪，并在必要时采取纠正措施；过程评估说明了需要测量的过程及分析需要的测量结果，并对实施活动进行验证。

从上述四类模型实际情况来看，DCC 与 DDI3.0 都主张在数据收集之后立即进行数据保存，缺乏收集后应进行的一系列数据处理工作，包括数据描述、分析、评估和发布等，从而减轻了数据仓库的压力。综合来看，USCD 数据生命周期模型更加严谨。

数据生命周期模型体现了从数据创建开始，向描述、存储发展，最终进行分析和再利用的相互区分又相互联系的各阶段。实际过程的复杂性，使得可能在前期数据创建中就包含错误，而这些错误导致随后的阶段可能会出现意外的结果；而且，越到后期，改正前期的错误就越困难，甚至需要重新开始。较前三种模型，能力成熟度模型更加适合于测度、评估和持续改善数据管理实践服务。代表性数据生命周期模型名称、模型结果和要素见表 5-2。

表 5-2 代表性数据生命周期模型、模型结果和要素

模型名称	模型结果和要素
DCC 数据生命周期模型	模型以数据为核心，采用层次型结构向外扩展。内圈各层级要素代表完整的生命周期行为：描述和呈现信息、保存规划、社会观察和参与、数据管理和长期保存；外圈包括数据生命周期的顺序活动：概念化 — 创建或接收 — 评估和选择 — 存储 — 获取/再利用 — 改变；以及处置、清理和迁移等临时活动
DDI3.0 数据生命周期模型	模型各要素采用链形结构：研究概念 — 数据收集 — 数据处理 — 数据存档 — 数据发布 — 数据发现 — 数据分析 — 数据再利用
UCSD 数据生命周期模型	模型为封闭的循环流程：数据提出 — 收集或创建 — 描述 — 分析 — 发布 — 分享或保存 — 数据提出（新循环）
ADNS 数据共享动词模型	模型使用八个动词来描述数据生命周期：创建、存储、描述、识别、注册、发现、获取、开发
DataONE 数据生命周期	模型使用八个动词的环形循环结构：计划 — 收集 — 保证 — 描述 — 保存 — 发现 — 整合 — 分析
I2S2 理想化科研活动生命周期模型	模型采用矩阵型数据结构描述了一个典型的物理学实验项目的过程。基础阶段包括：提出研究计划，同行评议，进行实验，数据处理、分析和解释，最终报告研究成果。理想化阶段包括：评估和质量控制，元数据和上下文信息的文件，存储、归档、保存和管理、知识产权、禁止和访问控制
UKDA 数据生命周期模型	模型各要素采用环形结构：数据创建 — 数据加工 — 分析数据 — 保存数据 — 数据访问 — 数据再利用
Research360 机构研究生命周期	模块各要素采用环形结构：计划和设计 — 收集和获取 — 解读和分析 — 管理和保存 — 发布和出版 — 挖掘和再利用
科研数据管理的能力成熟度模型（SDM-CMM）	模型采用层次型结构，包含五个成熟度等级：初始级、管理级、已定义级、量化管理级、优化级。每一级都包含以下关键过程域：一般性的数据管理，数据采集、处理和质量保证，数据描述和表示，数据发布，知识库服务与保护

5.2.2 数据生命周期模型管理

1. 元数据

元数据是描述其他数据的数据，或者说是用于提供某种资源的有关信息的结构数据，也称为元属性。元数据描述了数据定义、数据约束、数据关系等。在物理模型中，元数据定义了表和属性字段的性质，例如民族、年龄、日期等都是常见的元数据。元数据通常用于以下方面：识别数据，评价数据，追踪数据应用中发生的变化，实现低成本的大量网络化数据，有效发现、查找、一体

化管理数据。

元数据是其他数据存在的基础，因此是数据生命周期管理过程中的重要一环。元数据可以描述系统中表和属性字段的性质，在创建数据之前应该对元数据进行准确的定义，并且在运行中不再改变。元数据属于数据的底层支撑，因此元数据的改变会引起上层数据的变动。例如，如果将系统中客户信息的姓名字段从10bytes增长为20bytes，则系统中对客户信息以及与客户信息相关的交易信息、财务信息的查询、显示以及报表等功能都会发生改变。

按照功能，可以将元数据划分为以下五种类型（见表5-3）。

表 5-3　元数据的五种类型

类型	描述
描述型元数据	用来描述或识别信息资源的元数据。例如：书目记录、查找帮助、资源间超链接的关系等
使用型元数据	与信息资源利用的等级和类型相关的元数据。例如：展示记录、使用和用户跟踪、内容再利用和多版本信息等
技术型元数据	与系统如何行使职责或元数据如何发挥作用相关的元数据。例如：硬件和软件名称，数字化信息（如压缩和缩放比例、格式等），系统反应次数的跟踪，安全性数据（如密码、口令），等等
管理型元数据	在管理信息资源中使用的元数据。例如：采购信息，即该元数据描述的对象是何人在何地、何时采购等信息；位置信息，即该元数据描述对象实体的物理位置；版本控制信息，指出该元数据的版本；等等
保存型元数据	与信息资源的保存管理相关的信息。例如：资源实体状况、保存资源的物理和数字版本中所做的处理等

可以看出，元数据的主要用途如下：描述网络数据的内容；使网络中的数据便于搜索，有助于更准确地识别、定位和访问网络信息；帮助用户决定某些数据是否为其所需等。元数据具体功能概述见表5-4。

表 5-4　元数据具体功能概述

功能	概述
选择	根据元数据所提供的描述信息，参照相应的评估标准，结合使用环境，用户便能够对信息对象做出取舍，选择适用的资源
管理	支持信息资源的存储和使用管理，包括权限管理（版权、所有权、使用权），数字信息管理，防伪措施（电子水印、电子签名），使用管理等

（续）

功能	概述
搜索	元数据是搜索的基础。在描述过程中，信息对象中的重要信息被抽出和组织在一定的语义关系内，为用户提供多层次、多途径的检索体系，使检索更加方便，检索结果也更加准确，有利于用户识别重要的信息，帮助用户认识信息的价值，发现其真正需要的资源
定位	网络信息资源是虚拟的，明确它的位置十分重要。元数据中包含网络信息资源位置方面的信息，有助于确定资源的位置，促进网络环境中信息对象的发现和检索
评估	元数据提供有关信息对象的名称、内容、年代、格式、制作者等基本属性，使用户在无须浏览信息对象本身的情况下，就能够对信息对象有基本的了解和认识，参照有关标准，即可对其价值进行必要的评估，作为存取利用的参考
描述	元数据的基本功能是对信息对象的内容和位置进行描述，从而为信息对象的识别、存取与利用奠定基础

2. 数据编码管理

数据编码是指以特定的数字表示需要加工处理的数据库信息的一种技术，即根据数据结构和目标的定性特征，将数据转换为代码或编码字符，在数据传输中表示数据组成，并作为传送、接收和处理的一组规则和约定。通过数据编码，人们可以方便地进行信息分类、校核、合计、检索等操作，节省存储空间，提高处理速度。

主数据编码是应用系统中重要的数据类型之一，通常用来描述业务操作的具体对象及其特征。主数据编码管理的范围除了直接参与业务交易的业务对象数据外，还应该包括主数据编码的特征信息，如国家代码、币种、计量单位、地区划分等，这些具体的特征信息需要在各个业务系统中保持一致，以利于系统的协作和进行统一维度的分析。

编码规则和配置工具支持多种编码属性标识，如流水码、特征组合码、对照码等信息标识，定义主数据编码生成方式，以符合多系统集成的要求。可以支持可变码长、可变码段、步长、码位设定，支持等长码和不等长码的自动生成。当编码规则由多个编码段组成时，需要定义每个编码段的生成规则，可配置每个编码段的长度、步长、初始值、前置符号、后置符号、段间关联、编码列信息、编码描述、备注等。

3. 校验规则

校验规则是指创建数据实体时的数据校验方法，如唯一性校验、相似性校验等。具体来说，数据校验是类似 Excel 公式返回一个布尔值（成功或失败）的结果。校验可以引用字段和属性，执行算术运算、字符串和逻辑运算，调用内置函数，甚至引用其他先前定义的校验规则。完备的数据管理需要支持多种校验规则，并可自定义校验规则。例如，属性值组合校验、属性值表达式校验、数据唯一性校验、多属性组合关联校验、取值范围校验、相关附属表校验，直接利用数据管理系统定义的数据内容进行取值校验、同名库校验、重复性校验、正则表达式校验、关联性校验等，实现数据之间的精确查重和模糊查重，在校验结束后自动提示错误输入，有效地保证数据的唯一性和规范性，最大限度地降低和避免人为因素导致的信息错误。

在数据管理全生命周期中，模糊匹配算法的引入将大大提升数据校验的能力。精确匹配只能发现数据中完全相同的记录，而模糊匹配可以帮助用户找出同义不同文的重复记录并进行合并，从而保证数据的唯一性。模糊匹配的基础是字段，为了提高模糊匹配的可靠性与效率，需要先对字段进行规范化。人工收集和维护的数据，难免会有文本上的出入和瑕疵。例如，对于同一个地名“纽约”，在维护时，有时候会输入“New York”，有时候却会输入“纽约”；同样地，对于同一家公司，有时候它会被维护成具体的“××× 科技有限责任公司”，有时候则简单记作“×××”。通过使用数据管理系统中的匹配规则，可以规范不一致的表述。在完成字段的转换后，用户可以根据自己的需要甄别每一个字段，建立一个匹配规则，如“相等”或“相似”，即模糊匹配。对于每个匹配规则，可以设定三个维度的分值，即成功的分值、失败的分值和未定义的分值。在定义了匹配规则及其相应的分值后，就可以使用这些规则来进行匹配查重，将匹配结束后的记录按照计分从高到低排序，便可以发现哪些记录可能是重复的。找到重复数据然后合并重复记录，可以保证数据的唯一性。

4. 工作流

工作流（Work Flow）就是工作流程的计算模型，即在计算机中将工作流程中的工作组织在一起的逻辑和规则以恰当的模型表示出来并对其实施计算。工作流要解决的主要问题是：为实现某个业务目标，在多个参与者之间，利用计算机，按某种预定规则自动传递工作任务。工作流能够实现工作过程管理的自动化、智能化和整合化。

工作流技术是业务流程的任务调度器。它的主要作用是：实例化及执行过程模型；导航过程和活动的执行；与外部过程交互，以完成各项活动；维护工作流的控制数据和相关数据等。数据管理需要提供自定义图形化工作流，支持会签审批、互斥审批、汇总审批、分支审批等，支持按条件跳转审批，提供以文字和图形显示审批进程和审批状态的功能。

工作流技术的具体功能如下：

1）解释过程定义。

2）控制过程实例的创建、激活、挂起、终止等。

3）控制活动实例间的转换，包括串行或并行的操作、工作流相关数据的解释等。

4）提供支持用户操作的接口。

5）维护工作流的控制数据和相关数据。

6）提供用于激活外部应用程序和访问工作流相关数据的接口。

7）提供控制、管理和监督工作流实例执行情况的功能。

数据管理系统能够提供：按数据类型、组织结构等维度，灵活、可配置地创建、修改、删除工作流程以及业务关联等功能；自定义工作流与用户、用户组及分类授权数据的动态关联功能；多组织的分级流程授权和设置，审批信息能够反馈给业务相关上下游，并同时传递给流程发起者。

5. 分发策略

通过数据中间件生成符合规范的数据，并将其分发到各个业务信息系统中，可以同时定义多异构系统的数据分发策略和规则，自动生成并提供标准 Web Services 服务。

根据预定义的分发规则、分发频率向目标业务系统进行数据分发，同时自动创建数据分发同步日志及支持日志下载。通过分发服务的定义、参数、服务描述，在数据配置中定义和使用数据映射功能。通过抽取规则的配置，实现外部数据进入数据管理系统；通过分发规则的配置，实现数据分发至其他系统。

在数据的分发和传输过程中，有两种数据传输方式：一种是主动传输，一种是被动传输。其中，主动传输是指数据管理系统主动调用目标系统在企业服务总线上发布的 Web 服务，通过这种方式为目标系统提供数据。数据管理系统向目标系统发送数据后，数据管理系统客户端处于等待状态，当目标系统接收数据成功后会同时返回处理结果，数据管理系统客户端接收目标系统返回的处理结果。如果目标系统主动调用数据管理系统在企业服务总线上发布的 Web 服务，数据管理系统根据请求返回相应的数据，则这种方式是被动传输。

5.3 数据的归集管理

数据的归集主要是指经过数据收集、分析，筛选出有效的数据，必要时对不符合标准格式的数据进行调整，最终汇总到数据库。制定数据标准和数据的存储备份方案是数据归集管理的重点。

5.3.1 数据归集策略的制定

1. 数据归集的原则

目前尚无数据归集的统一标准规范，存在数据丢失、失真等现象。为此，借鉴蒋美玲、王芹的《大数据时代公共信用信息数据归集的原则与策略》，并参考我国数字治理实质，笔者认为数据归集的原则如下：

第一，共享性原则。由数据归集平台管理部门牵头建立信用信息资源目录分类、采集、共享交换、平台对接、网络安全保障等方面的完善的标准，形成完善的公共信用信息资源共享标准体系。

第二，安全性原则。安全性原则应包括以下具体内容：一是要求相关部门统筹建立公共信用信息数据归集管理机制和评价机制，各部门和数据归集平台管理单位应加强对信用信息归集、使用等全过程的身份鉴别、授权管理和安全保障，确保归集数据的安全；二是各社会主体在利用信用信息时要保护商业秘密和个人隐私不受侵害，同时也应当注意维护数据形成单位与个人的合法利益，尊重其限制利用涉及商业秘密和个人隐私信息的意见。

第三，准确性原则。数据的准确性是数据流通和使用的前提，应按照国家信息资源相关标准进行信息资源的采集、存储、交换和共享工作，归集元数据，根据标准元数据定义来消除数据项的歧义性，从根本上保证数据的原始记录性。

2. 数据归集案例

自 2003 年起，苏州市就着手建设信用服务平台，成立了苏州市社会信用体系建设领导小组，并于同年颁布了《苏州市企业信用管理办法》。苏州市围绕信用制度、征信平台、行业信用建设、信用服务市场培育、企业信用管理等强力推进信用服务平台建设。2012 年，苏州市公共信用基础数据库和服务平台系统建设正式拉开序幕，并于 2014 年成立了市公共信用信息中心。此后，整个信用服务平台的运作已逐渐成熟并形成了自己的架构模式。

（1）“一网三库一平台”的架构模式　苏州市公共信用信息服务平台已形成以“一网三库一平台”为核心的架构模式。具体包括：一个目标（一网三库一平台），两级模式〔市、县（区）两级〕，四层结构（对外服务层、业务功能层、基础设施层、系统软件层），五大模块（部门前置机子系统、数据交换接口系统、中心数据处理系统、中心业务管理系统、信息服务及产品信息生成系统），六大安全措施（安全管理制度、应用安全、数据安全、物理安全、系统安全、网络安全）。五大模块相辅相成，共同致力于一个目标：使信用信息数据安全、风险防范、技术和管理得到良好的配合（见图5-2）。

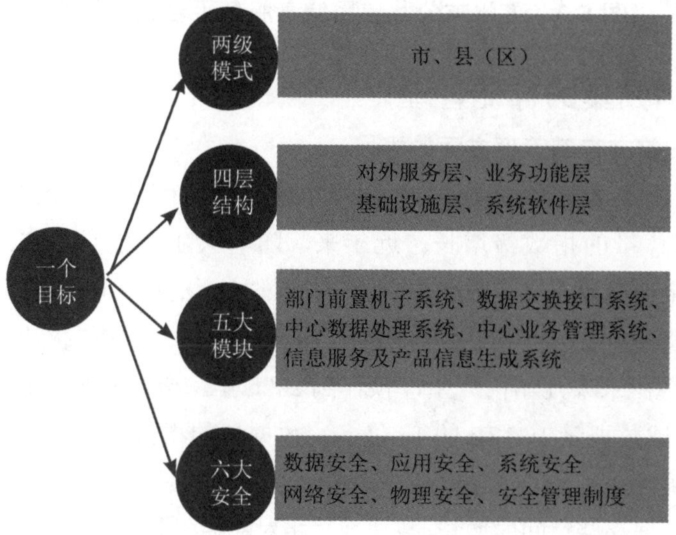

图5-2　苏州市公共信用信息服务平台架构

（2）平台与数据库的对接　目前，苏州市公共信用信息服务平台已与市教育局、市人民法院、市工商局、市水利局等成员单位的业务系统、区县的前置平台对接，与“诚信南京”“信用无锡”“诚信姑苏”等地方信用平台相连接。由企业提供强有力的技术支持来维护服务平台的日常运行。企业、政府各部门和用户三方共同围绕服务平台这个中心来进行数据交接、运行，从而最终生成信用产品。该服务平台方便了公民对个人信用信息的查阅，同时也实现了静态信用主体基础信息与动态各类监管执法信息的相互关联和有机统一（见图5-3）。

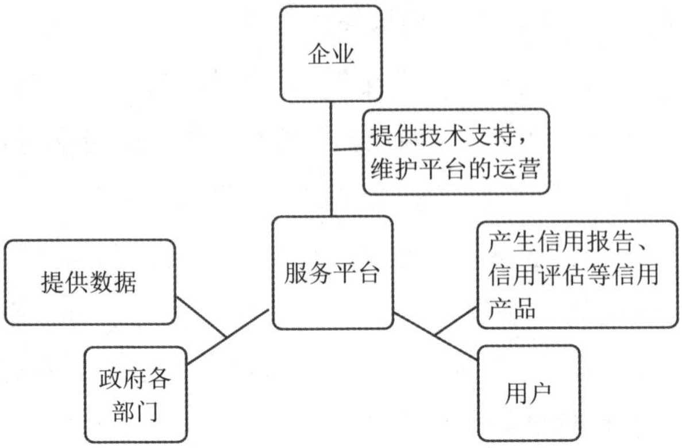

图 5-3　苏州市公共信用信息服务平台运行模式

5.3.2　数据归集的存储管理

1. 数据归集在存储管理方面的挑战

在数据归集存储管理的实务中，需要考虑到数据存储的三个挑战：

1）数据体量的指数级增长。近年来，随着人工智能、AIoT、云计算等技术的发展，全球数据量正在无限制地扩展和增加。根据国际权威机构 Statista 统计，全球数据量在 2019 年约达到 41ZB。国际数据公司 IDC 统计显示，全球近 90% 的数据将在未来几年内产生，预计到 2025 年，全球数据量将达到 163ZB，是 2016 年全球数据量 16.1ZB 的 10 倍多。数据量的指数级增长对数据存储和管理带来巨大挑战。

2)相较数据存储空间的增长，数据读写相对滞后。以希捷ST-41600n硬盘为例，1990 年，一个普通硬盘可以存储 1 370MB 数据，传输速度为 4.4MB/s，因此只需要 5min 就可以读完整个硬盘中的数据。近几年来，主流硬盘存储空间随着用户需求扩大至 1 ～ 5TB，甚至达到 10TB 以上，而数据传输速度约为 130 ～ 140MB/s，大大限制了硬盘数据读取速度。当某项任务需要同时从几千甚至上万个硬盘中读取数据时，存储设备可能满足不了此要求，严重时可能会宕机。

3）数据形式越来越复杂。随着社会的发展，尤其是产业互联网、人工智能等的发展，社会活动变得越来越复杂。数据的复杂化具体体现在数据类型多样、数据关联关系复杂、数据具有时效性、数据的动态性和高噪声等方面。

2. 数据归集存储方案的选择

针对企业不同的应用场景和实际需要，可以选择多样的存储方案，目前主流的存储方案如下：

（1）直连式存储　直连式存储，即 Direct Attached Storage，缩写为 DAS。DAS 存储是最为常见的存储形式之一，常见于规模比较小的企业中。由于企业本身数据量不大，且光纤交换机等设备价格昂贵，因此小企业基本都采用高密度的存储服务器或者服务器后接磁盘簇（JBOD）等形式，这种存储形式就属于 DAS 架构。直连式存储或服务器主机的升级扩展，只能由原设备厂商完成，因此这种存储方案往往受原设备厂商的限制。

（2）网络连接存储（NAS）　网络连接储存（Network Attached Storage，NAS）设备，从名称上就可以看出这是可以通过以太网方式接入并进行访问的存储形式。简单来说 NAS 设备就是一台在网络上提供文档共享服务的网络存储服务器。NAS 设备可以直接连接在以太网中，在该网络域内的不同类型的操作系统主机都可以实现对该设备的访问。使用者可以通过某种方式（如 Linux 下的 mount 命令）将存储服务挂载到本地来访问，在本地呈现的就是一个文件目录树。

目前也有一些开源软件实现了 NAS 的功能，例如 FreeNAS 和 Openfiler 等开源软件。其中 FreeNAS 是一套免费的 NAS 服务器，它能将一台普通 PC 变成网络存储服务器。该软件基于 FreeBSD、Samba 及 PHP，可被安装于硬盘或移动介质 USB Flash Disk 上，用户可通过 Windows、Linux、Mac 来访问存储服务器。Openfiler 则能把标准 x86/64 架构的系统变成一个强大的 NAS、SAN 存储和 IP 存储网关，为管理员提供一个强大的管理平台，并能够应付未来的存储需求。

NAS 产品有一个比较大的优势，即真正即插即用。NAS 设备一般支持多计算机平台，用户通过网络支持协议可进入相同的文档，因而 NAS 设备无须改造即可用于混合 UNIX/WindowsNT 局域网内，而且 NAS 的应用也非常灵活。

（3）存储区域网络　存储区域网络（Storage Area Network，SAN）是指通过某种交换机（如光纤交换机或者 IB 交换机等）连接存储阵列和服务器主机等设备，形成的一个专用存储网络。此概念的核心是形成一个存储网络。该网络是专用网络，不同于 NAS 中的以太网，这种网络往往无法与现有以太网互联互通。专用存储网络的特点主要体现在通信设备和协议上，目前主流的 FC-SAN 也就是基于 FC 设备及通信协议的存储区域网络。

鉴于上述缺点，后来又发展出一种基于以太网的 SAN 存储形式，这种存储形式其实是利用 TCP/IP 实现了对 SCSI 协议的封装。主机端相当于客户服务器架构的客户端，存储端则是服务端。该种存储方式的优点是实现了存储网络与传统以太网的互联互通。特别是随着万兆网的普及，基于 SCSI 的 SAN 解决方案开始大规模应用，与光纤通道技术相比，这种技术具有良好的性能，而且价格低廉。

SAN 存储的隔离特性使得存储设备可以实现更多的附加功能，从而提高存储系统的可靠性、可用性和利用率等。比如在存储设备端附加容灾软件，可以实时地将数据备份到其他数据中心的存储设备上，或者在存储设备上增加压缩或者去重功能，从而提高存储设备的利用率等。

SAN 和 NAS 都是通过网络的方式实现了业务服务器与存储设备的连接和访问，但两者是有区别的：前者在业务服务器上呈现的是一个磁盘，需要格式化成文件系统后才能使用；而后者在业务服务器上呈现的是文件系统。

（4）统一存储　统一存储其实在架构方面与 SAN 和 NAS 存储并没有差异，只是将这两种方式整合到一台物理设备中，并可以同时对外提供 SAN 和 NAS 服务。统一存储设备的前端接口可支持 FC 8GB、SCSI 1GB 和 SCSI 10GB，后端具备 SAS 6GB 硬盘扩展接口，可支持 SAS、SATA 硬盘及 SSD 固态硬盘，具备极佳的扩展能力。应实现 FCSAN 与 IPSAN、各类存储介质的完美融合，有效整合用户现有存储网络架构，实现高性能 SAN 的统一部署和集中管理，以适应业务和应用变化的动态需求。主机接口及硬盘接口均采用模块化设计，使得更换主机接口或硬盘扩展接口时无须更换固件，可大大降低升级维护的难度和减少维护的工作量。

（5）分布式存储　分布式存储是一种数据存储技术，它通过网络使用企业每台机器上的磁盘空间，并将这些分散的存储资源构成一个虚拟的存储设备，将数据分散地存储在企业的各台机器上。传统的网络存储系统采用集中的存储服务器存放所有数据，存储服务器已成为系统性能提升的瓶颈，也成为可靠性和安全性的焦点，已不能满足大规模存储应用的需要。分布式网络存储系统采用可扩展的系统结构，利用多台存储服务器分担存储负荷，利用位置服务器定位存储信息。它不但提高了系统的可靠性、可用性和存取效率，还易于扩展。

分布式存储的缺点在于拓扑结构的复杂性，其出现故障的概率较大。因此，分布式存储需要实现基于网络的数据冗余、数据保护和数据容错等功能，确保在出现任何异常情况（例如磁盘、网卡、交换机和服务器等出现异常）时存储系统的可用性和可靠性。

（6）ServerSAN　ServerSAN 其实是分布式存储的一种，由于其刚出现不久，因而目前没有一个具体的定义。ServerSAN 可以看作一个利用软件将基于 DAS 存储（包含闪存卡，直连存储）的集合做成一个能共享的 SAN 存储网络的技术。

SAN 存储区域网普遍使用的有两种：FCSAN 和 ISCSISAN。这两种结构是通过 FC 网络或者 IP 网络将存储设备放到一个共享的环境中心，让分布式的服务 HA、应用迁移、数据复制等都可以通过这套网络实现。但是，这套 SAN 网络的造价很高，管理起来很不方便。在很多 SAN 环境中会有一部分直连存储被浪费：比如直连存储卡、本地硬盘等。

5.3.3 数据归集的备份管理

1. 常见的数据备份方式

常见的数据备份方式主要有 Host-Base、LAN-Base 和基于 SAN 结构的 LAN-Free、Server-Free 等。

（1）Host-Base 备份方式　Host-Base 是传统的数据备份结构。这种结构中磁带库直接连接在服务器上，而且只为该服务器提供数据备份服务。在大多数情况下，这种备份采用服务器上自带的磁带机，而备份操作往往也是通过手工操作的方式进行的。

Host-Base 备份方式的优点是数据传输速度快、备份管理简单；缺点是不利于备份系统的共享，不适合现在大型的数据备份要求。

（2）LAN-Base 备份方式　在 LAN-Base 备份系统中，数据传输是以网络为基础的。其中，配置一台服务器作为备份服务器，由它负责整个系统的备份操作；磁带库则接在某台服务器上，由备份对象通过网络将数据传输到磁带库中，以实现备份。

LAN-Base 备份方式的优点是节省投资、共享磁带库、集中备份管理；它的缺点是网络传输压力大。

（3）LAN-Free 和 Server-Free 备份方式　LAN-Free 和 Server-Free 的备份系统都是建立在 SAN 的基础上的。基于 SAN 的备份是一种彻底解决传统备份方式需要占用 LAN 带宽问题的解决方案。它采用一种全新的体系结构，将磁带库和磁盘阵列各自作为独立的光纤节点，当多台主机共享磁带库备份时，数据流不再经过网络而直接从磁盘阵列传到磁带库内，是一种无须占用网络带宽的解决方案。

目前，随着 SAN 技术的不断进步，LAN-Free 的结构已经相当成熟，但 Server-Free 的备份结构还不太成熟。LAN-Free 的优点是统一管理数据备份、备份速度快、网络传输压力小、磁带库资源共享；缺点是投资大。

2. 数据备份方式的选择

目前数据备份的主要方式有：LAN-Base 备份、LAN-Free 备份和 Server-Free

备份三种。LAN-Base 备份对所有存储类型都适用，LAN-Free 备份和 Server-Free 备份只对 SAN 架构的存储适用。

LAN-Base 备份需要在每台主机上安装磁带机，以备份本机系统。采用 LAN-Base 备份策略时，在数据量不是很大的时候，可集中备份。将一台中央备份服务器安装在 LAN 中，然后将应用服务器和工作站配置为中央备份服务器的客户端。

5.4 数据的清洗管理

数据清洗是指发现并改正不完整、不正确和不一致的主数据，从而提高数据质量的过程。数据清洗从名字上也可以看出，其作用就是把“脏”的数据“洗掉”，它是发现并纠正数据文件中可识别错误的最后一道程序，包括检查数据一致性、处理无效值和缺失值等。由于这些数据是从多个业务系统中抽取出的且包含历史数据，难免存在错误数据或数据之间相互冲突，这些错误的或有冲突的数据显然是用户不需要的，称为“脏”数据。按照一定的规则把零散、重复和不完整的数据清洗干净，得到精确、完整、一致、有效和唯一的新数据，这就是数据清洗。

5.4.1 数据清洗的目标及内容

数据清洗的方法有很多：有针对不同学科的方法，如生物数据的清洗方法、地理数据的清洗方法；针对不同类型数据的方法，如时序数据的清洗方法、非时序数据的清洗方法等。

一般来说，通过数据清洗来保证主数据的唯一、精确、完整、一致和有效。如果不能保证主数据的以上特征，就会影响各个应用系统的数据质量以及后续的分析和决策，对企业造成重大损失。例如，主数据的不一致会带来业务交易数据的不一致，在不同业务系统中的数据编码不一致会使系统之间的数据共享变得困难，这些问题都将阻碍对企业整体运营情况进行统一分析和规划。

1. 数据清洗的目标

需要清洗的数据主要包括两种类型：缺失数据和噪声数据。

（1）缺失数据　这类数据主要是指那些缺失信息的数据，如供应商的名称缺失、分公司的名称缺失、客户的区域信息缺失、业务系统中主表与明细表不能匹配等。这一类数据应被过滤出来，按缺失的内容分类写入不同 Excel 文件向客户提交，要求用户在规定的时间内补全，补全后才能写入数据仓库。

（2）噪声数据　可以被认定为噪声数据的主要有错误数据和重复数据。错误数据产生的原因是业务系统不够健全，在接收输入信息后没有进行判断便直接写入后台数据库，比如数值数据输成全角数字字符、字符串数据后面有一个回车标记、日期格式不正确、日期越界等。对这一类数据也要分类：全角字符、数据前后有不可见字符等问题数据，只能通过SQL语句查找出来，然后要求用户在业务系统修正之后再写入数据仓库；日期格式不正确或者是日期越界这一类错误数据会导致ETL运行失败，需要在业务系统数据库中用SQL语句查找出来，交由业务主管部门牵头修正之后写入数据仓库。

2. 数据清洗的内容

在确定了错误数据的类型后，根据数据类型进行数据清洗。

（1）缺失数据清洗　数据信息缺失是实际工作中经常出现的情况。清洗缺失数据的方法，因处理的主体不同，可以分为人工清洗方法和自动清洗方法；因清洗的方法不同，可以分为直接忽略的方法、填补默认值的方法和依据其他数据填补缺失值的方法。

1）按清洗主体不同。人工清洗（Manual Cleaning）是指当一个记录的属性值有缺失时，查找原始记录或者请教专家，手工填补所缺失的数值。这种方法的优点是当缺失数据比较少时，填补数值的准确度相对较高；缺点是当缺失的数据比较多时，效率太低，而且更容易出错，可行性差。

自动清洗（Automated Cleaning）是指当一个记录的属性值有缺失时，通过已有的程序自动处理缺失。这种方法的优点是当缺失数据的规模很大时，效率较高；缺点是在很大程度上依赖于处理缺失数据的程序，不太灵活，处理少量缺失数据的时候不如人工清洗准确度高。

2）按清洗方法不同。清洗缺失数据的最直接的方法就是忽略。直接忽略的方法是指，如果有一个记录的属性值有缺失，则在数据分析中直接删除此记录。删除操作可以分为整例删除（Casewise Deletion）、变量删除（Variable Deletion）和成对删除（Pariwise Deletion）。这种方法的优点是操作简便；缺点是当数据中遗漏的属性值比较多，而且分散在不同的记录中时，该方法的有效性较差。一方面，它可能造成现有数据的大量浪费；另一方面，由于数据缺失在以后的补充数据中也会出现，因此缺乏对数据收集的规模控制。

填补默认值的方法是对直接忽略方法的改进，为那些对数据分析影响不大的缺失数据统一填补一个确定的默认值（Default Value），以避免浪费大量数据。例如，量化的属性值缺失时，可以采用一个极大的负值或正值作为默认值，非量化的属性值缺失时，可以采用“无”作为默认值。这种方法的优点是避免了数据的浪费而且操作相对简单。缺点是当数据中缺失的属性值比较多时，容易使整个数据向默认值的方向倾斜，给之后的数据处理造成麻烦。例如，数据挖掘程序可能会将这些默认值作为一个新的属性值进行计算，挖掘出大量无用的规律。

把填补默认值的方法做进一步改进，根据已有数据科学合理地推算缺失的信息，就得到依据其他数据填补默认值的方法。这种方法通过对缺失的数值进行纵向（缺失数值所在的属性）和横向（缺失数值所在记录的其他的属性值）的数据分析，求出所缺失的数值的可能值。数据分析的方法有很多，例如，用同属性平均值来填补缺失的数值，在信用评级的数据库中，对缺失工资信息的记录，可以采用工资的平均值来填补。当然，用平均值代替空缺值不一定就是最好的方法，也可以利用回归分析、贝叶斯计算、决策树、人工神经网络等方法，用缺失数据的纵向、横向信息计算出所缺失数值的最大概率可能值并用此可能值来填补。

（2）噪声数据清洗　与缺失数据一样，错误数据也是现实中经常出现的问题。错误数据分为内错误数据（Inlier）和外错误数据（Outlier）。其中，内错误数据是指在整体数据的统计分布之内的错误数据；外数据错误是指在整体数据的统计分布之外的错误数据。例如，数据有两个属性，一个是“姓名”，另一个是“年龄”。一个人的实际年龄是 20 岁，而数据库错误地记录为 25 岁，25 岁处于人的正常年龄范围，这样的错误数据就是内部错误数据；而如果一个人的实际年龄是 20 岁，但数据库存储为 200 岁，200 岁已经超出了人的正常年龄范围，这样的错误数据即为外部错误数据。

一般来讲，内错误数据很难辨识，更不容易被改正；外错误数据只能根据整体数据的数据分布来辨识，并进行适当的处理。外错误数据是最主要的噪声数据，意味着被测量变量的随机错误和偏差。噪声数据主要有两种清洗方法。一种方法是直接平滑噪声，这种方法假设数据中有噪声，但并不会专门识别噪声，而是通过对数据做整体平滑处理，减小数据的方差。另一种方法是先辨别噪声，再根据具体情况去处理；这种方法根据噪声数据和正常数据在数据分布上的不同特点，找出可能的噪声数据，再做进一步处理。前一种方法如分箱方法，后一种如人工智能法和人机结合法。

1）分箱方法。分箱方法利用噪声周围的数值来平滑噪声，达到减少噪声干扰的目的。第一步，先对已有的数值进行排序，再通过等深或等宽的规则将数值分配到若干容器（即“箱”）中；第二步，通过均值法、边界法等方法，对每一个容器中的数值进行平滑处理。处理后的数据与原数据相比更加平滑、波动更小，达到了减弱或消除噪声影响的目的。

2）人工智能法。人工智能的方法是指利用聚类、回归分析、贝叶斯计算、决策树、人工神经网络等人工智能方法对数据进行自动平滑处理。例如，通过多变量线性回归法获得多个变量相互间的关系，从而达到变量之间相互预测和修正的目的，平滑数据，去除其中的噪声。

3）人机结合法。人机结合法是对人工智能法的改进。它通过计算机检查和人工检查相结合的方法来帮助发现异常数据。例如，利用人工智能的各种方法帮助识别销售记录中的异常情况，如销售量的突变等，将识别出的异常情况自动输出到列表中，由人工检查各个异常情况，并最终确定是否为噪声。这种检查方法与单纯的计算机检查相比，准确率更高；与单纯的人工方式相比，效率更高。

5.4.2 数据清洗的步骤

数据清洗的一般过程包括以下四个步骤。

1. 定义和确定错误的类型

数据分析是数据清洗的前提与基础。在进行数据清洗前，首先，需要确定错误的类型，通过详尽的数据分析来检测出数据中的错误或不一致。除了手动检查数据或者数据样本之外，还可以使用分析程序来获得关于数据属性的元数据，从而发现数据集中存在的质量问题。其次，根据数据分析结果来定义清洗转换规则与工作流。根据数据源的个数、数据源中不一致数据和“脏数据”的数量规模，确定数据转换的工作量和清洗的步骤。要尽可能地为与模式相关的数据清洗和转换指定一种查询和匹配语言，从而使转换代码的自动生成变为可能。

2. 搜寻并识别错误的实例

（1）自动检测属性错误　检测数据集里的属性错误，需要花费大量的人力、物力和时间，而这个过程本身又很容易出错，所以需要利用高效的方法自动检测数据集里的属性错误。高效的方法主要包括基于统计的方法、聚类方法和关联规则的方法等。

（2）检测重复记录的算法　消除重复记录前，可针对两个数据集或者一个合并后的数据集，检测出标识同一个现实实体的重复记录，即匹配过程。检测重复记录的算法主要有基本的字段匹配算法、递归的字段匹配算法、Smith-Waterman 算法和 Cosine 相似度函数等。

3. 纠正所发现的错误

在数据源上执行预先定义好的并且已经得到验证的清洗转换规则和工作流。

当直接在源数据上进行清洗时，需要备份源数据，以防需要撤销上一次或几次的清洗操作。清洗时，根据“脏”数据存在形式，执行一系列转换步骤来解决模式层和实例层的数据质量问题，为处理单数据源问题以及与其他数据源的合并做好准备。一般在各个数据源上应该分别进行几种类型的转换，主要包括：属性分离，即从自由格式的属性字段中抽取值，自由格式的属性往往包含很多信息，而这些信息有时候需要细化成多个属性，以便进一步支持后续重复记录的清洗；处理输入和拼写错误，并尽可能地使其自动化；标准化，即把属性值转换成统一的格式，为后续记录实例匹配和合并做好准备。

4. 干净数据回流

数据清洗后，“干净”的数据应该替换数据源中原来的“脏”数据。这样可以提高数据源的数据质量，还可以避免将来再次抽取数据时进行重复的清洗工作。

5.4.3 常用的数据清洗工具

1. 特定功能的清洗工具

特定功能的清洗主要处理特殊领域的问题，基本上是姓名和地址数据的清洗。转换则是由预先定义的规则库或者和用户交互来完成的。在特殊领域的清洗中，姓名和地址在很多数据库中都有记录且有很大的基数，清洗工具抽取和转换姓名及地址信息到标准元素库，与标准元素相结合来确认街道名称、城市和邮政编码。现在主流的特殊领域清洗工具有 IDCentric、PureIntegrate、QuickAddress、ReUnion 等。

消除重复类工具根据匹配的要求探测和去除数据集里相似或重复的记录，有些工具还允许用户指定匹配的规则。目前已有的用于消除重复记录的清洗工具有 DataCleanser、Merge/PurgeLibrary、Matchit 和 AsterMerge 等。

2. 数据抽取、转换和加载工具

现在有大量工具支持数据仓库的数据抽取、转换和加载（ETL）处理，如 CopyManager 和 DataStage 等。它们使用建立在数据库管理系统（Database Management System，DBMS）上的知识库，以统一的方式来管理所有关于数据源、目标模式、映射、脚本程序等的元数据。模式和数据通过本地文件和 DBMS 网关、ODBC 等标准接口从操作型数据源收取数据。这些工具提供规则语言和预定义的转换函数库，以制定映射步骤。

ETL 工具很少内置数据清洗功能，但允许用户通过 API 指定清洗功能。通常这些工具不用数据分析来支持自动探测错误数据和不一致的数据，然而用户可以通过维护源数据以及运用集合函数（Sum、Count、Min、Max 等）决定内容特征等办法来完成这些工作。这些工具提供的转换工具库中包含了许多数据转换和清洗所需的函数，例如数据类转变，字符串函数，数据、科学和统计的函数等。规则语言包含 If-Then 和 Case 结构来处理例外情况，例如错误拼写、缩写、丢失或者含糊的值以及超出范围的值。

3. 其他工具

其他与数据清洗相关的工具包括：基于引擎的工具，数据分析工具和业务流程再设计工具，数据轮廓分析工具，数据挖掘工具（如 WizRufe 等）。

5.5 数据的使用管理

对于大多数企业来说，数据的使用管理就是对业务数据的管理。数据全生命周期的业务管理是数据管理的核心功能。在创建“数据模型”的实体后，业务管理流程生成相应的实例化业务功能，提供数据申请、初始校验、编码审核、数据校验、数据生成、数据分发六大功能主线，并提供数据清洗、变更、维护、停用、归档、注销、统计分析等服务内容，能够支持各类数据的定义和使用，例如物料、供应商、客户、账务、财务科目等数据类型的管理，并可自行扩展所管理的数据范围，实现业务配置的自动化。

5.5.1 数据申请

在创建了数据模型后，各业务系统可以根据需要向数据管理系统提交数据在线申请。在申请过程中，预先定义的数据约束规则能够自动进行初始的数据校验，提供相似的主数据供用户参考，并提供申请进度的消息提示功能。

用户可以根据已定义的模板完成批量导入编码初始文件，根据元属性来定义规则。在线上实时创建数据时，可以在线查重、检查、搜索，同时支持相关日志的自动创建和下载。此外，用户还可以上传多种类型的附件，如 PDF、JPG 等，系统对上传的多种格式的数据文件进行自动校验，导入后的数据应能自动校验合法性和逻辑性，并对导入不成功的数据给予提示，包括必输项自动提示、同名词库在线提示等。

数据申请应符合以下业务要求：

1）支持线上实时创建。

2）支持通用数据文件格式上载。

3）支持外部系统通过接口服务方式提报申请。

4）提报申请时，根据元数据定义规则，支持在线查重、检查、搜索。

5）提供在创建数据申请过程中的系统自动提示功能。

6）提供附件上传功能，例如 PDF、JPG、DWF 等格式的文件的上传。

7）支持按照模板批量导入编码初始文件，按小类描述规则自动生成特征描述。

8）支持现有编码条目的复制、添加。

9）支持必输项自动提示。

10）支持同名词库在线提示。

5.5.2 数据审核

数据审核主要包括自动校验和人工审批。主数据创建申请提交后，系统将首先进行自动校验。自动校验实现对数据之间的精确查重和模糊查重，并通过预前配置的校验规则对数据进行检查，保证主数据的唯一性和规范性。

数据校验规则包括唯一性校验、关联性校验、取值范围校验、相关附属表校验、正则表达式校验等，可以实现自定义附属值表、同名库校验查重、值列表模板选择以及自定义规则等功能。经过系统自动校验之后的主数据申请，需要按工作流在线审批。审批过程中需要记录审批意见，生成审批日志。审核的内容及功能如下：

1）审批流程自定义功能，利用图形化工作流引擎实现数据审核，并支持工作流的版本控制。

2）根据元属性定义规则，支持在线查重、检查与搜索，提供相关日志自动创建和下载功能。

3）支持待审数据的自定义下载。

4）提供录入审批意见功能。

5）支持单人和多人配置审批。

6）支持待审定时提醒。

7）支持审批意见及附件共享。

8）支持根据审批任务列表，实时对审批任务列表中的申请进行数据合法性、业务合规性的快速审批。

9）对审批流程中的各个环节进行有效管理，跟踪监控各个审批环节的信息。

10）审批通过的数据信息、审批信息都能查询。

11）工作流支持会签、互斥、汇总、分支等多种审批方式，支持按条件跳转审批，提供文字和图形显示审批进程和审批状态的功能，以及电子邮件、手机短信或者内部消息等通知提示功能。

12）主数据审核人员发现数据错误时可以对错误主数据进行审核退回操作，并可填写审核意见供数据申请人查看。

5.5.3 数据变更

对于已审核的数据、模板、值库、别名库等数据内容，仍然可以进行调整、维护和变更。例如对物资编码的设置信息进行调整：首先需要提交变更申请，系统会根据已定义的数据约束规则自动进行数据校验；其次对维护内容按工作流程进行审核，审核通过后变更内容才能生效。同时数据的历史版本会被保留，以实现可追溯的版本管理。

数据管理系统可以支持线上实时单条以及批量变更申请的处理，并生成数据变更日志。和数据申请过程类似，系统也可以提供自动提示功能，辅助用户完成数据变更。变更生效后，系统会以邮件或其他消息方式通知数据申请者和所有使用该数据的最终用户。

当数据记录失效时，系统不允许将其直接删除，只能进行核销，以便其他数据对该条数据的调用。数据核销也是一种数据变更，即将一条可用数据的状态更改为“已核销”，过程与其他数据变更的过程相同。

5.5.4 数据的集成和分发

主数据管理系统能够将各级应用系统提供的基础数据进行集成，实现高效的数据整合。通过建立主数据的模板和标准，实现对现有主数据的清洗和标准化，集中管理多个业务系统中核心的、最需要共享的主数据，最后以标准集成服务的方式把统一的、完整的、准确的、权威性的主数据分发给需要使用这些主数据的各个应用系统。

应用系统与主数据管理系统间的交互包括两个方面：一是数据接收，即其他业务系统作为数据源，主数据管理系统接收业务系统发送的数据；二是数据分发，即主数据管理系统作为数据源，业务系统接收主数据管理系统发送的数据。

数据接收是数据集成和分发的前置工作。数据接收要明确接口标准、接收频率、接收数据范围、数据同步规则等，将存在于多个异构应用系统中的核心业务实体数据按照统一规则和模式汇聚到主数据管理系统。

数据分发是实现主数据同步和主数据一致性应用集成的关键过程。数据分发要提供分发目标系统、分发频率、分发数据范围、数据同步规则等的全面自定义功能；能够实现分发日志的自动跟踪和记录；能够支持多种分发模式和分发数据协议，并支持异常处理，例如设定分发失败后的数据重发处理机制；实现全面的数据监控管理，保证主数据在多异构系统之间的完整性和一致性。

5.5.5 数据查询

主数据管理系统能够实现标准查询功能和模糊查询功能。用户可以实时查询主数据的所有信息，包括申请、审批、明细属性、变更历史，分发历史、数据分发接口日志等，并按照不同的需求支持查询结果的下载和打印。同时，系统还提供便捷查询和高级查询，支持将查询条件保存下来作为共用检索，实现个性化查询定义。

除了简单的查询功能外，用户也可以按照申请单列表项进行过滤、排序、查询和统计。根据用户需求，实现各种统计报表的开发，供用户查询分析。同时提供开放功能以便用户自定义报表以及个性化查询分析。根据统计方式，可以将报表分为主数据信息统计报表、数据提报审核统计报表和数据分发情况统计报表。

（1）主数据信息统计报表　主数据信息统计报表主要统计系统中主数据情况，其统计内容包括主数据的类型、每种类型的数量以及每种类型对应的明细信息。

（2）主数据提报审核统计报表　主数据提报审核统计报表主要统计系统中主数据的提报审核情况，其统计内容包括根据时间段查询数据的提报数量、审核完成数量、待审核数量、回退数量，以及每种类型对应的明细。

（3）数据分发情况统计报表　数据分发情况统计报表主要统计系统中主数据分发给其他应用系统的情况，其统计内容包括分发的主数据类型、每种类型分发的数量、分发成功的数量、分发失败的数量。

5.5.6 数据归档

数据归档是指以物理方式将主系统中具有较低业务价值的数据迁移到更适合、更经济、更高效的历史库中。因此在数据管理系统中，对于不再使用或无法满足业务需求的数据，可以将其归档及核销处理，根据业务制定的归档规则将数据归档。归档后的数据不能被更改，但能被查询和调用。同时，数据管理系统也可以实现定期对日志信息进行归档以及多种归档查询功能。

5.6 数据的交易管理

数据交易本质上是以数据为标的进行商务活动的行为，将商业或行政事务处理中的报文数据按照一个公认的标准，形成结构化事务处理报文数据格式，进而将这些结构化的报文数据经由网络，从计算机传输到另一端的计算机的工作。对于数据交易的合规，目前主要在监管和法律规定两个维度进行规范。

5.6.1 数据交易中心的建立

大数据是继云计算、物联网、移动互联网之后信息技术产业领域的又一热点，具有广泛的应用潜力和巨大的市场前景，是信息产业持续高速增长的新引擎。在这种背景下，各地纷纷建立大数据交易中心，本文以上海数据交易中心为例。

1. 上海数据交易中心简介

上海数据交易中心是一个国有控股、民营资本共同参与，以市场化方式运作和具有成熟商业模式支撑的大数据交易平台，主要股东有上海信投、申能集团、中国电信和中国联通等。上海数据交易中心，不仅追求时间上的第一，还追求质量上的第一、规模上的第一。它的成立不仅能够促进大数据产业的发展，而且是对接上海科创中心建设、促进大数据产业集聚的重要举措。上海数据交易中心挂牌是上海大数据产业市场化运作的标志性事件，上海数据交易中心为市场供需双方提供了一个公开透明的平台，这无疑将大大助推大数据产业发展，通过市场化的运作方式使数据交易活起来。上海数据交易中心成立后，主要为大数据企业将数据加工成产品提供服务，交易中心的数据来源是会员企业，会员企业率先进行交易，首批交易的数据既有公用事业单位数据也有市场化数据。

2. 构建“五位一体”的规划布局

上海数据交易中心注册资本为2亿元。作为上海市大数据发展“交易机构+创新基地+产业基金+发展联盟+研究中心”（五位一体）规划布局内的重要功能性机构，上海数据交易中心承担着促进商业数据市场流通、跨区域机构合作和数据互联、政府数据与商业数据融合应用等工作职能。该交易中心以国内领先的“规则+技术”双重架构，创新结合“IKVLTP”（ID，主体标识；Key，维度主键；Value，标签赋值；Limit，供应限度；Time，供应频度；Price，挂牌价格）六要素数据约定和面向应用场景的交易规则，采用自主知识产权虚拟标识和二次加密数据配送技术，全面保障个人隐私、数据产权和数据衍生产品交易。上海数据交易中心的电子交易系统以面向应用场景的产业需求为导向，以完善的会员注册审核、元数据脱密脱敏、自主挂牌控制、用户标识匹配、统一结算与清算等平台功能，实现商用数据衍生产品的在线连续聚合交易。上海数据交易平台不响应应用场景合理维度之外的任何数据请求、不存储任何交易方的数据、不传输任何个人的隐私数据、不允许并技术性限制使用方的非授权数据留存。数据交易效率、交易安全、私有产权和个人隐私可得到有效保障。

3. 为数据交易提供“空间载体”

上海数据交易中心将打造面向全国的大数据交易平台。上海数据中心所在的园区（北高新园区）抓住诸多国家战略机遇，利用自身在大数据、云计算产业方面集聚发展的优势，在盘活数据资源、推动大数据产业集聚和技术创新等方面产生了明显的示范效应。北高新园区的特点是专注于产业集聚招商，该园区既是产业载体开发商，又是负责园区运营和服务的管理机构，通过大数据产业集聚做好产业和环境配套的生态链。北高新园区利用自身工业厂房承重能力高、电力设备和光纤设备配套齐全的特点，提出了“载体定制化”的理念，实现硬件设施和空间布局的个性化定制，以此匹配云计算和大数据企业的特殊需求。

4. 引进行业龙头企业

上海晶赞科技发展有限公司（以下简称晶赞科技）是上海数据交易中心的技术支持方与股东之一，成立于 2011 年，共融资三次，融资总额达到 1 亿美元，由于其产品以及数据在产业升级过程中产生了积极意义，不少在互联网领域垂直领先的公司成为晶赞科技的股东，如携程、好未来等龙头企业。晶赞科技是上海市“双软认证”企业，也获得了高新技术企业资格；不仅拥有多个商标、著作权、发明创造类专利，还通过了 ISO 9001：2008 质量管理体系认证。晶赞科技先后获得三轮海外风险投资基金的投资，具有深厚的资本基础，其业务包括海量数据分析、机器自动学习、标签、清洗、整合、相关推荐及监测等。

5.6.2 数据交易的模式

1. 会员制，参与方以大型企业为主

目前数据交易中心大多数采用会员制，不论是卖家还是买家只有先“入会”才能获得交易资格。入会先提交申请，审核过关的方可进驻交易中心，且尚不接受个人用户参与交易。

2. 协商定价

数据交易中心以电子交易为主要交易形式，面向全国提供数据交易服务。数据值多少钱，由交易中心与数据卖家协商制定，数据内容和交易价格在平台网站上挂出。

3. 加工后的标的数据

交易的数据并不是底层数据，而是底层数据通过数据清洗、分析、建模、可视化后的数据。

4. 数据交易中心监管

数据交易中心只是一个交易平台，本身不参与交易，也不提供任何数据，只对交易标的进行合规性监管。

5.6.3 数据交易的合规管理

针对数据交易中存在的交易主体、交易范围、数据质量均不明确的现状，我国通过自律和行政并行的监管方式来确保数据的安全交易和有效流通。

1. 数据交易制度规范

当前数据交易的法律法规和制度规范尚不完善，尚无国家层面的数据交易法律法规和制度规范出台，部分地区出台了针对辖区内交易中心的交易规则，如《贵阳大数据交易所 702 公约》《中关村数海大数据交易平台规则（征求意见稿）》《安徽大数据交易中心交易规则》《长江大数据交易有限公司交易规则》《哈尔滨数据交易中心交易规则》等。

2. 个人数据交易

（1）个人数据交易的特点　个人数据交易具有隐蔽性、多方参与、用户不知情等特点。数据交易不需要通过实物，只需要在网络上便可以进行，因此隐蔽性高。如果用户的信息被交易方获得，有在用户不知情的情况下完成交易的风险，而且因为市场上有众多的信息需求方，所以具有多方参与的特征。个人数据交易存在的这些特点也导致个人数据交易的监管困难。

（2）个人数据交易的合规　对于个人数据交易的合规监管，首先应确定个人数据的归属和价值，只有在交易标的是有主之物、有价值之物的基础上，数据才能具备法律上的财产归属性质，才有进一步监管的可能。但要格外注意，个人数据因为具有强烈的个人属性，部分个人数据更是涉及用户的个人隐私，即便数据获取方对数据进行去隐私化、进一步加工等处理，仍然无法消除数据的个人属性。

针对个人数据交易，《全国人民代表大会常务委员会关于加强网络信息保护的决定》规定：公民发现泄露个人身份、散布个人隐私等侵害其合法权益的网络信息，或者受到商业性电子信息侵扰的，有权要求网络服务提供者删除有关信息或者采取其他必要措施予以制止。除了行政与民事手段，在 2009 年颁布的《中华人民共和国刑法修正案（七）》中，首次将面向个人信息的犯罪纳入刑法的处罚范围，而在 2015 年颁布的《中华人民共和国刑法修正案（九）》中，更是加大针对个人信息犯罪的处罚范围，并降低了处罚门槛，以遏制侵犯个人信息行为。

5.7 数据的安全管理

数据管理系统的安全应当从系统研发、身份鉴别、访问控制、流程安全、异常处理、备份与故障恢复、密码安全、输入输出合法性、安全审计、数据安全性等多个方面去评价，应发现应用程序在设计、运营和管理方面存在的安全风险，确保应用系统自身的安全。可以从数据的内容和流通两个维度来分析数据的安全管理。

5.7.1 数据安全管理的目标及范围

数据安全管理技术主要包括身份认证、内容安全、访问控制、集成安全、日志管理、安全恢复等。数据安全管理的目标是保证系统应用的安全以及数据的完整性，因此上述安全技术需要提供以下功能：

1）只有授权的用户才能执行合法操作，访问合法数据。

2）对用户的重要操作提供审计和跟踪功能，并显示操作用户信息。

3）系统所有功能信息都要按照岗位、角色的分工进行授权，授权后才能使用。

4）系统的各类信息应按照用户的工作分工进行授权，授权后才能查看或编辑。

5）系统对所有重要的操作必须提供完备的日志记录，可以根据需要灵活调整系统日志记录级别；系统日志支持 syslog 协议和 FTP，以远程保存系统日志。

6）系统需对所有功能和数据权限进行控制，系统管理员可以根据组织的实际情况设置和分配角色，杜绝越权操作，同时系统也支持分级的权限控制。

7）主数据管理系统的用户认证支持第三方 LDAP，用户账号认证支持 CA 证书方式，可以根据需要自定义用户认证方式。

8）在系统登录与用户安全方面提供双因素认证令牌、USBKey 集成、CA 数字证书、WindowsAD 域认证、密码加密设定等多种可选择的增强安全的策略，实现系统高安全性与高可靠性。

9）提供稳定可靠的安全框架，管理访问和网络通信，实现企业数据的安全性和完整性，提供高度的安全保障和高效的网络性能。

5.7.2 数据内容安全管理

在数据尤其是主数据的业务管理中，数据审核是保证数据内容安全的重要步骤，即系统数据信息修改或更新必须按照相关工作流程，经过审批后方可更改或更新，并保存审批过程及意见。

在业务系统与主数据管理系统的传输过程中，为保证数据内容安全，主数据管理系统对每个接口在传输数据时都采用3DES（三重数据加密算法）进行加密，针对每一个接口生成密码。传输的业务数据采用3DES加密法；对称算法的密钥采用非对称算法进行加密传输。非对称加密算法需要两个密钥：公开密钥和私有密钥。公开密钥与私有密钥是一对，如果用公开密钥对数据进行加密，就只有用对应的私有密钥才能解密；如果用私有密钥对数据进行加密，那么只有用对应的公开密钥才能解密。

此外，通过建立主数据监督和数据质量的KPI评价体系和指标体系，实现量化考核，也可对主数据的创建、变更、销毁过程实行质量管控。通过主数据管控流程体系设计来固化流程，建立主数据管理的长效机制。主数据管控体系是为了规范主数据标准、主数据质量、主数据安全中的各类管理任务和活动而建立的组织、流程与工具，能够实现组织、流程与工具的常态化运转；主数据管控体系的目标是提升主数据质量、促进主数据标准一致、保障主数据共享与使用安全。

在主数据全生命周期管理过程中，流程的梳理包括流程控制、流程规划设计、流程设计等，是提升主数据质量的重要保证因素。主数据的流程控制包括主数据业务控制、主数据技术控制和主数据逻辑控制。流程规划设计包括业务流程管控、风险管控和安全管控等方面。通过流程设计建立主数据质量控制体系，确认质量控制流程，确立主数据的长期运维模式，实现主数据的持续性治理，保障主数据管理机制的可靠运行。

5.7.3 主数据流通安全管理

主数据的流通管理指的是数据在转移、销毁等内部流通过程中的管理，实务中主要包含系统的日志管理及系统的版本管理。

1. 日志管理

系统日志是记录系统中硬件、软件和系统问题的信息，同时还可以监视系统中发生的事件，是对系统各级用户操作的记录，以便于各级系统管理员及授权人员对用户操作进行追踪与分析。用户也可以通过它来检查错误发生的原因，或者寻找受到攻击时攻击者留下的痕迹。系统里的任何操作、任何模块的访问、任何服务的调用、用户的登录情况等都会被记录下来，方便日后追查。系统自动记录用户的操作和操作时间，同时提供日志查询功能，以便系统管理员对用户操作进行追踪与分析，做到所有操作都有据可查。

主数据管理平台能对自身运行的状态、运行所涉及的日志、数据操作等日志进行记录，能对数据异常处理操作实现日志跟踪和记录，保证敏感数据不被窃取和破坏。可按照主数据分类和目标业务系统分别记录日志信息，如登录系统日志、系统数据处理日志、权限变动日志、错误登录日志、工作流日志、接口日志等信息。对于每个分发请求，多次分发时均记录相关响应日志，实现系统集成和分发处理过程的可追溯性。

一般情况下，建议各应用系统调用平台提供的集成日志服务实时记录日志，从而方便各个应用平台的人员可以实时监控平台中各服务的运行情况。如果应用系统不希望调用平台的方法进行集成日志的记录，就必须自行记录相应的集成日志，以便在集成系统运行过程出错时，可以查到相应的日志信息。

如果各应用系统不调用平台的集成日志服务，则必须提供一个让平台读取其日志的 Web 服务。

2. 系统管理

主数据服务器能够在不同时间间隔下版本化每个模型，例如每月、每季和业务自定义的间隔时间。有了主数据服务，用户可以按照业务要求的间隔，在不同商业场景的不同版本模型下工作。通过对主数据模型和内容的版本管理，可以实现对主数据的动态变化进行全过程自动归档，实现主数据应用的历史线索和信息追溯，以及任意历史版本的主数据模型和主数据内容的对比。

此外，主数据服务还为订阅系统提供了标记版本功能。通过标记整合不同的流程，从而确保主数据服务中生命周期版本管理的一致性。

当前，数据治理成为各行各业面临的共性问题，构建科学合理的数据治理运行机制是组织对大数据时代发展挑战的积极回应，也是数据治理活动顺利进行的必然选择。然而，很多组织仅有不全面的数据管理，在数据治理方面暂时还没有真正意义上的实践，数据治理运行机制仍处于“摸着石头过河”的探索阶段。数据治理运行机制的构建是一个涉及多种变量相互促进、相互制约的复杂过程，不同组织在不同阶段进行数据治理所面临的外部挑战、内部阻力以及治理目标不一样，没有固定的模式，其运行机制的表现形式也不尽相同。因此，企业数据治理运行机制的设计要结合通用的逻辑和要素进行个性化安排。

第 6 章

数据治理运行机制

6.1 数据治理运行机制的内涵和特征

数据治理是一个系统工程，仅仅依靠技术手段和建设系统的方式，是难以有效解决数据治理面临的所有问题的。构建数据治理运行机制是数据治理工作的基础和支撑。要有序实施数据治理工作，应遵循规划先行的原则，建立科学合理的数据治理运行机制，制定适合组织业务特点的管理流程，选择可行的技术方案和实施工具，明确数据治理的工作机制和工作内容，稳步推进数据治理的各项工作。数据治理运行机制是启动、保持、调整和终止数据治理活动的各种条件和工作方式的总和。从静态角度看，这种机制是一个包含多种要素，并涉及多种要素之间相互制约的“系统”；从动态角度看，这种机制是一个不断变化的、复杂的动态“过程”。

6.2 数据治理运行机制的组成要素

数据治理运行机制是一个由若干要素结合而成的有机整体，每一个组成要素都对运行机制产生独特的影响，这些组成要素共同决定着运行机制的效果。

6.2.1 运行制度是基础

运行制度是影响组织数据治理活动的外部客观因素，决定了组织数据治理的发展趋向。数据治理运行机制要合理、有效地进行，必须有完善的运行制度作为保障。运行制度包括宏观维度的国家大数据政策法规、中观维度的行业数据管理政策和微观维度的组织内部数据治理制度。国家层面先后出台的政策法规主要有国务院办公厅《关于运用大数据加强对市场主体服务和监管的若干意见》（国办发〔2015〕51 号）、《国务院关于印发促进大数据发展行动纲要的通知》（国发〔2015〕50 号）、《国务院关于印发政务信息资源共享管理暂行办法的通知》（国发〔2016〕51 号）、《国务院办公厅关于印发科学数据管理办法的通知》（国办发〔2018〕17 号）。2020 年 3 月 30 日，《中共中央　国务院关于构建更加完善的要素市场化配置体制机制的意见》提出加快培育数据要素市场，强调推进政府数据开放共享、提升社会数据资源价值、加强数据资源整合和安全保护，研究根据数据性质完善产权性质，数据要素、数据治理在社会运行、组织发展中的价值更加凸显。各行业也陆续出台本领域的数据管理政策。为加强和规范科学数据管理，保障科学数据安全，提高开放共享水平，2018年3月国务院办公厅印发《科学数据管理办法》。为引导银行业金融机构加强数据治理，2018年5月中国银行保险监督管理委员会发布了《银行业金融机构数据治理指引》。很多组织为加强数据管理，也陆续出台组织内部数据治理相关的运行制度。这些不同层次的制度体现了对数据治理规范化、科学化、安全化的共同诉求，为数据治理运行机制的构建提供了必备的制度环境。

6.2.2 运行组织是关键

数据治理有效运行需要建立强有力的运行组织，由运行组织专门负责数据治理活动的开展和数据管理制度的制定和实施，这些组织是跨部门、跨职能的。大型组织需要成立数据治理委员会、数据管理制度指导委员会、数据治理办公室等，小型组织可由首席数据官统筹数据治理工作。数据治理组织负责定义的规则包括整体数据战略、数据政策、数据标准、数据管理规程、数据管理度量指标、组织数据模型、数据质量规则等。

6.2.3 运行人才是主体

数据治理运行机制的运行人才是指行使数据治理权力和职责的管理人员、业务人员和技术人员等，是推动数据治理发展的主要力量。作为数据治理活动的舵手，数据治理运行机制运行主体的构成应该多元化，首先应该建立首席数据官制度，首席数据官是数据治理的领导者和决策者，其次应配备业务能力精湛、将数据与业务充分融合的中层人员和一线人员，再次需配备专业的技术人员。

6.2.4 运行流程是核心

运行流程是数据治理运行机制设计、展开、评估和优化依次进行的程序，是运行机制的行动准则和方法。运行流程的优劣关系着数据治理运行机制效率的高低；没有运行流程的指向，运行机制就会迷失方向。合理的运行流程，既是运行主体优化工作方式的要求，又是运行主体提高工作效率的保障，能够保证数据治理环环相扣、层层递进。在实际工作中，数据治理的运行程序一般包括发现组织数据治理遇到的问题—选择解决问题的策略—实施解决问题的策略—问题解决的效果反馈等步骤。

6.2.5 标准规范是保障

组织数据治理是一项复杂的系统工程，涉及多元主体、多类需求，与组织各项业务密切相关，需要协调数据全生命周期中各个流程、各个机构的关系，必须强化统一的标准规范支撑保障，形成一套由管理制度、管控流程、技术工具共同组成的体系。通过这套体系的推广，应用统一的数据定义、数据分类、记录格式、转换和编码等实现数据的标准化，应用统一的管理制度、组织架构、运行流程等实现管控的标准化。

6.3 数据治理运行机制的主要功能

数据治理运行机制主要功能将以不同的形式和程度影响数据治理活动的方向、目的、过程和结果，表现为作用于组织管理的一种无形力量。

6.3.1 有利于实现组织运行现代化

在互联网、大数据的冲击下，各行各业都在寻求业务模式创新和组织流程变革，实现组织运行自动化向持续优化的现代化转变。组织运行现代化的第一步是基于对自身的洞察，推动业务数据化、数据业务化，发挥数据治理价值。经过多年的信息化建设，各行各业各类组织围绕业务需求建设了众多的业务系统，导致数据种类和数量大大增多。当业务环境发生变化时，由于原来的业务系统不能互联互通，不能满足跨部门、跨职能、跨组织的协作需求，而且各个业务系统所产生的海量数据以复杂而分散的形式存储，导致数据之间的不一致和冲突等质量问题，因而数据在应用过程中困难重重，难以实现数据的深度利用，更难以实现业务模式创新和管理风险控制。通过科学地设计数据治理运行机制，可以从数据层面打通各个组织单元。目前，实现业务单元快速重组已经成为组织运行现代化的迫切需求。

6.3.2 有利于规范数据相关者行为

数据治理相关者的行为缺乏制约时，组织数据治理就会步入歧途。数据治理运行机制的行为规范功能是指对组织数据相关者的行为进行符合数据治理要求的引导，并对偏离数据治理目标的行为加以纠正。在实践操作层面上，数据治理运行机制规定了数据相关者的哪些行为是正确的、应该提倡的，哪些行为是错误的、应该反对的。从这个角度来说，运行机制构建了一个行为“拟态环境”，是数据相关者接受大数据教育的新载体，对数据相关者具有一定的约束力和影响力，使得数据相关者乐于接受某些观念和准则，而拒绝另一些观念和准则。

6.3.3 有利于协调组织各要素关系

数据治理运行机制的关系协调功能是指在运行过程中对数据治理各要素的关

系进行协调，使其达到预期状态。数据治理面临开放与隐私、收益与成本、安全与风险等多重关系，这些关系处理失当，就会对数据治理产生消极影响。这就需要作为组织数据治理系统内各要素的有机结合体——数据治理运行机制，从全局的高度对数据治理系统内各要素之间的关系进行有机协调，从而促进数据治理活动的正常进行，确保数据治理达到预期的目的。

6.3.4 有利于实现资源的优化配置

数据治理运行机制的资源配置功能是指对数据治理相关的资源进行优化配置，实现以最少的资源耗费来获得最佳效果的目的。一个组织的人财物资源是有限的。组织变革、业务管理、对外合作等各个领域的数据治理对这些资源的需求不尽相同，而且这些需求是动态变化的。组织数据治理运行机制能够有效合理地配置这些资源，较好地满足各个领域对这些资源的需求，避免各个领域争抢资源、滥用资源，确保数据治理有序、高效运行。

6.4 数据治理运行机制的发展现状

数据治理是一个新事物，整体上我国各级组织的数据治理运行机制仍处于探索阶段，成熟度较低，可借鉴的经验较少。随着国家大数据治理战略的纵深推进，在领先行业数字化转型的示范带动下，组织数据治理运行机制正逐步走向成熟。数据治理运行机制目前普遍存在以下问题。

6.4.1 有效制度供给相对不足

数据治理制度是其运行机制的载体，并通过运行机制发挥其作用。组织构建数据治理运行机制，需要制定首席数据官制度、数据流通制度、数据安全制度等系列制度。目前，很多组织顶层设计不足，数据治理制度供给相对滞后，没有出台综合性数据治理制度，与数据治理要求不相适应的制度还有待完善，仍存在阻碍数据治理的制度，难以满足运行机制健康发展的需求。数据治理有效制度供给不足，会导致数据治理运行机制出现僵化、失灵等问题，从而达不到预期发展目标。

6.4.2 共治共享格局尚未形成

数据治理与组织的各个部门、各个单元息息相关，只有齐心协力、整体推进，才能达到预期目标。然而，由于组织的各个部门对数据治理的认识有浅有深，其数据拥有量有大有小，从数据治理中获益不同，“共治共享”的理念还未深入人心，“数据私有”的狭隘思想比较顽固。有的组织还存在着信息孤岛，内部部门往往从自身利益出发而不是从组织整体利益出发来对待数据治理，体现在行动上就是单打独斗。在这种情况下，组织内部门之间的协调难度大，数据治理的不平衡现象比较突出，运行机制对每个部门的约束力不均，数据治理无法整体推进。如果共治共享格局尚未形成，数据治理目标必然落空。

6.4.3 数据标准规范推进滞后

制定数据标准规范是数据治理最基础的环节，对数据治理的效果具有直接的影响。目前国家层面相继制定了一系列数据标准规范，但仍然无法满足大数据时代的发展要求，具体到各行业，数据标准建设进程更加滞后，能够有效指导数据治理实践的标准规范严重缺乏。由于数据标准不统一，一些大型组织的内设机构为了方便业务的开展，自行采购软硬件，按照自身业务要求确定数据采集标准，分别运行自己的数据库系统。各个机构数据采集、加工标准不一样，数据来源众多且分散，缺少真正有效的整合，加大了数据清洗的难度，数据治理运行机制成本高，数据利用率低，难以发挥整体效能。各级组织亟须结合国家和行业标准要求，基于自身业务发展实际，加快制定本组织的数据治理标准，增强数据的可用性、通用性、互用性及有效性。

6.5 数据治理运行机制的设计策略

运行机制设计是数据治理工作的重点，数据治理效果是运行机制落实的效果。数据治理运行机制解决“数据治理采取何种方式、以何种路径运行、如何获得效果”的问题。它不是一个单纯的运行机制，而是一个由不同维度的机制组成的复合性机制。完善组织数据治理运行机制，需要立足实际，坚持问题导向，重点突破数据治理面临的难点，统筹考虑影响数据治理的相关因素。

6.5.1 强化自上而下的执行机制

影响组织数据治理效果的最重要因素是执行。即使数据治理设计得很好，但如果得不到有效执行，就会沦为一种形式。要落实好国家大数据战略，提升组织治理能力，就必须建立自上而下的执行机制，确保政令畅通、落地生根。自上而下的执行机制是指组织通过规定、条例、办法、制度、奖惩等手段促使内设机构和人员贯彻落实国家、行业尤其是组织的数据治理战略的机制。这种机制保证数据治理政策在执行时不打折扣，确保数据治理政策的权威性和有效性。

组织内设机构和人员对数据治理战略和政策的认知和理解决定了数据治理政策的执行效果，目标群体对数据治理的接受程度反过来促进数据治理政策的修正和改进。英国学者岗恩（Lewis Gunn）认为“自上而下”政策顺利执行应具备七个条件：充足的时间和资源，没有阻碍执行的外部限制条件，简短、界定明确的命令链条，单一执行权威，形成对理想政策后果的清晰理解，政策相关方对政策目标的共识，顺畅的沟通。建立自上而下的数据治理执行机制的途径有五个。一是成立专门负责数据治理的机构，提供必备的硬件、软件、经费和人员。二是明确组织内设机构在数据治理中的定位。各个机构既是数据治理的参与者，又是受益者，应以实际行动支持数据治理，坚决贯彻执行数据治理的制度、标准、流程等，确保工作一盘棋，避免“数据割据”。三是确定数据治理政策执行的流程、程序，使之具备科学性和可操作性。四是根据组织数据治理的总体要求，将任务分解到每一个机构，确保每一个机构有任务、有压力。五是采取多种形式，积极宣传数据治理的意义、要求等，营造人人参与数据治理的良好氛围。

6.5.2 建立自下而上的采集机制

数据的全面、自然、动态、连续采集是数据治理的基础性和先导性工作。如果数据采集不及时或数据采集质量不达标，数据治理就难以真正开展。

在数据采集之前，要根据数据治理要求，确定数据采集的口径，有所取舍，并非采集一切数据。不同业务的差异性直接导致数据来源的多元化、数据采集的复杂化。组织产生的数据可划分为人、财、物三大类。人包括组织领导团队、业务人员、技术人员等，财包括财务运行状态，物包括固定资产、流动资产。数据类型包括结构化数据、半结构化数据和非结构化数据。结构化数据即是数据库的数据，半结构化数据是指介于结构化数据和非结构数据之间的自描述数据，非结构化数据是指不方便用数据库二维逻辑表来表现的数据。制定符合组织的数据采集流程，可以提高数据采集的效率，强化对数据质量的监控。数据采集应做到源头输入，确保源头生成，以保证数据的原始性、真实性、实时性。

随着业务的不断拓展，各领域的数据积累得越来越多，具有体量巨大、结构复杂、来源较多等特点。因此，要用符合不同组织特点的采集方法，不同的采集方法对数据质量的影响是不一样的，常用的高效率的采集方法包括物联感知类技术、视频录制类技术、图像识别类技术以及网络采集类技术等。数据采集要保持连续性，通过长时间累计从小数据生成大数据。在保证有效性的基础上，数据的粒度要适当，粒度的级别既不能过高也不能过低。数据采集要符合相关的技术标准和规范。数据采集方式以智能化采集为主，以人工采集为辅。数据采集应按照统一部署、归口管理、分工负责的原则实施。数据采集过程要遵守法律法规和伦理道德，保证产生数据的主体拥有一定的知情权和选择权。

数据采集是一项复杂的系统工程，需要硬件、软件的保障。数据采集的硬件要有良好的性价比、值得信赖的安全性、较强的抗干扰能力。数据采集的软件采用结构模块化设计，操作性能要好，使用方便，具备良好的人机界面，具有一定的保护措施和容错功能，以及较高的程序执行速度。要根据数据采集的技术要求进行硬件和软件的功能分配。要分析组织需要完成的任务，并根据任务的特点、机器的性能、成本的要求、进度的安排等相关情况进行权衡，合理分配硬件和软件承担的任务。

6.5.3 设计多元协同的互动机制

数据治理是组织内设机构之间、组织与外部生态共同参与数据治理的互动过程。要调动每个机构、每个人员参与组织数据治理的积极性，就必须建立多元协同的互动机制。这种机制是指各个机构、各个人员在数据治理上取得共识、步调一致所形成的相互关系。它通过一定的互补和互济的形式表现出来，并产生整体功能。组织数据治理与每个机构、每个人员都密切相关，每个机构和每个人员都扮演着一定的角色，每个角色只有承担一定的责任，才能形成合力。达成数据治理的目标是组织内部各个机构的共同愿望，是建立多元协同互动机制的动力。多元协同的互动机制能够调动各方的积极性，形成齐抓共管的合力，为数据治理提供良好的环境。

建立多元协同的互动机制需要从五个方面入手。一是各个机构的工作人员应强化数据意识，提高数据素养。数据意识和数据素养是同一事物的两面，数据意识是认识层面，要求每个成员理解数据的意义和价值，并能意识到数据治理不善可能带来的风险；数据素养是一种能力，指每个成员对数据具有很强的敏感性，具有较强的数据收集、分析的能力，能够利用数据进行管理和决策。二是各个机构和各个人员的工作职责要对应数据治理相关要求，每个机构、每个人员都有义务和责任参与数据治理。参与数据治理是每个机构共性的工作职责，这项工作职责是规定动作，不是自选动作。三是良好的数据治理制度是各个机构工作人员认真对待数据、管理数据的依据。各个机构要根据组织数据治理的总体要求，严格执行数据采集制度、数据存储制度、数据处理制度、数据共享制度、数据使用制度等。四是组织数据治理机构需要定期召开数据治理研讨会，分析数据治理取得的成绩、存在的问题及其今后的努力方向。五是建立动态的数据治理考核评价体系，采取短期、中期、长期相结合的考核方式，鼓励先进，鞭策落后，促进各个机构积极参与数据治理。

6.6 企业运行机制的基本架构

成功的企业需要的创新和变革，可以是开发新的产品和服务，开拓新的市场，也可以是业务模式和运营模式方面的创新与变革。竞争对手可以复制产品和服务，但是业务模式和运营模式的变革可以使企业脱颖而出。一家企业能够生存和成功，其运营模式反映的应变能力、转型能力起着至关重要的作用，这两种能力的实现都是以充分的信息沟通为基本前提的。企业架构是企业战略与实际运营之间的桥梁，可实现业务、信息、应用和技术之间的协同，因此，企业架构有助于企业战略的实施。

6.6.1 基于数据驱动的原则

从数据管理角度看，大型企业运行机制基于各个工作单元的数据和信息来呈现。因此，数据和信息的管理运作效率可以用于考量大型企业运行机制的运行效果。基于数据驱动的大型企业运行机制能够为大型企业带来以下五个方面的价值。

1）利用数据对企业做出实时诊断，以创造新的价值。目前大型企业的大量数据是按年、季、月、周为周期编制统计报表的，有一部分企业已经开始编制日报。用友公司高层管理者认为，数据的时间维度拥有巨大的价值，如果缩短企业统计报表周期，能够按日、按时编制数据报表，企业就能够根据数据的变化及时调整运作策略，成为敏捷高效的企业。大型企业只有依靠信息技术才能提高数据和信息的处理速度，缩短统计报表的编制周期。

2）及时反馈客户消费行为数据和产品运行数据，将加速企业产品创新。利用互联网和移动互联网，大型企业可以将客户购买产品信息、企业服务行为信息、产品和服务评价信息等与产品信息结合，进行综合评价，并将评价结果用于产品功能改良、产品性能提高，从而开发更加适合客户需求的创新产品。通过每秒分析上万个数据点，美国通用公司将预测算法融入能量储存管理方案，生产能灵活操控 120m 长叶片的 2.5-120 型风机，这种风机能将运行数据传递给邻近的风机、服务技术人员和客户，其运行效率与电力输出分别比原有产品提高了 25% 和 15%。

3）企业运营数据的充分利用，可以改进企业内部运作和管理流程，优化物流流向路径，指导企业作业行为，提高企业生产运营效率。基于信息系统提供的运营数据，DHL 快递公司对 158 辆运输货车中的 16 辆货车的驾驶人的驾驶习惯进行信息追踪，并利用分析结果指导企业运营行为，其燃油效率提高了 5%，车辆闲置时间减少了 8%，故障发生率减少了 41%。

4）企业对用户和设备反馈的数据信息进行分析，售后服务人员根据分析结果提供精准服务，可以大幅提高服务能力和服务水平。日本小松公司利用安装在工程机械设备上的 KOMTRAX 信息系统，收集工程机械设备当前所处位置与工作时间、工作状况与燃油余量以及耗材更换时间等数据，并以此为依据对售出的工程机械进行维修保养和售后服务，使企业服务成本下降了 60%，索赔投诉下降了 50%。

5）利用数据提高企业营销的精准度。企业可以利用信息系统中的大量信息对客户进行 360° 消费行为特征画像，实现基于大数据的精准营销。在信息经济的大数据时代，数据是企业极为重要的资源与生产资料。企业面临大数据的收集与存储、分享与检索、分析与可视化等方面的问题，要进行深入研究；从长远角度看，企业应用的大数据能力基本决定了其在市场竞争中的地位。2012 年，北京大悦商城对信息系统中超过 100 万条会员消费数据的购物篮清单进行整理，将商品品牌偏好不同的会员分类，据此进行企业营销策划，对商场会员推送精准促销信息，店庆当日销售额比历史最高记录增长了 142%，销售额达到了 1 715 万元。

6.6.2 企业运行机制基本架构

企业架构是覆盖业务和 IT 两个领域的企业蓝图设计工具，它通过系统的方法来架构全新的企业运转体系，建立业务和 IT 之间的联系。因此，可以借鉴企业架构的方法，系统地设计基于信息化的大型企业运行机制的基本架构，实现基于信息化的大型企业运行机制的基本运行过程。

企业架构由业务运营架构（EBA）和 IT 架构（EITA）两大部分组成，能够帮助企业解决六个方面的问题：

1）帮助企业建立一种全新的业务运营模式，落实企业既定战略。

2）改进企业的业务流程，使业务运转得更加高效，降低成本，提高客户满意度。

3）帮助企业分析问题产生的根源，并设计改造方案。

4）帮助企业高层管理者清晰理解企业运营计划、价值和挑战。

5）帮助各个业务线条之间的沟通和配合，减少和消除职责重叠或盲区。

6）提高 IT 投资回报，规避、减少甚至消除 IT 项目和 IT 系统风险。

因此，采用企业架构中的业务运营架构方法设计大型企业运行机制业务运营架构，可以实现基于信息化的大型企业运行机制的基本运行过程中的，有形业务资源的业务运营活动实现价值、捕捉和记录有形业务资源信息等，构成大型企业运行机制业务运营架构。采用企业架构中的IT架构方法，可以实现基于信息化的大型企业运行机制基本运行过程中的，无形业务资源在信息共享活动中设计价值、创造价值，构成大型企业运行机制IT运营保障支撑架构。

依据企业架构方法，在基于数据的大型企业运行机制框架中，业务战略是大型企业运行机制架构的出发点，包括业务运营模式与业务流程、组织架构与地域分布等内容。企业的业务战略变化，反映在大型企业运行机制框架中，并导致大型企业运行机制IT运营保障支撑架构的变化。企业运行机制IT运营保障支撑架构为大型企业运行机制业务运营架构提供基于信息化的大型企业信息能力，包括流程、内部集成与IT投资、决策三个方面的信息能力，是指导IT投资和决策的框架，是企业信息化建设的蓝图。基于数据的企业运行机制基本架构如图6-1所示。

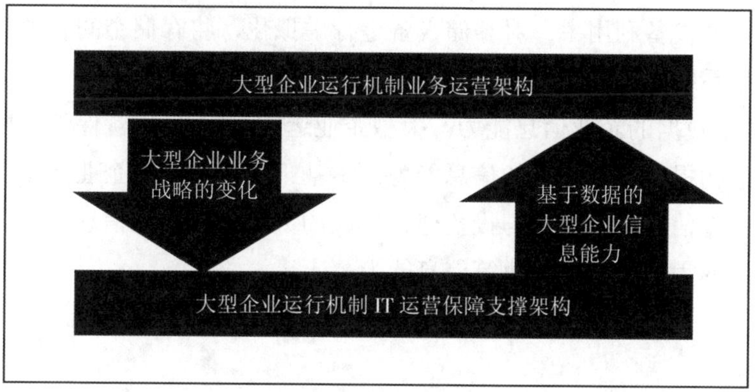

图6-1 基于数据的企业运行机制基本架构

6.6.3 基于数据的企业运行机制的实现

实现基于数据的企业运行机制的整体过程包括下列要素。

1）大型企业运行机制业务运营架构。该架构包括两个管理过程。①纵向管理过程。以大型企业集团为例，在大型企业集团总部决策控制机制的控制下，各省级子公司根据集团总部的战略计划，编制省级子公司实施战略，以省级决策控制机制约束各市（县）级子公司，监督各市（县）级子公司落实实施战略情况。②横向管理过程。以客户服务级别协议为起点，各省级子公司将市场发展机制、运营支撑机制、能力提供机制串联，用企业端到端流程将服务组件组织起来并运行，为企业内部综合环境优化提供支撑。根据大型企业内外环境的变化，大型企业运行机制业务运营架构向IT运营保障支撑架构提出业务和战略对信息化的需求。

2）大型企业运行机制IT运营保障支撑架构。该架构包括三种支撑。①数据保障支撑。建立企业级客户数据、产品目录、物资需求目录等主数据；企业级元数据将主数据以及战略决策、管理控制、业务操作三个层面的市场发展机制、运营支撑机制、能力提供机制形成的交易数据，以小世界网络形式进行关联，构建有序、高效的大型企业运行机制信息结构。②基于SaaS模式的大型企业运行机制IT应用系统保障支撑。向大型企业运行机制的决策控制机制、市场发展机制、运行管理机制、能力提供机制、保障管理机制等三级服务组件，提供基于面向服务的架构（SOA）方式的SaaS模式的服务组件信息系统环境，使大型企业运行机制得以在大型企业群中的信息系统中运行。③大型企业运行机制技术平台保障支撑。大型企业群中的信息系统，采用IaaS模式，对计算机服务器进行虚拟化，提高计算资源设备利用率；对存储设备进行虚拟化，将存储空间集中管理，以降低企业信息系统的运行成本。

3）基于数据的企业信息能力。大型企业运行机制IT运营保障支撑架构面向业务运营架构提供三个层次的信息能力：①基于数据的大型企业流程层面的微观信息能力；②信息系统集成与投资建设形成的大型企业宏观信息能力；③基于信息共享环境的大型企业群的决策信息能力。

第 7 章

数据治理应用与价值

数据治理是国家治理体系和治理能力现代化的重要抓手和衡量标准之一，是借助大数据平台、人工智能和云计算等现代科技手段实施的精准治理、动态治理、高效治理。

政府数据治理的过程，是政府围绕数据这一新型生产要素进行制度建设和执行落实的系列活动。从这个意义上讲，数据治理对政府治理体系和治理能力现代化起到了重要的推动作用。企业进行数据治理，是应对数字化转型的一大举措，能够解决应用和应用间的信息共享问题，尤其是大的业务域和业务域之间的信息共享，将企业内设部门间的数据进行连接，可发挥更大的价值，进一步消除数据孤岛，为业务提供智能化的数据工作环境。

本章从大数据在政府管理、城市治理及企业管理中应用的层面，深入分析数据治理的必要性、逻辑，为数据治理应用奠定基础，并通过分析政府、企业等数据治理应用的实践案例，为各地政府、企业等提供参考，最大限度地发挥数据治理的价值。

7.1 数据治理在政府管理中的应用

随着互联网的发展以及多种来源的信息汇集至政府部门，政府部门需要设法管理大量数据。政府善政的许多重要原则与数据治理原则有相通之处。从根本上说，大数据能够通过优化政府机构的决策，提高政府工作效率，为利益相关者服务。利用各种渠道的各种数据，可以快速获得关键、准确、深刻的见解，将显著改善政府的各项工作，为完善政府的各项关键政策提供支撑。

7.1.1 政府数据治理的必要性

政府数据治理是指为高效发挥数据价值、达到治理能力现代化的目标，以政府为主导、多元社会主体共同参与，运用各种可行手段对重要数据资源全生命周期进行治理的过程。政府数据治理的必要性主要体现在以下几方面。

1. 数据治理是政府治理体系变革的“牵引器”

数据治理推动政府内部制度优化。数据来源于信息系统，传统的政务信息系统多用于支撑单一部门或单一业务需求，数据往往被多处创建、存储。为推动业务协同、加快数据流动而进行的数据治理，需将分散的数据进行统筹管理，需要大量跨层级、跨地区、跨系统、跨部门、跨业务的协调工作，单一部门是无法胜任的。为此，政府需要从组织架构、业务流程、管理机制等层面进行规划和调整。加强统筹，组建数据治理牵头部门，围绕数据的采集、管理、流通、应用等环节，明确相关部门角色定位、权利义务，构建权责清晰、协同推进的工作机制。当前，我国各地区政府纷纷推进的数据管理部门建设、“最多跑一次”“一门一窗一网”改革等，归根到底都是在数据治理和应用需求的牵引下开展的变革。

数据治理助力政府、市场和社会关系的协调和平衡。数据来源于多元主体，数据存储、流转和应用所依赖的技术和平台多来源于市场。政府不再是数据唯一的生产者、拥有者或利用者，而应是一个“平台”的组织者、管理者和赋能者。通过制定平台规则，处理好政府、市场、社会三者的地位和相互关系，明确数据资源所有制、数据及其产品服务的定价分配制度等，激发市场活力，吸引社会上更专业的力量参与到数据治理工作中。既要避免“政府失灵”带来的市场萎靡，也要避免“市场失灵”带来的资源配置失衡，合力建成共建、共享、共治的良好生态环境。

2. 数据治理是政府治理能力提升的“助推器”

数据治理涉及的制度制定和制度执行要并驾齐驱，不可偏废。制度执行就是要综合运用法律政策、技术手段、标准规范等手段措施，做好数据采集、存储、处理、共享、开放、开发利用等全链条数据活动的管理和监督，规范数据处理、提升数据质量、释放数据价值、防范安全风险，确保数据流通走向规范化、法律化、制度化。

有效的数据治理能消除政府决策时的杂音。政府的行政管理承担着按照党和国家决策部署推动经济社会发展、管理社会事务、服务人民群众的重大职责。科学的行政管理有赖于对现状的清晰认识。社会经济活动涉及诸多领域，具有范围广、规模大、情况复杂等特点。而过去的信息化建设模式千差万别，数据质量高低不一，存在大量“脏”数据、死数据、不完整数据。政府决策者往往面临决策依据不充分、获取的信息不确定性高等问题。有效的数据治理从源头开始对数据质量层层把控，确保数据真实、及时、完整、准确，使政府所掌握的数据是真正的全样本、干净、有价值的，能够实事求是地反映客观现实。基于高质量的数据进行建模、分析、决策和创新，必然事半功倍。此次新冠肺炎疫情中的数据应用，对数据质量提出了严酷的要求，是各地数据治理能力的试金石。

数据治理提升行政管理效能。过去，由于监管手段不足，政府监管中的缺位、错位、越位和效能不高现象时有发生。而有效的数据治理通过优化制度、流程，在技术平台支撑下，打通国家决策部署的号召力与实际行政管理的执行力之间的阻塞带，促进数据在条条块块之间畅通流转，提升数据共享交换、开发利用水平，最大限度地释放数据多维度、反应快、持久等优势，提高行政效率，并且及时发现监管漏洞，使权力运行更加有序、透明，最大限度地压缩诱发贪腐行为的权力寻租空间。国家的“互联网＋监管”平台、贵州省相关部门开展的“数据铁笼”试点工程等探索性项目，促进政府部门真正把该放的权放到位、该管的事管到位、该提供的公共服务提供到位，推动行政管理向更高质量、更高效率、更加公平、更可持续发展。

数据治理支撑人民满意的服务型政府建设。新时代社会的主要矛盾是人民日益增长的美好生活需要和不平衡不充分的发展之间的矛盾。其中，人民的生活需要不仅包括物质文化生活，还包括民主、法治、公平、正义、安全、环境等方面的需要。数据治理提升数据质量、推动数据流动和应用，成为“解码”公众需求、优化服务模式、丰富服务内容、整合服务链条、提升服务温度的“利器”。各类惠民应用百花齐放，推动公共服务从被动走向主动、从窗口走向“指尖”。国家发展改革委联合新华社和中国政府网开展的百项堵点疏解行动、广东的“粤省事”、浙江的“浙里办”等都是以场景为牵引、数据为驱动，推进政务服务便捷化、均等化的良好实践。

7.1.2 政府数据治理逻辑

政府数据治理逻辑需要从政府、市场、社会三维角度展开。

1. 政府数据纵横结构的复杂性逻辑

政府数据的纵横结构是由行政结构决定的，通过纵向权力线和横向关系线组成网络状结构。受到互联网时空压缩以及人机交互的影响，公众对政府管理行为复杂性的关注也要转移到对政府数据治理复杂性的关注上。

具体到数据治理，这个复杂性带来的启示包括以下几方面。

（1）数据治理框架要全面管理　信息管理较宏观，而数据治理是信息管理的延续和扩展，更加微观；相较于信息管理的要素来说，数据治理的要素是比较具像的，它是从文件命名约定到创建元数据和长期文档的统称，是对组织可用数据的完整性、可用性和安全性的全面管理。这种具体到数据标准、安全、主数据的管理，对政府数据治理提出了很高要求，政府部门既要做好宏观层面的把控，也要做好微观数据层面的控制。

（2）数据治理与业务活动协同发展　目前，数据治理的内容更加复杂，涉及数据所有环节，诸如数据架构管理、数据开发、数据库操作管理、数据安全管理、主数据管理、数据仓库管理、文件与内容管理以及数据质量管理等。政府数据治理在业务层面首先要做到安全、许可、隐私保护，并确定数据的开放格式、利用条件。简言之，通过对数据微观活动以及知识信息的一体化管理，建立完善的政府数据管理体系，借助数据流程优化与控制来提供标准化、高质量的政府数据，并借助信息共享机制和市场机制来降低数据维护与获取成本，避免不良数据对下游政府数据再利用的负面影响。

（3）治理主体有所为有所不为　政府数据治理的复杂性决定了治理过程中需要吸收和注入多种治理主体，这里面要思考“一破一立”。首先要破除全能型政府数据管制，说清楚政府在公共数据治理中的职能与作用边界；其次要建立好机制，要根据政府数据流程，基于不同类别的利益相关者的价值诉求与价值实现方式，建立多元数据治理与合作机制。

2. 政府数据治理与市场经济发展的适应性逻辑

党的十八届三中全会提出使市场在资源配置中起决定性作用和更好发挥政府作用。下面从数据应用角度来分析政府数据治理与市场经济发展的适应性逻辑。

（1）数据公平：政府与市场的交易方法　数据公平从两个层面来理解：一个是数据交易的公平性，有学者认为国内数据黑市的交易规模比正规市场高出一个数量级，而且大多盈利情况良好；另一个是政府公开数据的公平性，政府数据原则上经过脱敏以后，应该向社会公众开放，变成公开数据集，然后公众在公开数据集的基础上完成市场活动，而不是只有一些大公司、大机构与政府发生交易行为。

（2）数据安全：数据与市场的交流方法　去标识化是一个重要的步骤，主要是指对一些个人隐私信息的脱敏，或者在不同的应用领域，对相关隐私信息的脱敏，俗称给数据“加一件衣服”。在应用实践层面，公安部第三研究所与上海数据交易中心共研共建了“数据流通 xID 标记技术”，实现了个人数据去标识化，保证数据流通安全。

（3）数据主体：政府与不同主体间的共融办法　除了提供开放数据的政府机构外，特定领域的专家、软件和系统开发人员、内容和服务提供商、平台和应用程序管理人员、公共用户和社会团体等开放数据服务链中的利益相关者，都可以参与并分享政府数据的加工生产与再利用。这些多元主体的介入，对政府部门传统的信息主导地位形成了挑战。

从国外的经验来看，在数据治理项目中，至少需要设有数据治理指导委员会（开展数据治理规划与项目审核批准）、数据治理协商委员会（加强不同部门间的沟通协调）以及数据治理工作组（负责界定、管理、控制和保存部门数据资源的完整性等）。这种组织结构对政府数据治理也有一定借鉴意义。

3. 政府数据治理与社会治理体系的协同性逻辑

一般来说，协同治理的水平首先取决于政府治理能力，其次才是发展的程度。按照这个逻辑，可以做出两个假设。

假设一：如果政府整体治理能力强、数据治理能力弱或者两种治理能力都弱，政府将顺其自然地或者竭尽全力地对社会采取管控手段，价值判断依据主要是全社会数据的稳定性与秩序状态。

假设二：如果政府治理能力强、数据治理能力也强，那么，政府与市场处于平等地位，进行对等对话，从而形成多元主体协作框架，形成协同治理的局面。

面向社会治理体系的政府数据治理正向两个方向演变。

（1）单一技术向技术辐射转变　政府数据治理要突破政府信息化建设早期在软件开发、系统维护等 IT 方面的投入，借助数据流与业务流的紧密融合，涵盖前端公共服务平台、后端数据仓库以及终端数据分析与数据存储等全过程，利用多种技术、各种数据分析工具和数据模型，形式化为一系列包含数据全生命周期的技术工具、数据标准、应用程序软件、数据政策和 API 等的技术辐射。

（2）硬实力向软实力转变　政府数据治理能力的提升必须“软”“硬”结合，硬实力是支配力、控制力，软实力是影响力、感染力。

信息社会中政府数据治理能力的影响机制如图 7-1 所示。从影响政府数据治理能力的逻辑来看，最里层的是信息社会的核心价值，即“互联网 +”、大数据、智能终端。中间层是影响力要素，包括“互联网 +”对机构与流程的改造，大数据对资源和技术的赋能，智能终端对主体和工具的作用。最外层是表现层，在机构要素中，政府在横纵两个方向上都在开展资源整合，实施机构再造；在流程要素中，主要任务是推进网上办理；资源层面包含数据中心、资源包等；技术层面实现数据处理、挖掘、采集、存取等；在工具要素中，工具包括智能应用与物联网终端等；在主体要素中，主体涉及多元数据供给者与治理者。

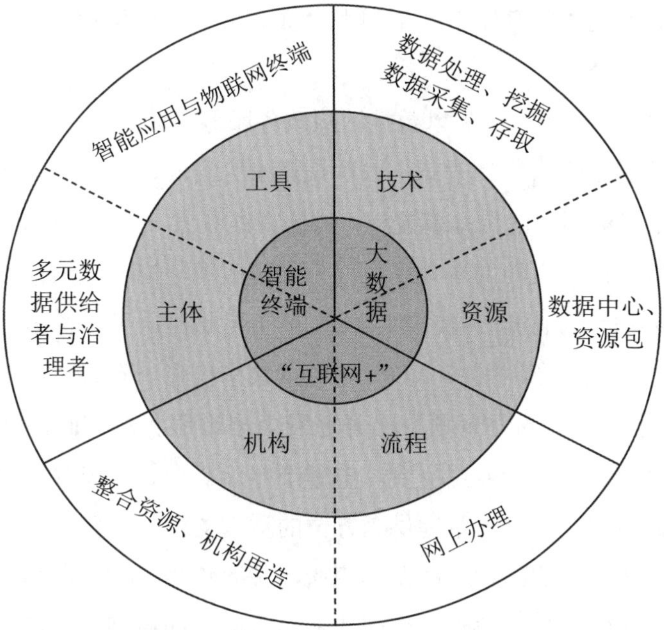

图 7-1　信息社会中政府数据治理能力的影响机制图

7.1.3　政府数据治理的应用实践

数据治理已成为政府治理的重点领域和主要模式，区块链、云计算、物联网、大数据等技术的迅猛发展为政府数据治理提供了必要的技术支撑。

1. 政务服务领域的大数据应用案例

近年来，我国在计算机网络技术研究领域取得了显著成绩，大数据技术、云计算技术、物联网技术等在社会各领域得到了较为广泛的应用。为提高政府部门办事效率，以大数据技术为核心的电子政务系统应运而生，且融入大数据技术的电子政务系统在数据获取、处理、分析等方面的效率显著提高，为政府相关工作的高效开展奠定了基础。

《2020 联合国电子政务调查报告》数据显示，我国电子政务发展指数从 2018 年的 0.681 1 提高到 2020 年的 0.794 8，2020 年的排名比 2018 年提升了 20 位，取得了历史新高，达到全球电子政务发展"非常高"的水平。其中，作为衡量国家电子政务发展水平核心指标的在线服务指数上升为 0.905 9，指数排名大幅提升至全球第 9 位，进入全球前 10 行列，在线服务达到全球"非常高"的水平。分析可以发现，本次联合国电子政务调查报告中我国在线服务全球排名的大幅提升，与我国不断深化“放管服”改革和大力推动全国一体化政务服务平台建设的决心与行动密不可分。

（1）“最多跑一次”——以数据消除政务服务“堵点” 2017年浙江省在全国率先推出“最多跑一次”改革，以群众需求为导向，从群众的角度出发，突出重点系统、重点事项，优化办事流程，目前在浙江省，“一窗受理、集成服务”已成为实现“最多跑一次”的有效途径。为推进改革，出台《浙江省公共数据和电子政务管理办法》。截至2017年，浙江省分两批制定了《省级公共数据共享清单》，共开放57个省级单位、3 600项数据共享权限。省级超过70%、市级超过60%、县级超过50%的办事项目已开通网上申请服务。同时，浙江省依托政务服务网开发“综合受理”专用平台、电子证照库平台、信息共享平台、电子监察平台，为“最多跑一次”改革提供全方位的技术支撑。

一方面，以“最多跑一次”改革为牵引，按照事项名称、办事材料、工作流程、数据流程“四统一”的要求，浙江政务服务网全面梳理权力运行业务流，对在线运行的事项，根据电子化程度予以星级评定。尤其是围绕群众和企业到政府办事少跑腿的要求，推行“网上申报、信任在先、办结核验”和“网上申报、在线办理、快递送件”等业务模式。推广电子签章、电子证照、电子档案等应用，促使更多事项全流程在线办理。另一方面，依托政务服务网推进“一窗受理、集成服务”改革，紧扣投资项目联合审批、企业注册证照联办、不动产登记等跨部门协同业务需求，完成100多个条块信息系统与统一受理平台的对接联通。目前，不动产登记由原先到建设、国土、税务等部门跑八次，变为到一个窗口跑一次；二手房交易过户手续，前台受理后一般不超过50min即可办结。“最多跑一次”是浙江作为全国“互联网+政务”先锋在新的发展形势下推出的重要举措，理念核心在于以数据共享、流程优化和机制创新来更大范围地提升用户在线办事体验，倒逼政务服务从内容、模式和体验层面得到提升。

（2）数字公民——“市民画像”与“信用评级”构建数据治理格局 佛山市禅城区结合“一门式”实际情况，协调各部门将涉及公民身份号码的人口信息开放共享和及时互换，利用现代信息技术，整合汇总各部门系统相关自然人的数据，形成“禅城区一门式自然人库”（以下简称“自然人库”），为“基层社会治理”和“信用体系建设”等各项业务的开展提供信息基础支撑。自然人库综合数据信息为市民“画像”，为其信用“打分”，并通过大数据分析和监控，不断提升政府公共服务和治理能力。

禅城区通过摸清数据底数，深挖自然人数据价值，整合资源，构建自然人政务数据资源动态管理体系。截至2017年，已入库3 800多万条数据，涉及105个表，约120多万常住人口，1 700多项标签。支撑禅城区“一门式”自助填表、自然人“一门式”服务信任审批、中小学入学“无纸化”报名等10项重点应用。以身份证为索引构建自然人库，将区内计生、流管、人社等部门的700多万条数据和600多万份材料清洗入库，实现对数据的初始化、更新、维护，推动禅城区政务数据的统筹管理。从数据采集到数据应用全面建成区级自然人政务数据资源动态管理体系。

此外，通过政务大数据为全区123万市民“画像”，以身份证为索引，通过数据透视综合展现自然人在计生、居住、信用和办事情况等方面的信息，按照1 700多个标签，利用强大的综合分析功能，根据市民的身份证信息检索其他相关的匹配信息，为个体“画像”，实现自然人库可视化展现。禅城区还制定了信用信息应用系统的建设规范和办法，汇编成《一门式行政服务改革中自然人信用体系建设之禅城探索》。在相关管理办法正式出台前，提前回流信用相关数据，并根据自然人信用评分指标定期收集“双公示”和“老赖”等涉信数据，将自然人信用等级划分为ABCD四个等级，将行政窗口办事与市民的信用挂钩，市民信用程度越高，办事时可享受的便利服务越多。

禅城区“数字公民”涵盖从数据采集到价值发掘全流程，成为政务大数据应用成功的实践范本，同时从“信用评级”角度对政务服务的供给流程与逻辑进行创新，不仅契合当前数据聚变时代的行业发展生态，而且代表着人工智能时代的政务服务方向。

（3）民意预警人工智能——人工智能如何感知社会舆情态势　湖州市公安局自主研发并首创了精确警务制导民意预警预期预判人工智能（AI）系统——湖州市公安局民意导向警务工作平台（见图7-2）。该系统实现了三个创新：“民意大数据”高度集成化，“民意云平台”精度智能化，“民意移动互联”深度共享化。目前，该系统已汇集10余种民意渠道“民意大数据”，打破了互联网与公安网的信息壁垒，入库数据已达100余万条。

图 7-2 湖州市公安局民意导向警务工作平台示意图

精确警务制导民意预警预期预判 AI 系统通过对渠道平台的有机整合，有效避免了民意诉求的多头流转甚至空转的情况发生；数据标签的格式统一，保证了入库数据的统一性、准确性、可用性。湖州市公安局利用该系统实现了深度挖掘数据价值，建立了民意诉求层级流转办理、预警预期分析研判和全警快速预判响应的高效率工作机制，大大提升了公安机关对社情民意的掌控力和时效性，有效回应了人民群众的切身需求与期盼，切实防止了诸多社会不安定因素的发展扩散。

湖州市公安局把握了最新技术趋势，充分利用信息化手段感知社会发展态势，利用人工智能加强对社情民意的预判与处置，为“平安城市”建设打造了新的安全屏障。

（4）出口退税综合服务平台——“互联网 + 政务”如何驱动企业出海 “出口退税综合服务平台”是大连市国税局自主研发的开放型出口退税服务管理系统。该系统具备“申报退税”（包含单机版远程预申报、正式申报及 Web 版在线申报），“外部数据”〔提供报关单、代理出口证明、增值税专用发票、加工贸易电子手（账）册数据的查询〕，“文书开具”（企业可自主下载、导出和打印退税类、单证类文书），“退税进度”（直接展示申报数据的全环节审核状态），“风险防控”（企业可利用平台内嵌的风控系统规范流程管理、防范退税风险），“外贸平台”（对接单一窗口、跨境电商、外贸综合服务等平台）及“金融服务”（整合中银退税贷、平安退税贷、信保易等特色金融工具）等核心功能。

大连市国税局将出口退税无纸化与“互联网 +”有效衔接，研发并构建出全国首个智能退税全天候、效用功能全覆盖、咨询辅导全方位、风险防控全流程和外部平台全联通的智慧出口退税生态系统。与以往的出口退税办理模式相比，该系统最显著的特点是功能全面、智能高效，它整合了出口退（免）税预审核、正式申报、结果反馈、认证发票与业务数据下载、文书凭证自助开具等多个功能，满足了退税办理各项需求。同时该系统拥有强大的防风险能力，它集成了出口退税风险管理系统，形成了税企统一的风险管理机制；以出口合同为主线，通过对工作流的管理，完整记录业务节点，引导企业通过规范流程管理防范风险；系统还设置了与各类企业资源计划（ERP）系统实现数据交换的接口，收录并实时更新税务机关提供的风险信息。它“一站式”整合了中国银行、平安银行、中国出口信用保险公司等大型正规金融机构为出口企业定制的金融工具，让企业可以在系统中获得审核时间短、放款速度快的高效融资服务。截至2017年，“税银互动”已为全市出口企业新增退税信用贷款额度54亿元，累计为全市200余家小微出口企业免费提供信保方案，带动出口额2.12亿美元。

目前，该系统已全面覆盖大连市，进一步巩固和扩大了国地税征管体制改革影响力。大连市国税局在系统设计过程中，坚持以全国出口退税规范为标准，既紧贴大连地区发展实际，又兼顾全国出口退税企业共性需求。因此，各地国税机关均可以直接移植该系统主体模块，用于本地出口退税服务管理，系统可复制性高。大连市国税局积极适应新业态，以互联网理念改造传统退税流程，打通外部申请与内部审批流程，实现了退税业务办理的电子化、网上一站式办结；在安全认证、安全互信的前提下，实现了财务报表数据共享；“7×24”小时全天候开放的免费服务模式，打破了时间与地域的限制，为企业提供便捷普惠的出口综合服务，是“互联网+”在税务领域中的一大创新。在“一带一路”政策推动下，我国企业出海已成潮流，以“中国创造”在国际市场上获得认可也成为国内企业的新目标，大连市国税局出口退税综合服务平台将管理与服务相结合，为企业出海提供更为便捷的税务服务。

（5）互联网法院——用互联网思维解决互联网问题　2017年8月18日，全国首家互联网法院“杭州互联网法院”正式揭牌。杭州互联网法院采用网上法庭审判模式，专门审理和研判涉网案件，解决涉互联网纠纷，这意味着当事人可足不出户网上立案、网上提交证据、网上开庭审理；诉讼参与人的任何步骤会被即时连续记录留痕，能让当事人“零在途时间”“零差旅费用支出”完成诉讼。该互联网法院受理范围如下：互联网购物、服务、小额金融借款等合同纠纷；互联网著作权权属、侵权纠纷；利用互联网侵害他人人格权纠纷；互联网购物产品责任侵权纠纷；互联网域名纠纷；因互联网行政管理引发的行政纠纷。

互联网时代，纠纷各方当事人跨越时空而存在，案件管辖弱化了住所、纠纷所在地等地域因素。互联网法院的出现，是司法主动适应互联网发展大趋势的一项重大制度创新，为互联网和经济社会深度融合，探索涉网案件诉讼规则，完善审理机制，提升审判效能，为维护网络安全、化解涉网纠纷等提供了司法保障。互联网法院作为新生事物，其互联网基因突显，彻底贯彻“跨界、包容、融合、持续创新、动态适应”的互联网发展理念，不断创新突破，构建出最大限度适应互联网生态和节奏的司法服务体系。杭州互联网法院运用互联网平台和技术，优化司法流程，规范司法行为，统一司法标准，提高审理效率，在遵循司法规律的前提下极大解放和发展了司法生产力。同时，在司法工作中深度应用大数据、云计算、人工智能等最新信息技术，能够显著提升审判质效和司法服务能力，全面构建互联网时代的“智慧法院”，也为司法改革提供了方向，对传统司法理念和审判方式产生变革性影响。杭州互联网法院的诞生极具时代特征，杭州作为电商与创业的重点地区，亟须建立具有互联网时代特点的法院，为数字经济健康发展护航。

（6）电子文书送达——“小程序 + 政务”的轻量化服务实验　2017 年 10 月 30 日，三亚市中级人民法院和三亚市司法局合作的三亚“智慧法院电子送达平台”正式上线，成为全国首例文书微信送达小程序。该平台全面实现了司法局律师库比对、微信小程序人脸识别、诉讼文书推送、小程序签名签收、送达回执等多项功能。律师利用微信小程序人脸识别功能进行实名认证和律师身份认证；通过小程序，法院工作者（书记员）一键将电子文书推送给律师，减少了案件文件打印、发送快递和记录签收等工作步骤。同时，自动生成送达回证，详细记录案件文书、发送时间、签收时间、受送达人、当事人签名等信息，也避免了纸质材料丢失的风险和人为失误操作。

“智慧法院电子送达平台”进一步借助现代科技，实现了诉讼文书送达、远程阅卷等多项服务，优化了办案法官、案件委托诉讼代理律师之间的沟通流程，为司法办案、多元调解提供技术支持，这也是三亚市中级人民法院贯彻海南省高级人民法院工作部署，加快“智慧法院”建设，推动审判体系和审判能力现代化的重大举措。利用小程序开展电子诉讼文书的送达服务，不仅提升了律师工作效率，而且使电子诉讼文书的呈现形式、传递方式、传递载体等获得了政府和行业人士的认可，因此有可能得以更为广泛地应用。

（7）“滴滴警务”——分享经济模式下的“互联网+警务”创新　2017年7月18日，南京市公安局玄武分局“滴滴警务”平台上线。群众可以从玄武公安分局微信公众号点击进入“滴滴报警”后按照提示操作。报警成功后，附近的警力会抢单接警赶往现场处置，报警群众还可以实时查看接警人员位置。如过了一分钟仍没人“抢单”，指挥室会按照正常流程派警。该平台实现了三大功能的创新：一是“专家会诊”，即专家可以在线实时地指导基层开展疑难案件侦办、抢险救灾、复杂警情处置等工作；二是“滴滴报警”提供了在线、可视、互动式的接处警服务；三是“任务/力量匹配”为民警将职业发展规划和个人意愿相结合，有选择地参与特定任务提供渠道。目前主要提供六种非紧急类警情服务：出租车纠纷、走失人员、动物侵扰、寻找物品、邻里纠纷和噪声扰民。

“滴滴警务”平台首次引入分享经济模式，设计了多种服务功能，如通过“网约车”式报警和抢单模式，实现接处警的快速匹配，对于综合提升警务工作效能、便利公众服务需求、发挥多部门协同联动优势等都具有很高的价值，是一次前瞻性和创新性的尝试。“滴滴警务”是新生事物，此前没有成熟的经验可供借鉴，目前还存在不完善的地方，但它的确是政务服务价值模式的一种重大创新，也是在警务工作领域中共组理念和服务模式的双重创新，还是对线上线下政务服务融合的一种探索。这种模式可以拓展到更广泛的政务服务领域。从住宿分享、汽车分享、闲置分享到“警务需求分享”，源自商业领域的分享经济思维不仅重构了原有的管理体系，同时从服务层面对警务提出更高层次的要求。

（8）众包治理模式下的食品安全监管　2017年3月15日，由深圳市食品药品监督管理局牵头，深圳广电集团与深圳新闻网联合开展了“星期三查餐厅”行动，即每周周三进行餐饮店检查，目的是进一步打造透明食品药品监督管理，群策群智解决食品安全问题。本次行动持续40周，走进深圳10区，对大中小餐饮店的后厨进行检查。

“星期三查餐厅”行动具体做法：突击检查人气餐厅；行动的“指挥权”交给市民，想查哪里点哪里；特设“回头查”环节，有效督促餐饮店整改到位；餐饮执法齐曝光，普法同时又科普。“星期三查餐厅”充分发挥了“互联网+”的优势，线上线下全方位发动市民参与，除了通过视频媒体、纸面媒体外，还通过网站、微信和微博等渠道发动市民参与活动投票与监督，采用网络直播的形式，市民可跟着直播镜头，与执法人员一同“前往”行动现场，全程“参与”，让执法在阳光下进行。

“星期三查餐厅”行动一方面能让餐饮企业自觉落实餐饮规范，提高自身责任意识，促进餐饮行业水准的提升，从而全面提高深圳餐饮行业食品安全水平；另一方面，市民还可以从公开透明的执法行动中，了解食品监管的工作力度，提高市民对深圳市食品监管工作的“安全感”。这一行动不仅深化了食品安全示范城市创建工作，也探索了“在监管中强化科普宣传”的模式，是“互联网 +”在食品安全领域的又一创新。深圳市食品药品监督管理局利用“互联网 +”手段充分调度社会资源，通过众包模式开展食品药品监督管理，既做到了精准地进行行业治理，也激活了最终用户的参与积极性，将食品监管从一个行业事件转化为一项社会活动。

2. 政府公共服务领域的大数据应用案例

政府政务服务的大数据应用。“互联网 + 政务服务”为公众提供自助式服务、一站式服务的政务服务模式逐步被推广，通过大数据技术处理政务信息，对公众提交的业务请求进行分析，快速、准确、高效地进行业务处理，改善了前期政务信息处理缓慢、政务处理流程繁杂的现状，大大提高了政务服务的工作效率。例如公众在政务服务网站申请办理户口登记项目变更服务事项，大数据分析系统能自动对公众提交的信息与电子化材料进行资源比对、种类筛查，当信息资源的核查未通过时，即时反馈结果给公众，提高了网上办理业务的初审效率。

政府决策的大数据应用。传统决策方式凭经验和直觉进行判断，很容易造成决策失误。现在采用大数据技术对海量政务数据进行信息研判，从中识别并抽取出有价值的隐含信息，利用这些信息为政府各部门重大政策、法规的制定提供决策依据。“让数据说话”使得政府的决策更有据可依、更智能、更科学，决策实施过程中出现的问题可实时监测，从而可以及时调控和完善决策。例如“互联网 + 政务服务”中某项网上办理业务审核通过率低，通过大数据技术的分析，确定主要是办理流程不合理、系统设计不科学、审批人员培训不到位等中的哪些因素导致的，针对发现的问题有针对性地改进与完善，因此提高了该项业务审核的通过率。

政府政务网站的大数据应用。利用大数据技术采集公众浏览政务网站的停留时间、浏览内容、点击行为等要素并进行分析，可挖掘公众的使用习惯和信息需求，从而有针对性地发布信息。对网站的总体布局、页面设计、栏目分类以及网站的服务功能进行优化，不仅可以提升政务网站的形象，还可以吸引更多的公众来访问政务网站，提高政务信息的利用率。例如某政务服务网站网页繁多，其中某些网页出现故障，就可能导致公众无法访问，进而使网页信息利用率实际为零，通过大数据技术挖掘出此类“僵尸”页面并进行处理，就能够确保政府网站正常提供服务。

3. 政府管理的大数据应用案例

随着互联网的发展以及多种来源的信息汇集至政府部门，政府部门需要管理大量数据。政府面临的挑战是：捕集、分析、存储和分配数据，保障数据安全，并将其转化为有意义、有价值的信息。

政府善政的许多重要原则与大数据有相通之处。从根本上说，大数据能够通过改进政府部门决策，提高政府工作效率，为利益相关者服务。利用各种渠道的各种数据，快速获得关键、准确、深刻的见解，可以显著改进政府的各项关键政策和工作。

（1）医疗健康　对于医疗服务的提供方和支付方来说，在减少医疗成本的同时不断提高医疗质量和效率仍然是一个难以实现的目标，而这也是改善民生的重大机遇。对疾病和其他相关健康服务的管理将深刻影响国家的福祉。在这方面大数据可以发挥作用。为了在广大人群中取得有效的医疗效果，可以大量使用健康档案，并将其与新的分析工具相结合，创造挖掘信息的机会。研究人员可以利用信息寻找有效的统计趋势，并依据真实的医疗服务质量开展医疗评估。

（2）交通治理　通过完善实时交通信息和应用自动驾驶技术，大数据有可能在许多方面彻底改变交通的面貌。开车的人多，交通堵塞就多，其后果是浪费能源，甚至对全球气候产生影响，耗费时间和金钱。手持设备、车辆和道路上的分布式传感器则可以提供实时交通信息。完善的交通信息以及应用自动驾驶技术，可以使驾驶更安全、交通堵塞更少。智能汽车日益互联的新型交通生态系统有可能彻底改变道路使用方式。

（3）义务教育　大数据可以对教育及其在全球经济中的竞争力产生深远影响。例如，通过深入地跟踪和分析学生的在线学习活动，精细至每个鼠标点击动作，研究人员能够确定学生的学习方式和提高学习效率的方法。这种分析可以针对成千上万的学生。课程和教学方法，无论是在线的，还是传统的，都可以根据大规模分析所收集到的信息进行修订。

（4）社会治理　大数据也将推动社会治理、市场监管方式向实时监测方式发展。例如工商部门治理“非法集资”一直是高成本任务。违法企业以各种名目遮掩违法行为，或通过多次注册使企业数目快速攀升。大数据破解了这一难题。通过汇总分析大量数据，以及指标计算比对、模型筛选，可以在数以百万的企业中发现疑似有问题的企业。

大数据不仅为政府部门的治理工作节约了时间、人力成本，也更新了治理思路和模式。以前很多对违法行为的治理方式是事后追究，现在通过监测治理可以实现提前发现、及早治理。

7.1.4 数据治理时代的政务服务趋势

1. 数据治理水平成为决定政务服务能力的关键

数据治理是大数据与人工智能时代国家治理的新视角与新范式，同时也是推进国家治理能力现代化的题中应有之义。当前“互联网＋政务”的发展已经迈过平台牵引的发展初期，对服务体验与服务模式提出了更高要求，在传统思维下的政府决策、治理与服务已无法满足当下公众的期待与需求。数据治理是当前政府数字化转型过程中的重点、要点和难点，是大数据时代政府发展的关键任务和制度创新，是推进政务服务现代化、加快政府职能转变、提升政务服务能力的重要支撑。建立规范统一、运行高效、服务有力、保障到位的信息体系，构建规范的数据标准化基础，提升全域或行业的数据资源活化和管理能级，实现数据跨系统共享交换、创新应用的底层逻辑和关键规则体系，是善政与善治的重中之重。因此，需彻底解决数据混杂问题、提升数据质量、优化政务数据体系、营造数据文化、驱动数据创新服务，使政府数据资源价值最大化，不断提升政务服务水平和公众获得感。

2. “无场景不体验”成为决定政务服务质量的标尺

互联网用户正在被滴滴打车、爱彼迎等分享经济平台培养出新的消费思维，被支付宝、微信支付等移动支付手段培育成“无现金公民”，被人脸识别、语音助理等人工智能技术调教出新的体验期待。面对汹涌而来的场景革命，政务服务正面临着前所未有的挑战，不仅需要应对用户既成的网络化消费习惯，而且要保证政务服务的公正性与普惠性，泥沙俱下地向电子商务、分享经济学习显然不能成为政务服务的最优路径，但如何做好政务服务的产品设计显然已成为日趋成熟的互联网政务服务发展环境所必须考虑的问题。“无场景不体验”正在成为互联网政务服务面临的能力困境，一旦原来冰冷、僵化的服务流程能够转变而更好地契合网络时代的用户应用习惯与心理，“无场景不体验“也就是最有可能脱颖而出的重大机遇。无论是“滴滴警务”还是“微信学驾考”，都是对已有模式的临摹运用或对已有平台的服务嵌入。这也暗示着互联网政务服务发展的新迹象：来自数字经济领域的新兴业态正在以一种潜移默化的方式为数字政府发展和输出创新活力。

3. 众包式治理与参与式服务成为互联网政务的基本特征

网络集聚效应与无组织的组织力正在互联网政务领域呈现出越来越重要的影响力，从消费领域向公共领域延伸的网络社会新趋势，正在成为政务服务改革过程中呈现出的新亮点。随着泛在化、感知化的智能设备应用越来越广泛，用户参与公共事务的热情完全得到释放、条件日趋成熟，通过政务 APP 对违章停车随手拍，通过微信平台对道路积水即时上报，通过在政务服务平台上撰写自身办事攻略为他人办事提供参考，这些都正在成为互联网政务的新内容。深圳市食品药品监督管理局的“星期三查餐厅”不仅充分调动了社会资源参与，而且以开放式监管姿态号召市民参与，不仅听取用户意见，而且将用户意见作为治理的重要依据。由此可见，源自网络社会的草根力量正在成为践行数字民主的雏形。

4. 政务服务 O2O 模式开始走向“OinO”

政务服务 O2O 模式已成为“互联网＋政务”的基本共识，但是如何从数据运营的角度激活线上线下结合的服务能力成为政务服务机构面临的挑战。随着大数据、云计算、人工智能、区块链等新兴技术的飞速发展，发端于互联网的 O2O 模式正在走向以“智慧零售”为新理念的“OinO”，线上线下的边界越来越模糊，依托于人工智能、移动支付与网络平台的产品与服务获取模式走向“虚拟即现实，现实即虚拟”，依托于数据流动的政务服务运营也将出现重大变革。未来的政务服务运营不仅需要考虑，从内容和服务的角度激活在线服务的创新活力，同时也要考虑如何布局线下智能入口，确保更精准、更全面地感知用户需求与社会发展态势，从而通过大数据手段创新服务内容与提升全面触达能力。

5.“互联网＋政务”品牌发展正呈现 IP 化趋势

内容产业的快速壮大与内容付费的习惯养成，使“产业 IP 化”与“IP 产业化”成为当前商业界的显著特征，文学、游戏、电影、消费行业、制造工业等诸多领域正在被 IP 化，IP 化不仅延伸和扩展了原有产业的边界，同时在产品和服务创新方面积聚了更大的品牌溢价与发展增量。从“最多跑一次”“不见面审批”可以看出，被 IP 化的“互联网＋政务”不仅可以从品牌角度为未来发展聚焦管理部门与用户的注意力与积极性，同时对政务改革下沉到基层目标用户也起到了重要的宣传贯彻作用，对听取民声、集聚民智具有重要意义。此外，随着“互联网＋政务”的深入发展，具有阶段性、区域性的政务服务特色也在不断涌现，“互联网＋政务”的IP化不仅是固化服务特色与品牌形象的最佳方式，同时也是驱动政务服务运营机构不断创新的动力。

6. 基于第三方平台的社会化政务服务正在走向临界点

利用微信、支付宝开展政务服务已成为诸多政府机构或公共服务机构的选择，这种选择不仅可以利用已有的平台资源与用户优势构建轻量级的服务体验，而且可以最大限度地释放政府自建服务平台的压力。但是，伴随用户习惯的养成与第三方平台政务服务能量的壮大，商业平台在商业性和公共性的选择上很难实现最佳平衡，比如微信、支付宝在涉及考试、合同服务等方面已开始不同规模地上线合作伙伴提供的商业服务模块。第三方平台与合作伙伴的商业合作条款以及监管机制，是政务服务机构所不了解的，未来如果用户使用政务服务时被第三方平台推荐给有瑕疵的合作伙伴，产生的损失该由谁来承担呢？因此，第三方平台对于政务服务而言，既非蜜糖也非砒霜，相比于当前政务服务管理机构对第三方平台的若即若离、亦步亦趋，更应提倡的是“上前一步”，即对向第三方平台输出的服务内容、服务模式与应用效果有条件、有分寸地参与管理。否则，移动互联网时代的政务服务很可能面临类似于PC互联网时代搜索引擎因竞价排名商业模式而导致的商业伦理问题。

7.2　城市大数据治理的应用

城市治理是一项十分繁杂的工作，涉及社会方方面面。随着近些年信息技术、网络技术的迅速发展，城市治理也变得更加信息化、网络化及数字化，这必然会产生大量关于城市治理内容的数字化信息。而大数据通常就是指海量的、高增长率和多样化的信息资产，且大数据无法在短时间内用常规数据软件和方法进行数据分析和处理，需要借助其他分析模式以使大数据分析结果更具有洞察力和决策力。因此，城市治理产生的数据也可叫作城市治理大数据。对城市治理大数据的处理以及分析十分必要，这些数据通常能够准确、快速地反映城市治理中的各项客观现实情况，有助于管理部门全面掌握城市各方面的动态信息，提升城市监控管理的时效性和科学性。运用大数据平台整合城市治理相关部门的行政权力，实现跨部门的数据共享，可以让政府机关权力更加透明、高效。

7.2.1　城市治理中的大数据应用研究

随着互联网的普及，数据采集端日趋丰富，样本量日益扩大，大数据开始被用来进行城市治理的研究。大数据具有地理信息齐全、包含内容准确、研究用途广泛、搜集成本低廉的特点，因此得到了城市治理研究界的广泛欢迎，带动了城市治理研究从微观层面到宏观层面的转型。可以说，大数据对城市治理研究具有划时代意义。

1. 城市治理研究中的大数据应用方向

国内外城市治理中的大数据应用研究，大体可以划分为行为预测、空间识别、决策管理及新兴方法研究四种类型。

（1）行为预测研究　中国科学院地理科学与资源研究所陆峰博士等总结了利用大数据进行的关于人类移动性的研究，认为该类研究主要使用志愿者定位数据、浮动车定位数据、手机终端定位与通信数据、社交网络签到数据、公交卡消费数据、公共自行车租赁数据等，通过统计物理学方法、复杂网络分析法与空间交互理论，对人类的移动特性统计规律、面向地理空间的移动性等进行探讨。华中科技大学公共管理学院陈涛教授等基于旅游大数据对出行规律进行了预测。

（2）空间识别研究　浙江大学环境与资源学院硕士于翔根据北京市 2008 年 4 月连续一周的公交刷卡数据，结合居民日常出行习惯，构建了基于公交刷卡数据和兴趣点的城市功能区识别模型，并将交通状况与住宅小区分布叠合，对数据进行降维和聚类分析，识别出与北京土地利用现状图具有一定匹配度的北京功能区分布图。同济大学建筑与城市规划学院博士丁亮等人通过手机数据识别用户的日间和夜间聚集地，划出了上海中心城内的通勤范围和通勤圈，并检验了职住平衡情况，为分析上海市域的空间结构提供了新的视角。华东师范大学毛峰博士在对居民通勤行为和城市职住空间特征的研究中，采用面向聚合的语义轨迹数据模型，以手机定位为基础，结合调查反馈网站，整理出居民出行调查框架，加入微博位置数据进行修正后，得到城市居民个体的时空轨迹。江西旅游商贸职业学院涂小华教授等基于移动定位大数据，对城市网格内的移动数据源进行观测，并基于此对城市功能进行了划分。

（3）决策管理研究　苏州大学研究生王成金的研究认为，在大数据时代，政府可以利用数据技术掌握城市基础数据信息，建立城市管理决策平台，健全政策执行体系和工具，提高行政效率，提升公众民主参与度。北京林业大学博士王鑫利用大数据探讨了公园选址问题，北京市社会科学院副研究员王忠探讨了大数据在停车管理、交通信号控制、交通拥堵收费等方面的具体应用。

（4）新兴方法研究　基于大数据的新兴方法研究有两个方面。一是关于公众民主参与的研究，重庆大学建筑城规学院教授赵珂等提出了“参与式设计”的概念，认为大数据时代应该有“大规划”，从海量数据中发掘出有效的、可被理解的知识，并结合当地自然地理环境，形成支持规划的决策指示，并对相关问题进行预测。兰州大学管理学院教授李一男研究了大数据和物联网在城市治理中的前沿应用，主要涉及社会信息学、数字皮肤以及城市计算，并介绍了美国联邦政府“解析学”（Analytics）网站和瑞典垃圾处理等经典应用案例，主张利用大数据产生公共价值，并将之落地。二是关于空间模拟的研究。中国地理学会会员龙瀛利用公交刷卡数据和出租车轨迹数据挖掘、社会化网络挖掘等方式搜集数据，以地理信息系统为平台，采用元胞自动机（CA）、基于主体建模（ABM）和传统的微观模拟（MSM）等方法，搭建了我国精细化城市模型的框架体系。清华大学环境学院研究生彭帆则构建了基于大数据建模的城市噪声地图，以土地利用回归的噪声模型为基础，计算噪声静态值，结合实时交通、兴趣点分布大数据，进行机器学习和神经网络训练，最终筛选出动态噪声模型。

目前，城市治理中的大数据应用研究主要集中在以上四个方面，应用水平参差不齐，存在较多需要厘清的概念和问题。

2. 城市治理研究中大数据应用的反思

在城市治理研究中大数据应用的反思方面，国内的专门研究较少，南京大学建筑与城市规划学院教授甄峰等的研究在这方面具有代表性。

（1）大数据应用在人文地理方面的反思　南京大学建筑与城市规划学院教授甄峰等认为，大数据的出现给人文地理方面的研究提供了新机遇，但也带来了一系列新问题和新挑战，数据决定论、分析方法准备不足等是具体体现。南京大学建筑与城市规划学院副研究员秦萧等对大数据和小数据的分工和融合进行了探讨，认为传统小数据依然有大数据无法比拟的优势，以居民行为活动为主体的城市治理研究必须对大数据和小数据给予同样的重视。微软高级研究员博伊德等认为：大数据改变了知识的界定，但“大数据不等于好数据”；大数据面临六大挑战，数据获取的道德性遭到了质疑。中国科学院地理科学与资源研究所博士生导师杨振山等分析了大数据对人文地理学研究方式、深度及应用等方面的积极作用，剖析了大数据应用于人文地理研究时在数据代表性、研究方法和科学伦理方面的局限性。

（2）大数据在社会生活中应用的反思　华侨大学哲学与社会发展学院硕士聂逢夷研究了大数据对社会生活的影响，认为大数据在便利生活的同时，也带来了现实生活中主体性悬置、认同性丧失、隐私安全无法保障等一系列困境与挑战，并提出大数据时代人类生活样态困境相应的解决对策。

总体而言，国际上目前对大数据应用于城市治理研究的反思研究不及对大数据应用本身的研究。在国内该方面的研究则更为稀少和零散。

7.2.2　城市数据治理的必要性

大数据时代下的数据与传统数据具有巨大差别，这些差别对数据在流转环境中的各个方面都有直接影响，给数据存储处理、数据质量保障都带来了很大挑战。

1. 实现城市可持续发展的需要

改革开放以来，我国城镇化建设取得了举世瞩目的成就，尤其是进入 21 世纪后，城镇化建设的步伐不断加快，每年有上千万的农村人口进入城市。随着城市人口的不断膨胀，“城市病”成为困扰城市建设与管理的首要难题，资源短缺、环境污染、交通拥堵、安全隐患等问题日益突出。为了破解“城市病”困局，智慧城市应运而生。由于智慧城市综合采用了射频传感技术、物联网技术、云计算技术、下一代通信技术等新一代信息技术，因此能够有效地化解“城市病”问题。这些技术的应用使城市变得更易于被感知，城市资源更易于被充分整合，在此基础上可以实现对城市的精细化和智能化管理，从而可以减少资源消耗，降低环境污染，解决交通拥堵，消除安全隐患，最终实现城市的可持续发展。

2. 信息技术发展的需要

当前，全球信息技术呈加速发展趋势，信息技术在国民经济中的地位日益突出，信息资源也日益成为重要的生产要素。智慧城市正是在充分整合、挖掘、利用信息技术与信息资源的基础上，汇聚人类的智慧，将智能赋予物，从而实现对城市各领域的精确化管理，实现对城市资源的集约化利用。由于信息资源在当今社会发展中具有重要作用，因而发达国家纷纷出台智慧城市建设规划，以促进信息技术的快速发展，从而达到抢占新一轮信息技术产业制高点的目的。为避免在新一轮信息技术产业竞争中陷于被动，我国政府审时度势，及时提出了发展智慧城市的战略布局，以期更好地把握新一轮信息技术变革所带来的巨大机遇，促进我国经济社会又好又快地发展。

3. 提高我国综合竞争力的战略选择

战略性新兴产业的发展往往伴随着重大技术的突破，对经济社会全局和长远发展具有重大的引领带动作用，是引导未来经济社会发展的重要力量。当前，世界各国对战略性新兴产业的发展普遍予以高度重视。一方面，智慧城市的建设将极大地带动包括物联网、云计算、三网融合、下一代互联网以及新一代信息技术在内的战略性新兴产业发展；另一方面，智慧城市的建设对医疗、交通、物流、金融、通信、教育、能源、环保等领域的发展也具有明显的带动作用，对我国扩大内需、调整结构、转变经济发展方式的促进作用同样显而易见。

7.2.3 智慧城市数据治理逻辑

一个万物互联的时代即将到来，智慧城市正是以智慧为支撑的城市形态。推动智慧城市建设，必须全面掌握并运用互联网时代的新技术、新理念、新思维，更加主动地推动城市与智慧的融合。从大逻辑来讲，智慧城市建设起码要经历四个步骤：一是让城市各种各样的物能够“说话”；二是让物与物之间能够“对话”；三是让物与人能够“交流”；四是让城市会“思考”。

1. 智慧是城市的灵魂，也是城市的精气神

智慧城市，被认为是信息时代城市发展的方向、文明发展的趋势，其实质是运用现代信息技术推动城市运行系统的互联、高效和智能。在笔者看来，推进智慧城市建设有如下意义。

（1）提高城镇化的质量　智慧城市以智慧的理念规划城市，以智慧的方式建设城市，以智慧的手段管理城市，以智慧的策略发展城市。智慧城市建设有助于促进城乡各个关键系统和谐高效地运行，从而缓解“城市病”。

（2）推动经济高质量地发展　智慧城市是创新 2.0 时代的城市形态，它基于全面透彻的感知、广泛的可穿戴互联设备以及智能融合的应用，构建有利于创新的制度环境和生态系统，推动以用户创新、开放创新、大众创新、协同创新为特征的全面创新，从而为新旧动能转换和经济高质量发展注入活力。

（3）满足人民群众的需求　物与物、人与人、物与人的互联、互通或互动，能极大增强城市信息化程度，增强获取、实施、反馈和随时随地服务的能力，可以有效地解决民生领域长期存在的信息不对称、服务不公平问题，促进公共服务均等化、优质化，从而更好地满足人民群众对美好生活的需求。

推动智慧城市建设，必须善用现代技术、现代理念、现代思维，夯实城市数字基底、中枢神经和智慧大脑，让城市学会思考。如果沿用工业时代的思维方式来建设智慧城市，只能照猫画虎、低水平重复。所以，对智慧城市建设而言，推进新型城镇化是基础性、根本性层面的任务，推进城市智慧化是战略性、集约化层面的举措，两者缺一不可，只有将两者有机融合，才能最终实现智慧城市建设的目标。

（4）智慧城市建设要实现五个方面的结构性平衡　要从基础性、根本性层面思考智慧城市建设，要运用供给侧结构性改革的理念，在城市的功能定位，人口，土地、房屋建设，基础设施、公共设施建设，就业岗位五个方面的要素供给上，按照产业跟着功能走、人口跟着产业走、土地跟着人口和产业走的思路，实现五个方面的结构性平衡。

1）城市功能定位的平衡。任何城市都不是孤立存在的，应依托城市群、城乡之间的格局来发展。城市群是人口大国城镇化的主要空间载体，代表着城镇化发展的主体发展方向。世界主要城市群和大都市连绵带，一般有四个特征：一是城市群、大都市连绵带区域城镇化水平比较高，城镇化率一般在 70% 以上；二是在城市群中，大城市、中城市、小城市协调分布，相邻等级的城市人口比例大多数在 1∶5 左右；三是以交通为重点，完善基础设施网络，使各城市之间交通便捷、信息畅通；四是城市功能布局合理，功能明确，城市间功能互补。应在城市群层面上思考和谋划，合理确定城市功能定位，而不能各自为政、盲目建设。

2）人口供给的平衡。人是新型城镇化的核心要素，以人为本是建设智慧城市的核心要义。当前，制约我国城镇化建设的重大问题之一是，城镇化率刚过 60%，人口红利就已逐渐消失，劳动力供给紧张，很多城市出现了劳动力供给不足的情况。

3）土地房屋的供应平衡。以智慧城市促进经济增长，很重要的一点就是管理资源。比如商业设施，一般每两三万元的商业零售额可以配置 $1m^2$ 的商铺商店百货店，每两万元的 GDP 可以配置 $1m^2$ 的写字楼。这不是计划经济，而是重视经济效益。这种配置都要按照市场需求使供求大体平衡，不能大手大脚、供过于求。但是如果土地长期供应不足，就会造成土地稀缺，房价高企。

4）基础设施与公共设施的平衡。基础设施是城市的脊梁骨，推进智慧城市建设重要的出发点是解决交通拥堵、环境污染等“城市病”，但是如果基础设施总体不平衡，增加再多的智慧元素也解决不了问题，前提还是要做好城市基础设施供给平衡。

5）产业布局的平衡。产业集聚，人口才能集聚，政府才会有收入，智慧城市建设才有基础。这方面要特别做好两个平衡：一是就业总量平衡，一座 100 万人的城市，扣除未成年人和老人，起码有五六十万人需要就业；二是结构平衡，城市一二三产业之间要平衡，上中下游产业链与生产企业之间要平衡，还要重点发展战略性新兴制造业和现代服务业。只有做好这两个平衡，智慧城市才有广阔的市场空间。

2. 推进智慧城市建设必须把握内在逻辑规律

智慧城市是新型城市的升级版，是未来城市的高级形态。以大数据、云计算、物联网、互联网等新一代信息技术为支撑，推进智慧城市建设，致力于城市发展的智慧化，使城市具有智慧感知、反应和调控能力，实现城市的可持续发展。从战术层面推进智慧城市建设，务必把握内在逻辑规律。

（1）智慧城市建设的基础是万物万联　当前我们正步入物联网时代，5G通信、物联网、云计算、大数据、人工智能等现代技术的迅猛发展，使物理世界的数字化、智能化成为可能，推动自然世界与人类社会深度融合，从而将人与人之间的沟通逐步扩大到人与物、物与物的沟通。一个万物互联的时代即将到来，智慧城市正是以智慧为支撑的城市形态，推动智慧城市建设必须全面掌握并运用互联网时代的新技术、新理念、新思维，更加主动地推动城市与智慧的融合。

（2）智慧城市建设可分阶段循序渐进　从大逻辑来讲，智慧城市建设起码要经历“说话”“对话”“交流”“思考”四个步骤，这决定了智慧城市建设有四个版本：1.0 版是数字化，这是智慧城市的初级形态，目的是使我们生活的世界可以通过数字表述出来，让物能够“说话”；2.0 版是网络化，通过网络将数字化城市连接起来，实现数据交互，物和物之间能够“对话”；3.0 版是智能化，在网络传输的基础上实现智能反应与调控，如智能设备、智能交通、智能工厂等；4.0 版是智慧化，借助万物互联，使城市各部分功能在人类智慧的驱动下优化运行。

（3）智慧城市建设要自下而上、由点到面地推进　智慧城市的内在逻辑决定了它很难先有一张施工总图，然后照图推进，其建设只能自下而上，成熟一个领域就发展一个，积少成多。也就是说，我们要按照现实需求，区分轻重缓急，构建各个领域各条战线的智慧子系统，如智慧教育、智慧社区等，各领域各条线都可以分别推进。先把智慧城市的四梁八柱架好，要避免大规模大方案而工作抓得不够细的情况发生。

（4）智慧城市建设要坚持市场导向　智慧城市意味着高效率，而高效率一定能够产生效益，这就能够吸引社会资本参加。比如在物流领域，2017 年我国社会物流总费用为 12 万亿元，占 GDP 的 15% 左右，比世界平均水平高 5 个百分点。如果通过发展智慧物流，把物流成本降到世界平均水平，就会节约 4 万亿元，这其中的 2.5 万亿元给供方和需方的实体企业分享，1.5 万亿元给智慧物流、智慧产业、金融业等各种服务业分享，形势就会好得多。

（5）智慧城市建设要法制化、标准化　智慧城市是个复杂系统，也是新生事物，其健康发展需要良好的外部环境。有三个方面尤为重要：一是标准，要统筹协调，加快构建包括信息技术标准、城市建设标准、信息应用标准在内的智慧城市标准体系，确保有序建设、高效集约。二是安全，这是智慧城市正常运转的基础，要加强网络安全立法和监管，强化知识产权保护，积极发展网络安全技术，解决关键核心技术受制于人的问题。三是扶持，政府要带头打破信息孤岛，出台鼓励社会参与的政策措施，建立容错纠错机制，为智慧城市建设营造良好的发展环境。

7.2.4　智慧城市数据治理应用实践

智慧城市是运用物联网、云计算、大数据、人工智能、区块链及空间地理信息集成等新一代信息技术，促进城市规划、建设、管理和服务智慧化的新理念和新模式。智慧城市建设主要包括智慧城管、网格化社会管理、网格化环保管理、平安城市、智慧交通、数字国土和智慧信访等 10 余个行业应用项目。每个城市可以根据自身实际情况进行总体规划，分步实施。目前，国家及各地方政府先后出台了一系列政策措施，推进智慧城市建设，旨在通过智慧城市建设和其他城市规划建设管理措施，提高城市运行效率。以下以杭州和上海的智慧城市建设情况为例进行介绍，为各地智慧城市建设提供借鉴。

1. 杭州智慧城市建设的“道”与“术”

杭州智慧城市建设始终走在全国前列，近年来在数字政府、数字经济、城市治理、公共服务等领域，以数字化、智能化、网络化带动技术、管理、服务、产业创新，取得了突出的成效，先后获得“智慧数据之城”“智慧办事之城”“智慧支付之城”等称号。在由北京国脉互联信息顾问有限公司开展的中国智慧城市发展水平评估活动中，杭州市连续五年位居前五；在 2019 年第九届评估活动中杭州市总得分为 76 分，整体排名第二，仅次于深圳市，并获得“智慧城市建设综合领先奖”称号。一路走来，杭州市智慧城市建设的理念与技术水平长期保持领先，“道”与“术”相辅相成，其经验做法值得各地借鉴。

（1）以“最多跑一次”改革引领数字政府建设　智慧城市建设的领导者和规划者是政府，智慧城市建设得好不好跟政府的治理能力、服务能力密切相关。杭州市紧紧抓住“政府”这一关键主体，以“最多跑一次”改革为抓手推动政府数字化转型，倒逼政府职能转变、能力提升、服务优化，打造国内领先的数字政府，为智慧城市建设提供有力的主体支撑。

推动群众办事“最多跑一次”。按照“为民服务 + 整体政府”的先进理念，强化改革系统集成、推进机构职能协同高效，杭州市围绕群众和企业生命周期的重要阶段，聚焦高频办事事项，将每个事项拆分成“最优颗粒度”的“零部件”后，再组装为系统集成的“一件事”，让群众和企业到政府办事享受到“一条龙”“打包服务”。

加快推进机关内部“最多跑一次”改革。深化数字化转型，杭州市聚焦部门间、层级间办事多次跑、多头跑、时间长、环节多、签字繁琐等突出问题，按照“事项简、流程优、材料减、时间压、次数少、平台建”的要求，推动“最多跑一次”改革向机关内部管理领域延伸，达到了对内提升机关运行效能、对外提升服务质量的双重效果。

（2）建设城市“数据大脑”提升城市治理能力　长期以来，传统的粗放式扩张发展模式带来了突出的城市治理问题，进入新时代，我国各城市迫切需要由高速增长阶段转向高质量发展阶段。就如何实现高质量发展的主题，全国各地展开了积极探索。杭州市加强大数据、人工智能技术应用，将为城市装上“数据大脑”作为目标，以解决群众反映强烈的交通拥堵为突破口，再逐渐扩展到城市治理各个领域，不断创造城市治理现代化范例。

以“治堵”为突破口。交通拥堵是杭州城市治理的难题，为加强城市交通治理，2016 年，杭州市向全球宣布启动城市“数据大脑”建设，并于 2018 年 5 月对外发布全国首个城市“数据大脑”规划。杭州“城市大脑”经历了从 1.0 到 2.0 的升级转变，1.0 已经接管了 1 300 个路口的信号灯、4 500 路的视频，将全市散落在交通管理、公共服务等领域的百亿级数据汇聚起来，搭建了完整的城市交通动态网。“城市大脑”2.0将覆盖面积扩大到420km^2，覆盖主城区全部限行区域，以及萧山城区和余杭区的临平、未来科技城两个试点区域。杭州市将“城市大脑”与交通警务有效融合，“城市大脑”基于接收到的信息，对车祸现场以及周边交通进行全局感知，对事件进行综合研判，做出合理的处置策略和警力调度策略，推送给交警；交警再根据“城市大脑”的推送决定是否出警、几人出警、在哪几个路口疏导交通等。

以“治城”为新目标。“城市大脑”应用从交通拓展到城市治理各领域，各部门可以通过其中枢系统的数据融通，有效调配公共资源，用全新方式治理社会、服务民生、支撑决策。2018年12月29日，杭州“城市大脑”（综合版）上线，该版本发布了“欢快旅游”“畅快出行”“舒心就医”“便捷泊车”“智慧警务”五大系统，以及基于“华数TV”的“居家服务”。交通、公安、城管、旅游、卫健等部门的系统直接接入中枢系统，与中枢系统及其他部门产生“化学反应”，让数据为整个城市治理和百姓生活提供服务，真正做到从“治堵”到“治城”。

（3）深入实施“一号工程”，发展壮大数字经济　产业经济是智慧城市建设的有机组成部分，没有产业支撑的智慧城市既不能体现结构性平衡，也会在后期建设中使城市陷入空心化危机。以数字产业化和产业数字化为主要特征的数字经济已逐渐成为我国经济增长的核心动力，也成为各地智慧城市建设的重点领域。基于自然资源匮乏的现实矛盾、互联网产业的发展基础以及传统产业转型升级的迫切压力，杭州市率先将发展数字经济作为全市的“一号工程”来抓，从各个方面入手全方位布局数字经济，目前数字经济已经成为推动杭州市经济发展新旧动能转换的核心引擎。

将“三化融合”作为发展路径。2018年10月，杭州市以市委、市政府名义印发《杭州市全面推进“三化融合”　打造全国数字经济第一城行动计划（2018—2022年）》，将数字产业化、产业数字化和城市数字化协同融合发展作为打造全国数字经济第一城的主要路径。在数字产业化方面，结合产业基础开展梯次布局，壮大电子商务、云计算、大数据、物联网、人工智能等优势产业，做强集成电路、5G、工业互联网、数据安全等基础产业，布局区块链、量子技术、虚拟现实等未来产业，推动智能网联汽车、工业机器人、可穿戴设备、智能家电等新型数字化产业发展。在产业数字化方面，将数字产业化成果充分运用到实体经济发展中，加快制造业数字化转型、推动服务业数字化升级、提升农业数字化能力、培育新模式新业态。在城市数字化方面，将“城市大脑”打造成深度连接和支撑数字经济、数字社会、数字政府协同联动发展的城市数字化治理综合基础设施。

营造良好的数字经济发展环境。杭州市发展数字经济有着雄厚的基础条件，既有万向、吉利、传化、万事利等“常青树”企业，也有阿里巴巴、网易、海康威视、大华等数字经济龙头企业，更重要的是杭州市有数字技术变革与数字产业变革高度契合的最优环境。在政府层面，建立了科学高效的数字经济发展“施工”体系，实施党政干部数字经济发展能力培训，全面对标全国各地的先进做法找差距，坚持党政干部“挂图作战”，排定时间表、下达任务书、落实责任人。在人才方面，杭州市深入实施“人才意见 22 条”“人才新政 27 条”、顶尖人才“一事一议”等有利于人才创业创新的政策举措，推动形成以高校系、阿里系、海归系、浙商系为代表的杭州创业“新四军”，人才净流入位居全国前列。在平台方面，发挥国家自主创新示范区、高新区（滨江）和城西科创大走廊等大平台的引领作用，建设一批特色小镇、小微园区、双创示范基地、开放式创业街区和高端众创空间，为数字经济领域的创新创业提供了良好的平台环境。在社会层面，实施全民数字再教育计划，大力推广数字经济领域消费，引导全体社会成员重视数字经济、支持数字经济，积极营造鼓励创新、宽容失败的良好社会氛围。

（4）重视“智慧社区”建设，推动智慧城市落地　社区是城市的细胞，智慧社区是智慧城市的重要组成部分，也是对智慧城市概念的继承、发展和实施，智慧城市的成功离不开智慧社区的建设，杭州市在发展智慧城市过程中高度重视智慧社区建设。

统筹谋划推进智慧社区建设。杭州市将智慧社区列为智慧城市的有机组成部分，作为全市“一号工程”的重要任务之一，提出建立“和谐、法治、智慧、活力”的现代新型社区，发布《杭州市城乡社区治理与服务体系建设规划（2017—2020年）》，并制定《杭州市服务信息化统一平台建设实施办法》《关于全面推进全市“智慧社区”综合管理服务平台工作的意见》等系列政策，不断完善智慧社区的顶层设计和标准规范。

搭建智慧社区综合信息平台。杭州市在市级层面搭建了统一标准的智慧社区综合信息平台，包含居民信息管理、社区工作平台、社区自治、社工管理、统计分析、社区便民服务六大模块，基于统一的综合信息平台，各县（市、区）结合自身实际积极开展创新活动，建立更高标准、更多应用功能的社区治理和服务信息平台。杭州市上城区“平安365”、下城区“66810”、江干区“智慧治理一张网”、滨江区“高新智慧滨江”、西湖区“三全十服务”等平台在基础数据库基础上，建立了应用更为丰富、功能更为完善的智慧社区平台，实现了贯通多部门多层级的数据应用。

创新性提供社区便民服务应用。建立全市统一的“96345”便民服务平台，同时依托浙江政务网杭州平台和“96345”便民服务平台整合共享相关资源，分别开展政务服务和便民服务，打造“一窗式”治理服务平台。在县（市、区）层面，以市级平台为基础，结合实际，搭载特色鲜明的治理服务模块；在社区层面，立足实际，通过微信公众号、APP等惠民生、接地气的形式，进一步提升社区治理服务的能力。同时主动开放资源，引入市场力量，与阿里巴巴等互联网企业开展深度战略合作，支持其提供创新性的便民服务。

（5）坚持“以人为本”，提升市民智慧城市体验　长期以来，我国部分智慧城市建设重技术轻应用、重投入轻实效，导致市民对智慧城市的获得感不强、支持度不高，杭州市在发展智慧城市过程中，摒弃传统的技术思维和项目路线，始终坚持以人为本，用信息技术不断赋能市民生活质量的提升。

大力推广移动智能应用。一是建设全国“移动支付之城”。基于一部手机，政府将移动支付推广到交通、医疗、信用、景区等各个领域，成为全国移动支付普及率最高的城市。二是推广“多卡合一”市民卡。早在2007年，市民卡已全部替代医保卡，成为杭州市基本医疗保险参保人员就医结算凭证。2012年，市民卡全面实现公交、地铁、出租车、道路停车、公共自行车租赁等城市交通一卡通。随着政府不断延伸服务，目前市民卡已经成为集医疗、交通、教育、公共服务、第三方支付、互联网金融等为一体的综合信息服务载体。

延伸城市惠民服务应用。聚焦市民潜在痛点和现实需求，杭州市不断拓展惠民服务范围。开通贴心城管客户端，打造城市管理迈向“全民共管”时代的综合平台；引进高科技无人机，为杭州市信息采集装上“天眼”；为环卫工人配备的“智慧手环”，已成为环卫实时监管考评系统的得力助手，为路面垃圾桶添加的“电子标签”，已成为监测垃圾桶实时情况的智能“身份证”；设立城市综合指挥与服务平台，已形成多位一体的信息汇聚中心。随着智慧城市建设的深入，停车泊位、寻找公厕、寻找便民服务点、举报和投诉等曾经困扰杭州市民的问题都被化解。

2.“智慧”上海的上海智慧

作为国际大都市，以及我国的经济、金融、贸易、航运、科技创新中心，上海市自2010年建设智慧城市以来，其智慧城市建设一直居于全国第一梯队，建设水平稳步提升。在智慧交通、智慧安防、智慧社区、信息基础设施覆盖及应用等方面的成绩突出，泛在化、融合化、智敏化水平显著提升。

随着发展理念的深入创新、新技术的持续注入，智慧城市正逐步向新型智慧城市演进，对其建设水平进行评估，既可以客观、直观地呈现智慧城市的发展现状，也可将结果作为对未来进一步发展的有效参考。

（1）汇聚城市级物联数据，为上海智慧城市建设提供强力支撑　目前上海正在大力推进“物联、数联、智联”三位一体新型城域物联专网建设，该工程是上海为加快推进新一代信息基础设施建设，做强“城市神经元系统”，提高城市管理和社会治理智能化水平而开展的一项重要的基础工作。通过物联打造深度感知的链接体系，通过数联创造数据的共享体系，通过智联创造智能应用和决策体系。在推进物联专网建设方面，加强规范和标准化工作，上海市于2018年6月发布了《新型城域物联专网建设导则2018版》，对上海市新型城域物联专网的物联感知、数据和算法、平台架构、综合应用、安全保护等方面进行了规范。随着市场多元化需求的不断增多，对原版导则进行了修订，形成了2019版。未来，上海市还将在多元企业帮助下，依托大数据、物联网、人工智能技术，全力打造统一高效的“城市智脑”，形成数据可汇聚、数据可展示、数据可分析、数据可服务、数据可预判的“城市大脑”核心能力。

（2）网格管理跨级深推，智慧综合化管理全面铺开　面对超大城市的精细化城市管理问题，上海市积极探索和推进城市综合管理，建立了网格化管理体系。截至2018年，上海市的网格化管理体系包括1个市级数字化中心、16个区级城市网格化综合管理中心、214个街镇城市网格化综合管理中心和5 902个村居工作站。未来将进一步提升城市网格化管理水平和综合化管理效率。

上海市已形成多尺度、无缝衔接的地理信息数据库，可供客户按照不同需求进行查询。在地理信息资源应用方面，地理信息数据库已与上海市一些实时信息进行连接，包括绿化和市容管理局的环保车轨迹信息、规划和自然资源局的业务信息、气象局的大量传感信息，开展系列科技探索，以实现一定程度的城市精细化治理的目标。

（3）基本管理单元助力城乡社区精细化治理　为了补好郊区基层治理体系的短板，基本管理单元成为上海在探索超大型城市特点和规律的社会治理新路中总结提升出来的重要制度创新。基本管理单元主要解决“3+3+2+X”的标准力量配备问题，即第一个“3”是指社区服务相关的“社区事务受理中心”“社区卫生服务中心”“社区文化活动中心”，第二个“3”是指社区管理相关的“公安派出所（警务站）”“城市管理所（网格中心）”“市场监督管理所”，“2”则是指社区党委和社区管理委员会以及社区服务中心。考虑到各地实情，各基本管理单元也可以因地制宜、力所能及地设置社区中心、社区生活服务中心、养老服务中心等“X”项目。截止 2018 年年底，上海市已运行 93 个基本管理单元，涉及 60 多个镇，覆盖人口达 450 多万。基本管理单元通过已普遍建立的社区党委和社区委员会，不断强化党建引领，充分发挥社区党委统筹协调作用；高标准配置社区事务受理中心、卫生中心、文化活动中心（或分中心），让社区居民在家门口就能方便地办事、看病和进行文化休闲娱乐，不断优化资源配置，显著提升服务的便捷性和多样性。

此外，各区积极落实城管、公安、市场监管等执法管理力量向基本管理单元一线下沉，极大缓解了基层执法压力，有效促进了执法工作合力不断提升，使得管理的有序性和有效性显著增强。在此基础上，各基本管理单元以社区委员会为依托，引导多元力量参与，不断强化社区协商共治，积极构建共建共治共享的社区治理新格局。

（4）科技创新助推城市精细化管理　临港自贸区已实现交通仿真推演、无人机自动巡查、建筑工地污染防控、海岸线巡逻预警、旅游趋势预测等。临港自贸区从 2018 年 10 月起就完成了云调度无人机自动巡查管理城市，5min 出勤、日飞行里程到达 100km 以上。智能窨井盖破损遗失，会快速报警到城区“12345”

平台；建筑工地周边的垃圾污染监测，可以精确到形状、大小；全区一张图数字模型可推演出未来旅游趋势变化；等等。此外，支撑临港自贸区智能化建设的生态合作伙伴集成了“城市大脑”交通态势感知、视觉计算服务应用后，打造了海昌海洋公园、洋山港网红海滩、滴水湖等景点的节假日旅游交通流预测和实时预警系统，该系统可根据实时动态，随时优化周边道路、停车场、公交班次等资源，准确率达到80%以上。目前，临港自贸区应用人工智能技术进行城市管理的经验，已经写进了上海市人工智能赋能社区五年行动计划。

2018年12月，“路测宝”智能路面健康检测系统在上海市杨浦区试点运行，将为城市道路提供全方位的“体检”服务。把“路测宝”安装在市政车辆上，在清扫、洒水等日常作业的同时，就能自动诊断行进路线上的路面病害，并把数据发送给养护机构，为后续的精准养护提供决策依据。同时，借助先进的功率谱算法和云计算技术，“路测宝”能够以95%以上的准确率识别厘米级以上的道路病害。小到路面裂隙、大到车辙坑塘，“路测宝”都能实现精确识别与测量。对数据汇总分析，能协助相关单位以快捷的预防性养护提升道路健康水平，最大限度地避免封闭式的大中修，同时也能极大地提升市民行车体验。此外，还能通过养护、建设、应急管理等各类业务信息与路政管理信息的融合应用，实现路政许可决策科学、路政执法规范快捷、路政管理资源合理调配，提升路政管理的集约化、规范化水平。

（5）临港虚拟城市，实现城市发展推演预测　上海临港通过BIM+GIS构建精细化的“虚拟临港”，建成首个城市级地理建筑设施融合的数据平台，覆盖整个临港315km^{2}城市空间，包括2D GIS地图、3D GIS地图、典型建筑对象化BIM模型，可全面展现、查询所有地理和设施的要素，既包含道路、建筑等重要设施的高度、坐标等地理数据，也包含管委会、滴水湖地铁站等重要建筑的内部结构、房间布局、管线铺设等对象化设施数据。临港虚拟城市构建的是从建筑内到建筑外、从地面到地下的全方位三维模型，达到LOD4级别，并可精细到对每个路灯、每个变电箱进行对象化管理。以这个虚拟城市模型为基础，利用时空标定和数据融合，打造城市运行大数据平台，完成城市人流、迁徙、车流、人流密度以及交通流量等各类数据的动态采集，汇聚关联，统一呈现，多规合一，从而实现整个城市尺度的动态管理和决策支撑。

（6）积极推行智慧医疗，解决公众就医难题　上海市着力缓解市民“看病难、看病贵”，搭建预约挂号平台，市民在家中就可以通过电话、网站、APP、数字电视等多种渠道预约全市38家三级医院的专家门诊，减少了市民提早到医院挂号、排队等候的烦恼；各级医院陆续推出“一站式付费”服务，市民可以先看病后付费，减少多次排队付费的麻烦；依托覆盖全市600多家公立医疗机构的健康信息网，医生在就诊过程中可调阅患者在其他医院的就诊记录，获得重复检查、重复用药等提醒，减少不必要的用药和检查，减少医疗费用，提高医疗安全；看病结束后，市民在家中就可以通过网站、数字电视等多种渠道查询个人的检验检查报告，减少再次去医院取报告的麻烦。

7.3 企业大数据治理的应用

进入21世纪，以大数据、云计算、互联网为代表的新一轮信息技术革命席卷全球，数据及其技术的融合应用渗透至政治、经济、文化、教育、医疗、公共管理等各行各业，海量数据蕴藏的衍生价值正在越来越多的领域发挥着巨大作用。数据所蕴含着的巨大商业价值也越来越为人们所重视，数据日益成为重要的企业资产和国家战略资源。数据资源通过交易流通，能释放更大的价值，提升生产效率，推进产业创新。

7.3.1 关于企业大数据治理的研究

1. 大数据治理概念的使用相对“狭义”

研究和实践大都以企业组织为对象，仅从一个组织的角度考虑大数据治理的相关问题。大数据治理的范围仅限于组织内部显然是不够的，多源数据聚集和跨组织、跨领域的数据深度融合挖掘是展现大数据价值的前提，在价值驱动下，各组织普遍存在着数据突破边界流动的需求。随着数据开放和流通技术及渠道的逐步完善，数据跨组织流动和应用已经发生，并呈现日益普遍的趋势。无疑，这将是涉及行业内和跨行业、区域内和跨区域、全国乃至全球多个层次的问题，企业组织的大数据治理离不开行业的规范和自律，以及国家的“上位法”甚至国家间的约定或协议，多层次协同才有可能构成大数据生态建设的基础性保障。

2. 现有研究实践对大数据治理内涵的理解尚未达成共识

不同学者结合大数据的特征，从企业业务和管理流程设计、组织信息治理规划、组织数据管理与应用等不同的视角，给出了大数据治理的不同定义。比如有学者将大数据治理定位为描述数据如何在其全生命周期内有用及其经济管理的组织策略或程序，有学者定位于企业对数据可获性、可用性、完整性和安全性的措施及其全面管理，有学者着重与大数据有关的数据优化、隐私保护与数据变现的政策等。共识达成有待时日。

3. 大数据治理相关的研究实践多条线索并行

国家层面政策、法规和法律的制定等较少纳入大数据治理的视角；数据作为一种资产的地位仍未通过法律法规的形式予以确立，难以进行有效管理和应用；大数据管理已有不少可用技术与产品，但还缺乏完善的多层级管理体制和高效管理机制；如何有机结合技术与标准，建立良好的大数据共享与开放环境，仍需要进一步探索；除了不断完善和发展相关技术以应对各种新型攻击与挑战外，企业安全保障制度、行业自律监管机制和国家法律法规强制手段等还有待完善；没有系统化设计，就可能导致已有相关体系的扩展和延伸出现数据治理碎片化和一致性缺失等问题。

7.3.2 企业数据治理的必要性

企业数据治理是将企业内部海量的战略、文化、运营、营销、人力资源、财务等数据以及企业外部的行业和环境数据整合起来，通过数据挖掘和解读工作打造管理大数据的结构化平台，使跨企业的异构数据共享，最大化变现数据的商业价值。企业数据治理在企业中的重要性体现在以下几个方面。

1. 提升企业数据分析的精确性

数据分析是当前企业管理过程中不容忽视的重要支撑点，企业需要完整、真实、有效的数据作为支撑，只有使用海量数据的分析，才能够对未来行业的发展趋势进行有效预测，并促使企业采取积极的应对措施、制定良好的战略。

以往数据的收集、存储以及分析都存在着一定的局限性。企业在分析和处理相关信息问题的时候，都是从能够获取到的少量数据中，最大限度地挖掘和分析自身所需要的信息，这在无形之中增加了企业的工作量。而且，信息的不完整性、滞后性等问题也直接影响到企业的全面发展。

在大数据时代来临之后，现代企业可以采用更加积极有效的方式，全面充分地了解和掌握市场信息、客户情况以及行业间的发展情况，减少主观性判断的缺陷，不断提升自身的核心竞争力，为扩大产业规模奠定良好的基础。大数据时代的一个鲜明特点就是样本即为总体，它追求全体数据，而不依赖于随机样本。数据治理后的大数据分析既扩大了数据的获取范围，又提升了解决问题的精确性。

2. 优化企业资源配置

管理大数据能实现企业各业务环节间信息的高度集成和互联，减少不必要的资源浪费。一个企业的运营是在人、财、物、信息等资源有效运作的基础上实现的，资源配置合理则能发挥每项资源的最大潜能，不合理则必然导致浪费。

以制造业为例，制造业的研发、采购、物流、生产、库存、销售等环节会产生大量的诸如各工序节拍信息、产品质量信息、发货和收货信息、物料流动信息、客户需求信息、人力资源需求信息等数据，管理大数据能够实现企业内部和外部各项数据的高度集成和互联，消除过度生产浪费、等待时间浪费、工序浪费、库存浪费、运输浪费、产品缺陷浪费等，降低生产成本，提高生产效率和产品质量，实现资源优化配置。

管理大数据能分析企业的产品结构、订单结构、客户结构是否合理，调整资源配置方向。无论企业经营成果是好是坏，都能够从其产品数据、运营数据、销售数据、财务数据等信息中分析出原因，企业能够依据大数据分析结果科学地调整产品结构、订单结构和客户结构等。企业的产品通常都要经历引入期、成长期、成熟期、衰退期四个阶段的生命周期过程，企业应果断放弃处于衰退期的产品，确保人力和资金等资源不再被没有经济效益的产品所吞噬，而企业对于产品是否处于衰退期的判断依据来源于对管理大数据的分析。同样，企业可以利用管理大数据分析判断哪些订单和客户对利润的贡献最大，从而调整和优化产品、订单和客户结构，实现资源优化配置和经济效益最大化。

3. 有效推动产品实现创新

企业在分析消费者的消费需求时，积极使用大数据技术，能够为产品、服务的不断创新创造良好的条件。消费者购物之后，能够将自身对产品、服务的评价和感受通过社交网络平台、购物平台反映出来，现代企业可以通过收集消费者的这些信息，将其作为自身产品、服务的反馈信息，根据消费者提出的一些问题、建议等，不断改进和完善自身产品和服务，这对于提高企业产品和服务的总体质量和效果具有重要的作用和积极的意义。

根据对不同产品和服务的评价信息，现代企业能够积极吸取相关优秀经验，从而丰富自身的产品风格，根据消费者的创意性反馈信息，生产相应的新产品。现代企业通过对消费者的信息进行分析和改进，能够逐渐增强自身的服务意识和创新能力。产品和服务的不断创新，在企业的全面发展中占据着十分重要的地位，能够影响企业的经营能力和发展成果。在对企业进行全面管理的过程中，需要对企业中的大数据进行全面有效的应用，这样能够让企业永远保持新鲜的活力，积极应对市场的变化。

4. 助力企业实现精准营销

管理大数据能够帮助企业跟踪和分析市场营销的宏观环境和微观环境，实现精准营销。

企业市场营销的宏观环境包括政法环境、经济环境、人口环境、社会文化环境、技术环境和自然环境等。政法环境包括政策法规、政治稳定性等；经济环境包括消费者购买力、消费者支出模式变化、商品供求因素、商品价格因素等；人口环境包括人口数量、性别、年龄结构、地理分布、受教育程度等；社会文化环境包括民众价值观、文化传统、风俗习惯、伦理道德等；技术环境包括相关技术的应用情况、新技术和新产业部门的出现等；自然环境包括原材料及能源、地理位置的选择、环境污染等。

企业市场营销的微观环境包括企业内部环境、供应、营销中介、客户、竞争者及公共关系。企业内部环境包括员工、资金、设备、管理水平、规章制度、企业文化、组织机构等，对内部环境的分析能够为市场营销提供有力的支持；供应包括企业所需物资和资金的来源及渠道情况；营销中介包括对产品进行促销、运输、分销、出售的各类组织；客户包括产品的目标客户和潜在客户等；竞争者包括平行竞争者、愿望竞争者、品牌竞争者、产品形式竞争者；公共关系包括融资方关系、政府关系、新闻媒介关系、社区公众关系及社会公众关系。管理大数据能够挖掘和分析宏观环境、行业环境和用户需求等数据，为企业的精准营销提供大数据支撑。

5. 促进产品流程的优化

科学技术的不断发展，用机器代替人工进行生产，已经逐渐成为当前企业生产的重要方式和手段，这对于提高生产效率具有良好的作用，可以实现信息化、智能化和数据化的生产运作。尤其是随着网络技术的不断发展，物联网和云计算等技术得到有效应用，这为企业实现产品生产、制造全面控制和管理，提供了重要的技术支持。

当前，在制造产品的过程中，已能逐渐实现产品生命周期的数据化，这对于保证产品质量、提高其使用性能具有良好的作用。云计算技术和大数据技术的应用，能够对产品的设计研发、生产制造以及运营管理等方面的各项数据进行全面有效的智能分析，这对优化产品的生产制造流程具有十分积极的促进意义。企业在进行管理的过程中，可以利用大数据技术将自身的各项数据整合，从而形成完整的数据规模，在进行相关决策的时候，可以对这些数据进行分析和应用，从而找到适合决策的信息。同时，企业也能够利用大数据技术，深度挖掘各项数据，对数据所包含的潜在价值进行充分的应用，这样能够建构起完整的数据模型，在进行产品流程优化的时候，能够做好支持工作。加强产品的流程优化，能够对提高产品的生产效率和质量效果起到良好的促进作用。

6. 促进社会经济高质量发展

以数据为基础的信息经济是信息时代经济发展的新动力，是当前形势下优化产业结构、加快经济转型的有效手段。随着信息化程度的不断提升，信息技术创新速度不断加快，信息领域的新产品、新服务、新业态大量涌现，信息经济在国家和地区经济中所占的比重不断增大、影响范围不断扩大。2013 年 8 月，国务院发布了《关于促进信息消费　扩大内需的若干意见》，指出信息消费已经成为日益活跃的消费热点，已经成为各国经济竞争的重要高地。

以数据为基础的信息产业是新一代信息技术的集中反映，包括信息服务和信息消费等环节，已经成为各国市场潜力巨大、发展动力强劲的新兴产业。近年来，数据创新应用不断涌现，为信息产业发展提供了新的发展机遇，催生出大批新的企业，带动某些行业和产业的创新发展。

对数据的利用将成为企业提高核心竞争力、抢占市场先机的关键。企业的决策正在从业务驱动转变为数据驱动。在零售行业，对数据的分析可以使零售商实时掌握市场情况，并迅速做出应对策略；在互联网行业，对数据的分析可以为商家制定更加精准有效的营销策略提供决策支持；在服务行业，对数据的分析可以帮助企业为消费者提供更加及时和个性化的服务。

7.3.3 企业数据治理应用实践

1. 信息技术引领组织与商业模式变革

信息技术革命中的大数据技术对企业最重要的影响在于企业自身的变革。制度经济学将企业视作契约集合体（Coase，1937），而在万物皆可计量的大数据时代，数据改变了度量成本，而度量成本就是影响契约形式的决定性变量（Cheung，1983），因此在大数据时代作为契约集合体的企业组织将发生根本性的变革。企业的边界正在模糊，企业与客户、供应商、投资者以及政府等利益相关者的关系正在发生改变。

大数据时代，外部数据信息与企业互通互连，重构了企业组织契约关系，人们甚至开始从关注企业本身过渡到关注整个契约网络的效率和价值。传统的企业信息化主要是内部组织和管理部门的信息归集、分析与处理，对外部数据信息的搜集、整理和分析则远远不足。

由于可以获取客户更多的数据，包括个体特征、行为偏好、位置等，企业与客户之间的关系从简单的基于价格的交易、基于品牌的客户黏性过渡到深刻理解客户并个性化满足客户偏好的深层次伙伴关系。同样，企业与供应商、银行之间的数据沟通、共享及传递的数量、速度大幅提高，使得整个供应链管理效率不断提升；投资者获取企业信息的渠道和方式多样，企业信息披露的频率加快、内容增多、决策相关性提高，这些都提高了资本市场的定价效率；政府利用税务系统全面掌握企业产品与服务流向、金额，并实时了解企业纳税与经营信息。通过获取客户信息，企业改变商业模式以增强客户体验，持续为客户创造价值；通过共享供应链信息，企业提升整个供应链反应速度并在合作伙伴之间分享价值；通过资本市场充分有效的信息披露系统，不断降低融资成本；通过掌握税务大数据特征，更好地规划纳税方式、降低纳税风险。

大部分企业在大数据应用初期将关注点聚焦于业务与营销领域，随着大数据应用实践的深化，企业意识到要为客户提供更好的产品、服务和客户体验，必须有高效的生产、运营与管理控制，快速的供应链管理整合，尤其要将外部客户信息与组织内部运营管理信息融合。因此，大数据目前在企业运营管理、决策控制、成本管控等方面的应用日趋增多。大数据应用绝不应该是某个部门或业务领域的局部应用，只有利用大数据应用系统实现外部信息与内部信息的完美融合，建立基于数据驱动的全业务管理循环机制，组织才能实现真正的转型与升级。

大数据时代的典型特征是企业核心竞争力的重新构建。大数据应用比较突出的企业，努力将自身管理流程标准化、知识显性化、决策自动化。流程标准化，确保组织运行的关键环节自动获取数据。传统的企业决策方式实际上更多地依赖于具体做出某项决策的决策人的经验，而并非“企业”决策，决策知识大多以隐性形式作为经验存在于决策人头脑中，这不仅不利于传承知识，也不利于优化决策。大数据理念的实施非常强调过程信息的获取，而不仅需要结果信息，尤其是货币计量的结果信息——会计数据。把存在于各个人头脑中的经验信息显性化之后，能够更好地对信息进行比较和细化甚至优化，从而找到最好的模式，并快速在组织中应用。在获取足够历史数据的情况下，通过建立模型辅助决策，逐步实现决策自动化。

金融行业是信息时代面临冲击较大的行业。今天，商业银行既遭受着来自信息技术的革命性挑战，也正在快速拥抱变化来实现转型升级。目前，商业银行正努力实现外部客户数据和内部决策管理数据的融合，创新性地使用新科技来不断提升效率，尤其是在大数据应用方面打破了以往单纯依赖银行系统数据的局限，数据来源、维度都得到极大拓展，并将大数据应用系统广泛用于各项业务中。在信贷领域，企业与个人贷款决策已不单纯依赖于贷款员的个人知识，而是通过数据建模，将大量跨行业、互联网、社交媒体等的信息融合，综合评估货款者的信用状况。决策方式的改变也影响了组织内部管理职能与权限的划分，决策权将更加集中，以往由支行做出判断的决策可能更多地归集到总行或分行。在理财与服务领域，金融行业对于外部客户数据的深度挖掘也是大数据应用的典型场景，为了成功给金融业客户画像，银行将充分利用外部数据，或者与第三方合作，获取客户家庭地址、消费、出行、房产等家庭财产、个人偏好等信息，从而区分出不同种类的客户，识别出潜在的高净值客户群体，以便进行有针对性的营销，提升转化率，为企业创造价值。为实现这一目标，单纯依靠银行的数据是无法完成的。目前我国个人征信领域发展很快，主要就是由于大数据和云技术的发展，在实名制的基础上能够实现数据采集、归纳、存储与分析。

2. 电商平台的精准营销与管理创新

各企业中，市场及销售部门几乎都是大数据应用实践最为领先的内部机构。

获取客户数据的便利性以及公司业务发展的直接压力，使得对客户行为和偏好特征的大数据分析格外重要。电商公司能够搜集大量关于客户购买行为的数据，因此能够实现精准营销、推荐系统、金融服务等多项以数据为核心竞争力的业务，持续提升客户体验感与创造客户价值。电商平台绝不仅仅是将商业从线下搬到线上，而是充分利用最新的科技来升级业务模式、创造核心竞争力。目前，电商公司在管理与实践方面不断创新，开创了很多具有革命性的管理模式与工具。

京东集团是一家国际知名的电子商务平台公司，近年来业务发展迅猛，在2020年中国互联网综合实力百强企业中排名第五。京东广泛应用了大数据分析技术，其中展示用户画像是很重要的一部分。通过将用户分群，根据他们的购物习惯、浏览的物品，个性化购物界面以推销广告。大数据分析基于对完整的链条数据的汇总而进行。完整的链条数据应该包括：用户来源数据（百度搜索、社区搜索、自营客户端等）、用户浏览购买数据（浏览习惯、如何下单、购买频率等）、仓储配送数据（配送方式及路线等）、售后数据和供应链数据（采购、运输、进库存等）。业务前端使用Jimi客服机器人，减少人工成本，提高客户满意度；后端为前台提供支持，通过大数据分析，找准用户在购买过程中购买的具有最大相关性的物品，将拆单量从14.6%降到了6.86%。此外，通过大数据分析，优化路径规划，使每一个捡货员行走最短的路以产生最大效益，捡货的单品耗时从22s下降到16s；通过大数据分析，选择最佳配送路段，根据天气情况部署车辆以提高使用率，完成高效配送。这些大数据应用构成京东智慧物流的基础。另外，京东金融有京保贝和京东白条两项服务，前者针对商户，后者针对个人消费者，原理就是用大数据分析客户，并决定是否提供贷款给这些客户。

京东集团除了在业务与运营方面高度重视大数据应用外，在管理领域也不断尝试新的应用和创新。京东集团自主开发了资金管理系统，连接集团各业务系统与各大银行收付平台，通过掌握的实时变动信息滚动预测资金需要量，规划日常资金运营；基于业务发展矛盾，京东集团积极推动财务创新，开出我国企业第一张电子发票，并借此实现财务创新与转型；积极利用大数据分析技术建模，通过税控检测模型来评估和分析各分子公司纳税状态，有效降低集团纳税风险。

3. 个性化定制与数据驱动制造

产品规划与投资同样需要运用大数据来辅助决策。基于客户个性化特征的产品定制，就是目前客户大数据在产品设计、生产及物流管理中的典型应用。如对于服装行业而言，传统企业多采用基于生产制造商直接面对消费者（M2C）的业务模式，这种模式在实施过程中，整个供应链存在大量资源的沉淀，而且会有大量产品滞销并被低价处理，但在用户直连制造（C2M）模式下，客户提前下单付款，随后企业基于客户真实需求组织原料生产，并按时交付产品，重要的是这一过程中企业获取了客户个人特征、联系方式和地址，在个性化满足客户需求的同时能长期地保有客户。C2M 模式综合实现了大数据在商业模式变革、产品营销、生产、供应链管理等各方面的应用，是数据驱动传统企业业务转型升级的典范。

酷特智能科技股份有限公司曾经是一家传统服装制造企业，经过 13 年的发展，投入了数亿元资金，创造了数据驱动企业转型的成功案例，成为服装制造业逆袭的典范。它的服装生产业务模式成功规避了制造业产能过剩的弊端，充分结合了互联网、智能化、大数据等前沿技术，走在了服装企业转型升级变革的前沿。通过快速获取客户体型数据信息，大幅改造生产和组织流程，完全实现了大规模化、个性化的定制生产。该公司目前每天从互联网接收 4 000 多个订单，每个订单生产周期为 7 个工作日，80% 订单来自海外市场。此案例让人印象深刻的是：智能制造不一定完全是高大上的现代机器化、自动化控制，即使在劳动密集型企业中，持续优化流程并通过软件固化业务模式，让数据流动起来，也一样能够实现制造业的转型升级。

7.4 数据治理的应用价值

数据本身并不具有价值，只有通过治理从分散、无序“碎片化”的数据中挖掘出有用的价值后，数据才能变成有效的资产，才能转变为竞争力、服务力和创造力。数据治理的过程就是通过对数据进行整合，实现从无序到关联；通过对数据进行激活，实现从静态到动态；通过对数据进行转化，实现从隐性到显现等的过程。通过数据治理，企业可以利用数据进行精准营销、改善用户体验、提升服务质量，将无序的数据转化为利润。政府可以将数据转化为科学决策，使得网络反腐、舆情监控、政府绩效考核等公共领域对数据的应用程度不断加深，实现政府决策、政府管理由事后决策转变为事前预警，从而为各行各业提供有效的业务信息支持；全社会可以利用数据开发与实用性强的大众应用，如航班延误分析系统、商品回收验证系统，提升公众在社会管理中的参与度，实现全社会向创新 2.0 方向发展。

数据治理的生命流程主要包括数据采集、数据存储、数据分析、数据挖掘、数据展现五个环节；数据治理的主体和对象主要包括政府的业务数据、企业的交易数据和个人的行为数据；数据治理的关键要素主要包括技术发展、政策战略、组织结构和标准规范，技术是数据治理的核心和关键，政策战略为数据发展提供从研究到应用的政策支持，组织结构是数据治理的实施主体和服务对象，标准规范为数据应用提供统一的技术保障。在综合考虑以上内容的基础上，探索构建数据治理框架，从根本上解决数据治理缺失所带来的“数据割据”“数据孤岛”和“数据碎片化”等问题，从整体上提升数据质量、提高数据可获取性、提高数据价值转化率，实现数据从无形资产到有形价值的转变。

基于大数据的决策支撑能力、综合治理能力建设成效明显，规范有序、包容审慎、鼓励创新、协同共治的数字经济发展环境加速形成，具体体现在以下三方面。

1）治理规则逐步完善。近年来数字经济立法层级显著提高，《中华人民共和国网络安全法》《中华人民共和国反不正当竞争法》《中华人民共和国电子商务法》等一系列国家大法相继出台或修订完成，为数字化治理提供法律依据。在部门规章层面，围绕个人信息保护、规范市场秩序、融合业态监管、信息内容治理等方面的规则不断完善。比如 2019 年 10 月 1 日起正式施行的《儿童个人信息网络保护规定》，确定了儿童个人信息网络保护的具体原则，填补了互联网时代儿童个人信息保护的法律空白。

2）治理手段进一步优化。充分利用互联网、大数据、云计算、人工智能、区块链等现代信息技术，加强技术平台的建设和使用，基于海量数据进行深度挖掘分析，逐步实现对网络主体的上网留痕、风险预警、科学分析和实施处置，以数字化手段推进政府决策科学化、社会治理精准化、公共服务高效化。

3）治理方式加快创新。当前，现代信息技术与经济社会各领域的融合正进一步深化，跨界融合已成为常态，各类融合业态层出不穷。各监管部门不断探索和完善沟通协调机制，特别是对网约车、电子商务、互联网金融等数字经济融合业务，已明确各自职责范围，通过跨部门联席会议、失信联合惩戒等方式，提升协同治理效能。

第8章

数据驱动企业数字化转型

大数据、人工智能、工业 4.0 等一系列新概念、新技术、新业态正快速发展。新经济时代下，相对于那些互联网基因浓厚的新兴企业，传统企业显得被动而笨拙，但转型已经迫在眉睫。从渠道的创新，到产品的研发设计、生产制造、销售，再到品牌塑造，传统企业迫切需要一次大换血式转型升级。数据时代的到来，对传统企业来说，既是一次考验，也是一次重新飞跃的机会。

从数据流动引发企业变革的角度出发，分析企业数字化转型的必然性及发展现状，并阐述大数据思维在企业管理架构中的运用，探讨企业数字化转型面临的困境与发展趋势，从而提出企业数字化转型的路径。此外，分析典型的企业数字化转型案例，可以推动传统企业的数字化转型，为其提供参考标准和样板案例，做好"数字化能力培养"，实现自身价值。

8.1 数据流动引发企业变革

当下，各种新概念层出不穷，相应地，全球商业模式实现了一次次的升级改造。移动互联网，让人与人迅速连接，并席卷了整个经济圈；工业 4.0，让人与人、人与物、物与物，通过网络技术实现连接联动，智慧工厂数字化车间等成为未来必然的发展趋势；数字化、智能化、人性化真正把人们的生活带入一个新常态……这些正在悄然改变世界的概念，也是数据时代中企业变革的背景色。

8.1.1 数字化浪潮席卷全球

随着以云计算、大数据、物联网、区块链、人工智能、移动互联网等为代表的数字技术的崛起，我们已经处于数字化经济的浪潮之中。新的趋势已经形成，作为我国经济主体的企业尤其是制造业企业需要尽快投身其中，不断打造企业的数字化能力，增强企业的核心竞争力。企业尤其是传统制造企业向数字化转型不是一蹴而就的，企业的数字化转型也是建设智慧企业的必经之路，必然会面临诸多风险和挑战，但这是适应新时代新经济形势的必然选择。

IDG（美国国际数据集团）研究报告显示：全球 1 000 强企业中 67% 已将数字化转型作为企业级战略，企业数字化转型也正成为我国许多企业的核心战略。例如，华为重新界定了企业使命，过去华为的使命是"丰富人们的沟通和生活"，2018 年华为将新的使命表述为"把数字世界带入每个人、每个家庭、每个组织，构建万物互联的智能世界”。途径是通过技术创新与客户需求的双轮驱动，做多连接、撑大管道、推动行业数字转型。华为的新使命之一，就是探索如何帮助我国企业、各个产业实现数字化转型。数字化时代要寻找企业新的战略增长空间，华为把未来战略增长点放到了万物互联、万物感知、万物智能，即数字化的转型、数字化的经济。截至2019年，197家世界500强企业、45家世界100强企业选择华为作为数字化转型的合作伙伴。再如，腾讯提出要以“数字工匠精神”助力数字中国建设，以“一三五七”战略来推动产业数字化：一个目标，致力成为各行各业的“数字化助手”；扮演三个角色，就是做连接器、工具箱和生态共建者；进入五个领域，包括民生政务、生活消费、生产服务、生命健康和生态环保；用好七种数字工具，包括公众号、小程序、移动支付、社交广告、大智云、企业微信、安全能力。未来腾讯将围绕连接、生态、技术创新的综合应用，来推动整个经济发展的数字化、生态化。

毫无疑问，以互联网、云计算、大数据、物联网和人工智能为代表的数字技术已成为新一次产业革命的重要驱动因素。数字技术正向人类生活的各个领域全面推进与渗透，一切皆可通过数字化连接与呈现，一切皆可数字化重新定义。数字化将使传统企业与产业不再传统，使低端企业与产业不再低端，许多传统企业或产业将转型为高科技引领、高智能运营、高素质人才驱动的新型“三高”企业或产业。数字化与数字经济为全球经济活动赋予巨大能量，为我国企业的战略成长提供了全新的发展机遇与发展空间。

8.1.2 数据打破固有界限

在网络时代，互联网对传统行业的颠覆性作用日渐明显，淘宝网引发实体零售业的“危机”，微信导致通信行业的“弱势”，余额宝让金融行业的理财形式发生改变……当互联网对人们的生活产生深刻影响时，传统行业的变革也势在必行。

当前互联网巨头潮头独立，大批网络创业者层出不穷，一大批传统企业的管理者也开始布局，以不同的视角和方式“触网”，如企业内部的OA（办公自动化）、ERP（企业资源计划）、B2C（商对客）、B2B（企对企）的新销售方式、网络营销推广等。

与此同时，企业管理者们发现，市场的既有定义已不再适用，新的挑战无处不在。将之前未联网的设备与在线数据来源构成网络即物联网，能够打破传统行业的界限。以医疗护理行业为例，高科技公司纷纷利用应用程序和智能硬件（如手环等）涉足这一行业，利用获得的客户数据开发全新的业务模式。以往我们将向企业客户提供产品的企业归入 B2B，而将向最终消费者交付产品的企业归入 B2C，现在连这种传统的分类界限也日渐模糊，出现了很多 B2B2C 企业。

在企业管理层面，随着数字化的推进，企业自然也需要越来越多地对渠道冲突的情况加以管控。日趋增多的累积数据需要进行专业的分析，这就要求企业具备新的人才。所有这些因素会导致管理人员承受的压力越来越大。

传统商业模式中的经销区域的限制在网络世界彻底消失，互联网世界平行互通，不再有区域市场之分，一个品牌多家代理商的情形不复存在。“渠道为王”的传统企业经营模式中，谁掌握着渠道，谁就能够赚取利润，信息和物流的不发达让渠道有着巨大的价值。但是在网络时代，信息已经公开化、网络化，身处世界任何角落的消费者都可以轻松地打开计算机，进入搜索页面查询自己需要的产品或者企业信息，这打破了原有的渠道限制。

8.1.3 新技术催化新生态

移动互联网的迅速崛起，对全球商业模式又进行了一次全面的升级改造。电子商务呈现出从个人计算机端向移动端迁徙的景象，尤其是当前，世界各国加大支持力度，推动 5G 的建设与发展，这些利好举措推动着移动互联网进入一个飞速发展的新阶段。移动互联网的迅速发展和普及，对社会生活的渗透是方方面面的。在传统互联网时代“人随网走”，而在移动互联网时代“网随人动”。用户通过手持终端就可以超越时空界限，随时随地完成各种消费和社交行为：在地铁、咖啡馆、书店等地方，在上下班途中、旅行路上，甚至去洗手间的间隙都可以处理公务、畅享聊天、乐趣购物、完成支付等。对于用户来说，这是前所未有的便利体验。

移动互联网与线下服务、传统的线上服务融合并创新，这对于金融业、娱乐业、旅游业、医疗业等行业来说是一个全新的发展机会，可以实现改造和管理的升级。无疑，移动互联网技术大势席卷了整个经济圈，成为传统企业创新发展的又一个“风口”。

随着智能制造的兴起，大量的人工智能技术和数字工厂、数字车间技术应运而生，如今人类步入了以智能制造为主导的第四次工业革命时期，被称为工业 4.0 的后工业时代。在这个时代，企业的产品和服务以个性化和智能化为特征，企业生产表现出了高度灵活的、数字化的新生产特点。企业生产线不再由人工操作，而是智能机器；员工不再有“蓝领”和“白领”的区别；工业区不再是灰暗呆板的一片，而是和员工的生活区、工作区和谐地融合在一起……这不是想象，而是正在发生的，是“工业 4.0”时代传统生产企业翻开的崭新篇章。

当下，信息过剩，知识爆炸，新技术不断应用于生产生活中，人们的眼界更开阔了，个性消费意识觉醒，相对优渥的物质生活条件也让人们的个性化需求的实现成为可能，而先进的科学技术水平又为个性化产品的生产保驾护航，使得个性化、定制化的产业生态持续发展。一切产品都以满足用户需求为宗旨，实现小规模、小批量、个性化的生产，不断地升级迭代为用户打造更趋于完美的个性化体验。

8.2 企业数字化转型迫在眉睫

数字化转型是企业运用互联网、大数据、人工智能等数字技术，全方位重塑战略思维、业务流程、组织架构和商业模式，构建以数据为核心驱动要素的价值创造体系，实现与客户、员工、供应商、合作伙伴等利益相关者紧密关联、价值共创的过程，从而确保在日益激烈的市场环境中获得核心竞争力和可持续增长。在新冠肺炎疫情的催化下，摆在传统企业尤其是传统中小企业面前的数字化转型命题，已不再是一道“需不需要做”的选择题，而是一道“要怎么全力以赴”的生存题。

8.2.1 企业数字化转型的必然性

对于企业而言，数字化转型是时代发展的产物。在当前数字化技术不断发展的大背景下，企业数字化转型是未来发展的必然选择。只有通过数字化转型，企业才能够有效提升各种市场资源的应用效率以及人员的工作效率，从而减少资源浪费，更加全面地应用外部资源，实现资源和信息的共享，进而实现企业的高效协同。同时，企业的数字化转型升级也能够有效提升企业各个方面的信息化建设效率。

在当前“互联网 +”日益深化的情况下，很多技术手段不断优化完善，这一方面影响了企业的生产经营理念，另一方面也让很多消费者形成了新的互联网消费观念。企业想要发展，自然需要了解当前消费者的消费心理，有效应用大数据、云计算、人工智能以及物联网等多种先进技术手段来提升企业生产经营的有效性，促进自身的转型发展。在数字化转型过程中，企业需要依托大数据信息来全面评估生产经营状况，不断利用数字化技术来搜集各种市场信息，形成良性的支持内容，为完善经营理念提供必要的支撑，打通自身业务以及技术壁垒。可见，在数字化转型发展的情况下，企业需要解决信息不对称的问题，不断提升企业管理的水平，基于新技术、新管理和新模式来实现数字化转型。

企业的数字化转型，并不是简单地进行信息化的建设，而是需要基于企业发展的需要，完善相应的建设目标。一方面，企业的数字化转型要求企业进行必要的转换，传统信息技术手段进一步优化，实现数字化建设，让技术应用得到有效升级。另一方面，企业的数字化转型要实现良性融合，在生产经营过程中，系统地从实体状态转变为信息系统数字化状态，从物理形态转化成为虚拟形态，从而形成全方位、全过程、全领域的数据实时流动与共享，实现信息技术与业务管理的真正融合。

此外，企业的数字化转型也要求企业进行重构建设，在深度适应互联网的发展需求以及智能化建设的需求下，能够基于数字化技术来实现企业生产经营的精准性，并在此基础上进一步提升传统业态下的设计、研发、生产、运营、管理、商业等的变革与重构。只有这样，才能够让企业全方位利用数字化转型，提升生产经营的信息化水平。

8.2.2 企业数字化转型发展现状

数字化转型市场需求旺盛。据 IDC（2018）预测，70% 以上的我国 100 强企业把数字化转型作为公司的战略核心，2019—2022 年数字化转型相关 IT 支出将超过 1 万亿美元，到 2022 年我国 GDP 的 65% 将与数据有关。赛迪顾问股份有限公司对制造、政府、金融等十大重点领域的调研数据显示，排名第一的制造业 2019 年数字化转型支出超过 2 200 亿元。不考虑金融影响的前提下，数字化转型将对企业产生积极影响。2017 年世界经济论坛（WEF）发布的《第四次工业革命对供应链的影响》白皮书指出，数字化转型将使制造业企业成本降低 17.6%、营收增加 22.6%，使物流服务业成本降低 34.2%、营收增加 33.6%，使零售业成本降低 7.8%、营收增加 33.3%。

基础型、专用型数字化服务发展较快。在赛迪顾问评选的 2019 数字化转型服务商前 100 位中，服务于网络、数据中心、云计算平台、信息安全等软硬件基础设施建设的基础支撑类企业服务能力较强，具备较高的经济实力、技术水平和抗风险能力。服务于行业数字化能力提升的专用应用类企业数量最多，它们往往聚焦于某个行业通用产品或专注于某个特定数字业务/流程。与之相比，数字化综合解决方案服务商的整体营收能力最强。此外，64% 的企业的营业收入都低于 50 亿元，且主要为创新型企业，营业收入整体偏小，但企业成长潜力巨大。

8.2.3 大数据在企业管理架构思维中的运用

分布式存储、云计算、计算机网络等技术的同步发展，为大数据技术的服务和效率提升提供了条件。伴随着市场上开源产品的出现，大数据平台的开发门槛、运维成本显著降低。而机器学习、深度学习等技术的发展，为数据科学提供了更加丰富的从理论到实践的支撑。企业管理普遍认为一个现代化企业是先有流程再考虑部门的，流程先于部门，流程大于部门。流程是企业日常活动的概括和提取，是企业持续经营的提炼。流程生成部门，部门即组织，所有组织构成结构，这也是企业架构的思维。要在企业管理架构改革中引入大数据思维，不妨从企业运行流程入手。现代企业中，大数据对经营环境、经济业务、商业模式等产生影响，而经营环境、经济业务与商业模式等因素又正向地影响企业流程，进而推进企业管理架构变革。

1. 企业管理架构创新因素分析

商业模式为企业提供了战略规划、运营计划、盈利方式等内容，而大数据技术的引入，会对商业模式产生较大的影响。大数据技术能够为企业提供更准确的市场需求和目标用户喜好，帮助企业制定运营计划。在海量数据的支撑下，企业能够从中获取更加准确全面的信息。价值主张体现企业对用户的实用意义，目标用户群体划分有助于企业明确自己的产品与服务定位。企业可以通过大数据技术分析出目标用户群体的需求，进而抓住核心用户。大数据技术帮助企业探索合适的盈利模式。在大数据时代，流量就代表盈利。如何保留有价值的数据，如何探索适合企业的盈利模式，如何真正地让流量变现，在庞大冗杂的数据中盈利，是大数据时代给企业带来的挑战。

在信息交换如此便捷的时代，用户面临的选择越来越多，一个品牌的出现和消失可能就在转眼之间。只有更好地把握市场和用户，抓住目标群体，企业才有机会在瞬息万变的市场中立足。大数据技术为企业的外部环境带来变化，抓住机遇还是坚持本分，是企业自身的选择。在经济新常态的运行下，国家政策的扶持是企业蓬勃发展的基本保证。社会环境积极向上，居民收入不断提高，文化教育水平也逐渐提升。正如新零售的发展，在大数据技术的影响下，企业的技术环境也有着相应的变化。需不需要、适不适合顺应新时代的新技术，搭上大数据这班快车，适度改良和创新自己的商业模式，这是企业在大数据技术的浪潮下需要做出的选择。当企业的商业模式以及外部环境被大数据的浪潮所影响时，企业内部管理架构就需要进行适当的调整。

企业中的每一个环节、每一个业务、每一个部门，每时每刻都在产生数据。迅速增长的数据会给企业带来非常庞大的数据量和计算量。虽然数据量较为庞大，但业务部门之间存在“数据孤岛”的问题不容忽视。企业管理者不仅要考虑到每一个部门，也要把握住企业整体的架构。如何在海量数据中删除无效数据，保留有效信息，如何有效地深挖出不同职能、业务、部门之间的数据联系，是企业管理者在大数据背景下需要面临的难题。

2. 新的企业管理架构的创新模式探索

在外部环境不断变化、新技术层出不穷的时代背景下，不断突破自我、调整商业模式和创新管理架构是企业占领市场先机的必然条件。

在大数据时代，企业需要更好地连接各职能部门，尽可能消除数据孤岛。一方面，企业需要合适的数据仓库设计及管理架构，不同的管理架构需要不同的数据库模型。好的数据库模型可以有效地避免数据冗余和陈旧，更加高效地利用数据。另一方面，企业不妨利用大数据技术对已存储的数据进行清洗和预处理，删去繁杂的、无意义的数据，留下有价值的数据。这是企业面临数据量挑战时，将大数据技术应用起来的可行方法。企业应积极利用新技术，以充分发挥技术给管理、决策带来的作用。

企业用户在使用产品时会产生大量的使用数据和反馈信息，这些数据和反馈的信息可能包括新的盈利方式和市场价值信息。企业面临管理决策时，应避免一味地追求扩大规模、盲目地追求短期利益。在大数据的支撑下，将数据分析的结果、数值模拟的概率作为参考的做法，可以帮助企业做出更合适、更注重市场前景、更加有利的管理决策。当然，在享受大数据带来的便利的同时，企业也要保护好用户的个人隐私和自身的信息安全。例如互联网产品在用户的使用过程中会获得用户信息，企业应具备一定的安全手段和制度来保护用户的隐私，保护商业机密和信息安全。除了技术带来的变革，企业还应将一种数据背景下的创新思维应用于企业管理之中。企业制度影响着企业的发展，企业文化承载着企业的精神，因此企业必须清楚地定位自我，制定合理的企业制度，打造独一无二的企业文化。

8.2.4 企业数字化转型面临的困境与挑战

随着移动网络、云计算、物联网等新兴技术迅猛发展，全球数据呈爆炸式增长，标志着人们迎来又一伟大时代——大数据时代，它的到来在不知不觉中改变着人们的生活方式和思维方式，而对企业产生的影响也更为深远。在大数据时代，企业数字化转型面临着困境与挑战。

1. 企业数字化转型面临的困境

（1）传统模式限制发展　传统产业的特点是“大”而“重”。“大”就是规模大，传统企业在过去的发展中已建立起比较完整、体量较大的组织体系和运营体系。“重”就是企业多年以来积累的人脉、资源、上下游供应链，以及对应形成的利益链条。这些在长期市场竞争中积累起来的知识、经验和能力等方面的优势，是形成企业核心竞争力的关键。

市场环境是动态发展的，在市场环境发生巨变的时候，企业思维定势的优势往往就变成了企业前进的阻力。企业要想适应不同时期的市场环境，实现可持续性发展，就要打破固有的优势和平衡。

传统企业谋求互联网化的转型，仍然是在模仿成功互联网企业的做法而没有实质上的创新。很多传统企业转型时首先会建立电商团队、电商平台，或者入驻第三方平台，但是在如何获取用户方面没有成熟的办法，仍然采用过去的单向宣传、引流的方式，导致成本不断增加，用户却没有增加，电商模式越来越难开展。沿着别人的路走，没有自己独特的有吸引力的东西，很难成功。

经常可以看到互联网公司能够很轻松地进入传统产业，比如智能手机、家电的生产。因为在世界范围内，制造技术已臻于成熟，并有着完善的产业链和优秀的代工厂，互联网企业只要有资金，就可以找到满足自己需求的合作者。传统企业的竞争壁垒在这个技术发达并且高速传播的时代，被一点点打破，但传统企业很难复制出一个互联网公司。例如，传统行业的经营法则是做加法——不断增加生产线、增加产品品类、增加销售渠道、增加员工；而互联网企业是做减法——减少产品、减少营销渠道、精减人员。在对顾客的服务方面，互联网企业却是在做加法，将服务做到极致，传统企业则往往是在做减法，不断精简成本。

互联网时代的产品原则是专注极致，打造单品爆款，吸引用户。而传统企业在互联网时代的最大痛点就是产品卖不出去，积压在仓库里，原因就是产品不够极致。传统企业连接用户的能力较弱，产品的研发设计与用户需求脱节，一般拥有很多条产品线，缺乏聚焦的核心产品。互联网企业的产品法则是“少即是多”。可见，传统企业必须改变自己以往求大求全的思维和做法。

（2）信息控制权的争夺与转移　随着我国经济进入互联网时代，互联网的神秘面纱被掀开，并深入融合到政治、经济、生活之中。与互联网进行融合创新成了互联网时代企业生存和发展的基本技能。传统企业也都在纷纷谋求转型，但是因为传统企业的既定模式和系统已经相对稳固，互联网转型之路更显得困难重重、步履维艰。那么，这些困难是怎样产生的，怎样才能解决这些问题，是每一位企业管理者迫切需要知道的。

互联网的本质，就是连接一切。互联网的世界打破了空间限制，一切基于信息不对称的商业模式都会受到冲击，市场的决定权转移到用户手中。而每一次信息革命，都会加快信息的传播速度，推进信息控制权的转移。

传统企业是以产品思维为核心的。大规模生产、大规模推广、大规模销售，物美价廉是竞争武器，薄利多销是实现盈利的手段和方式。但是在互联网时代，信息越来越对称，对于企业来说，技术、生产的门槛越来越低，造成严重的同质化竞争；对于用户来说，接收的信息越来越多，越来越快速，对产品的选择越来越挑剔。传统企业的品牌霸权和零售霸权都在逐渐丧失，传统企业的红利越来越少，靠中间环节获取利益的企业形态逐渐消失，靠垄断行业建立起壁垒的企业被颠覆，以强制性中心作为生产和制造方式的企业被取代，通过信息不对称的特殊渠道建立起差异化优势的企业失去了固有的优势。

在销售环节，企业通过各种网络媒介直接面对、连接用户，传统的代理制失去了存在意义，去中心化营销逐步普及。在企业管理环节，层级制制约了企业发展，层层汇报、层层审批的管理机制严重影响了企业效率，取而代之的是小米式的去中心化扁平式管理、苹果公司的极致产品理念、海底捞公司的极致用户体验、安卓系统的开放、特斯拉定制重新定义了汽车行业……信息的对称和零距离的沟通，使得商品交易的链条中，每一个利益相关的环节都可以自由、即时地表达。黑箱运作、信息不对称的内幕交易及股东价值优先的传统理念和传统盈利模式都会被淘汰，逐渐被以用户价值为核心理念、人力资本价值优先、相关利益者价值平衡的盈利模式所代替。

（3）数字化人才供需失衡　21 世纪最缺的就是人才，企业之间的竞争本质上是人才的竞争。转型企业无论在转变发展方式、调整经济结构方面，还是在促进产业升级方面，都需要专业技能人才的支撑。而传统企业面临的人才困境是由于传统企业内部人员缺少互联网思维，而从外部引入的互联网人才又不了解传统企业的运作，因此人才缺失成为很多企业转型的制约因素。随着市场的细分，市场竞争的激烈程度不断加剧，社会分工也越来越细，越来越专业化。企业营销，需要专业的营销人才；要开发产品，需要专业的开发人员；要生产制造，需要专业的技能人员。

传统企业面临激烈的市场竞争，依靠过去的粗放管理和规模生产已经不够了，必须采取先进的商业模式和经营思路，其中专业化的人才必不可少。

具体来讲，传统企业在转型过程中缺乏以下关键性人才。

企划人才缺位。传统企业在企业战略、企业文化以及发展规划方面往往没有明确的发展方向，它们更注重企业的生产制造环节，认为实际的生产环节才是创造效益的重要部门。事实上，在企业发展壮大的时候特别需要专业的企划人才来帮助企业规划未来。俗话说，磨刀不误砍柴工，只有制定企业的战略规划，确定企业发展方向，健全企业文化，才能实现企业资源合理配置，突破企业的转型瓶颈。

专业人才比例不足。如今科技的变化、理念的创新日新月异，而传统企业的人员结构呈现老龄化趋势，知识结构陈旧，人员构成不合理。例如，各种专业技术人员的比例不够；销售人员营销观念普遍落后，难以适应互联网时代的营销理念和营销方式；产品开发人员、售后服务人员普遍没有用户观念等等。企业要转型，就必须改变人员现状，招募各方面的专业人才，或者在原有人才基础上进行培训，以适应互联网时代企业的发展要求。

任何一项具体的工作都必须由人完成，人才是最活跃的生产力。因此，转型企业能否解决人才缺失的问题，会直接影响到转型的成败。

（4）转型绩效陷入迷局　绩效管理是企业管理的重要内容，一个优秀企业的绩效管理对完成企业目标、激活员工工作的积极主动性有重要作用。传统企业一般都有完整的绩效管理体系和相应的机制，从绩效任务的计划、分解、执行到考核反馈都有一系列的标准。

绩效管理的过程是动态的，是对绩效实现过程中各要素的管理，也是基于企业战略基础的一种管理活动。有效的绩效管理是传统企业转型的坚实基础。但是，在企业转型过程中，传统企业的绩效管理也暴露出了很多问题，例如绩效管理与企业战略脱节、把绩效考核等同于绩效管理、绩效管理流于形式、绩效管理反馈机制不健全等。

数字化时代的领导，不再是简单的指挥、命令、控制，而是愿景、牵引加赋能。

首先，企业要构建数字化的人力资源平台与决策机制。传统的人力资源职能，在某种意义上已然消失，未来可能会变为平台数字化管理。最终，组织要在平台上实现对系统的支撑和赋能。

其次，数字化生存力与人力资源管理，对人的价值、贡献的衡量，提出了全新的挑战。人的行为与业务活动完全融为一体以后，除了少量新的工作，大量工作都可以实现数字化驱动，人的价值创造过程及成果可以精确计算到每一个流程节点，每一分钟。

再次，未来不是先有岗位再有人，以岗去定人，而是根据消费者需求形成数字化的工作任务。也就是把消费者需求的数字化转化为工作任务的数字化，再形成人才的数字化需求与组合，从而形成数字化的工作合作团队。所以，它是倒过来的体系。

未来，人力资源的核心任务就是“工作任务管理”。追求的是工作任务的配置，而不是传统的人岗配置。同时，组织与人的关系，未来也是数字化的。比如，很多研发人才在一个研发平台上，大家用同样一套语言、同样一套数据进行全球化协同。例如，在华为全球24h始终不间断的研发体系中，一个人在数字化平台上进行协同时，不需要知道对方是男是女、其宗教信仰是什么，大家都依据同一种研发语言体系、同一套数字化研发业务活动来进行协同。

在一个组织的雇佣关系中，合作关系也在实现一种数字化连接，尤其是很多灵活用工的、非标准化的雇佣模式，基本上都是通过数字平台来接收任务、执行任务，从而精准工作的。

在这种大环境的变化趋势下，企业只有建立起一个动态的有效的绩效管理机制，才可以帮助企业保持转型过程中应有的活力和动力，帮助企业顺利地实现转型，并且健康地向前发展。

（5）组织转型缺少方向指引　企业的组织结构就像是一个巨大的机器，各个零件都各司其职，既有分工又有协作，彼此配合让企业正常运转。

我国传统企业在经历了相当长的发展期之后，形成了相对稳定的组织结构，在企业转型过程中，很多企业的组织不但没有发挥积极作用，反而成了企业转型的拖累。

首先，机构臃肿，人浮于事，效率低下。传统企业往往由最高领导者独立决策，任何企业行为都需要层层审批，由最高领导最后拍板，这势必导致决策的滞后性和主观性。而且各个组织之间分工大于协作，呈现“自扫门前雪，休管他人瓦上霜”的状态。

其次，僵化的组织思维。传统企业一般具有增长型的组织思维，以完成绩效目标为目的，不敢冒险和创新。而互联网企业的组织思维是非增长型的，发现机会就去尝试，而且新兴企业的企业文化是允许犯错的。

组织转型是企业数字化转型的前提与基础，只有一个数据引导的、人性化的组织架构，才能支撑起整个企业的数字化转型进程。

2. 企业数字化转型面临的挑战

数据时代的信息来源非常多，有效数据也非常庞大，数据分析方法不断更新，这些改变都会对企业的管理造成不小的挑战。当大数据时代来临时，很多企业只进行了大数据的初步应用，大数据给企业的运营和管理带来了一系列问题和不利影响。

（1）企业不能及时有效地处理数据　在大数据时代背景之下，企业的生产经营状况已经不能对数据质量以及流通速率造成任何阻碍，企业的内部环境和市场环境都在持续的变化发展中，企业需要对更多的数据进行分析与整理，同时也要利用企业近期发展的情况对企业的未来发展情况进行预先推测，从而使企业管理者能够根据市场形势的变化调整企业的发展路径并制定新的发展规划。然而数据信息是海量的，企业管理者难以对有关的数据进行全面精确的剖析，这就可能导致企业管理者的管理决策出现失误，给企业的发展造成一些难以挽回的损失。

（2）数据处理难度大　在大数据时代，数据的增长速度是惊人的。并且，这些数据中存在虚假数据和无效数据，如不能进行有效识别和处理，就无法将数据应用于后续的企业管理中去。除此之外，企业收集数据的途径一般是社交网络和电商平台，这些数据主要是半结构化和非结构化的数据，数据的主要载体是文本和图像、视频。然而，我国大部分企业仅仅具备处理结构化数据的能力，还无法做到对图像和视频的深度处理。如果对这些数据不能很好地整合，那么数据的应用价值就会降低。

（3）数据安全问题　企业在经营管理中必须与外界交流，在交流过程中会产生一些数据，其中部分数据涉及企业的内部机密。对于企业和个人而言，如果数据丢失，则会出现安全问题。这些数据被泄露之后，一些不法分子就会用它们进行不正当牟利。

（4）结果应用问题　大数据这种应用工具是当今比较新型的一种工具，它具有复杂的思维方式。首先，在对数据进行一番分析之后，得到精确结果，这属于定量分析。而在以往，企业管理者普遍使用定性分析，这种差别是巨大的。其次，大数据分析能够对相关关系进行研究，借助大数据，对企业竞争态势和营销策略进行建模预测，通过预测，为以后企业经营管理决策提供参考。

8.2.5　企业数字化转型发展趋势

从要素驱动看，传统企业数字化转型动力从“以技术为中心”向“以数据为中心”加速转移。数字化转型与云计算、大数据、人工智能、区块链等新一代信息技术深度融合，形成“以云化平台为支撑、数据共享为核心、智能应用为关键、轻量服务为特色、可信环境为保障”的基本架构，助力企业单环节技术工具应用向全要素、全流程、全链条的优化重构升级。数据资源融通成为企业数字化转型的核心，带动资金流、人才流、物资流，不断突破地域、组织、技术边界，促进资源配置从单点、局部、静态优化向多点、全局、动态优化演进，促进数据驱动的创新、数据驱动的生产和数据驱动的决策，实现更高质量、更低成本、更快交付和更高满意度。

从流程变革看，传统企业数字化应用从管理、服务等共性环节向全流程深度渗透。疫情期间，受获客渠道锐减、供应链运转难、传统产品无法满足新兴需求等短板影响，传统企业特别是中小企业生存困境加剧，转而依托数字平台，从终端服务环节入手推动线上“数字化突围”。比如，一些企业利用电子商务平台拓展线上经营、精准营销、O2O 服务，一些企业基于移动办公平台开展协同办公、移动商务等远程业务，探索了可操作性强、可复制程度高的实践路径。这将引领更多的传统企业从共性的经营管理、营销服务等环节入手，推动相关业务系统向云平台迁移，采购云化服务，先易后难地推进数字化转型。

从价值创造看，传统企业数字化业务重心从“提质增效”向“开放共享”升级。数字化转型打通企业全要素、全环节、全流程数据链，推动产品与服务、硬件与软件、应用与平台交融，促进产业链各环节及不同产业链的跨界融合，搭建形成开放合作的价值共创生态圈。基于此生态圈，企业与利益相关者共享技术、资源和能力，实现以产业生态构建为核心的价值创造机制、模式和路径变革，从而实现更精准定义用户需求、更大范围动态配置资源、更高效提供个性化服务。

8.3 企业数字化重塑进行时

在过去的 20 多年，企业经历了数字化走向成熟的过程。数字技术已经改变了人员和企业的互动方式。数字的力量从根本上改变了经济模式，也改变了企业的业务模式。为了在数字经济时代的激烈竞争中求得生存并蓬勃发展，企业需要进行数字化重塑。

8.3.1 数据赋能企业治理机制创新

当前数据已成为企业的核心资产和重要战略资源，是重要的生产要素。在数据驱动的数字时代，企业只有将核心业务数据更好地掌握在手中，才能从中获取更大的业务价值，进而优化产品管理，拓展市场新渠道，打造企业核心竞争力，而数据治理就是挖掘这些价值的重要手段和工具。

1. 储备大数据管理的专业人才

在大数据时代，企业要想快速有效地实现管理模式的创新，最重要的就是要储备一支具有数据管理能力的专业化人才队伍。第一，企业的管理者以及人力资源部门要注重将企业内部人才的培养与企业外部人才的引进联合起来，依据他们对大数据专业知识的掌握度，为其安排最合适的工作任务。第二，将管理工作的重心放在企业内部大数据专业人才的培养上，采取定期与不定期的方式组织这类人才进行专业知识的学习以及专业能力的培训，提高他们实际的数据处理与操作能力等。第三，企业管理者也要时刻关注社会发展的趋势，在大数据时代，要培养每一位员工的大数据观念。

2. 及时处理企业数据，使得企业规划更科学

如今，在信息化程度如此之高的大数据时代，更加快捷、及时、有效地处理企业的相关数据，实时把握市场经济的发展态势，并依照企业发展的形势适时做出相符的变动，可以让企业在竞争激烈的市场环境下维持良好的经营状态，获得更加持久的发展。另外，企业需要系统、深层次地搜集和挖掘有意义的企业信息数据，在对这些数据进行整体剖析的前提下，对该企业的大数据进行高质量探究，从而为企业的管理与经营提供一些新的视角。所以企业要注重数据剖析与整理工作，主动把握市场发展的动态信息，促进企业快速且稳定地发展。

3. 提升企业的商业智能化水平

企业的商业智能化水平主要取决于其信息数据数量、质量等多个方面，所以要想提升企业的商业智能化水平，就需要保证企业信息数据的数量以及质量，培养企业管理人员对于大数据处理的意识。企业管理者要意识到数据对于一个企业的重要价值，只有提高企业数据的真切性、正确性和牢靠性，才能促使企业获得更长足的发展。另外，在大数据时代，每一个数据所蕴含的潜在价值都是不可估量的，企业需要不断地提升商业智能化的水平，努力推动企业业务扩展与信息开发工作的前进，依照市场以及企业的现状，建立商业智能化数据网络，加深企业之间的数据流通，达成数据共享。在当今的时代，企业要想在市场竞争中获得更多的市场份额，就要能够从消费者的个人信息和消费记录中发现有效的信息。数据的流动让企业开始正视自己的管理模式并进行调整与修改，其目的就是让自己能够在如此激烈的竞争中立于不败之地。总之，大数据时代给企业带来了发展的机会，同时也带来一些挑战。

8.3.2 企业数字化转型路径探讨

在未来发展过程中，企业数字化转型需要从以下几个方面加以建设。

1. 构建数字化思维模式

企业提升数字化转型的质量，首先需要构建数字化思维模式。要转变传统的经营思维模式，通过数字化思维来强化企业范围、组织范围、流程范围以及IT范围的边界，转变局限于企业内部组织结构经营范围内的传统发展理念，以数字化发展理念为依托，拓展企业生产经营的深度和广度，推进组织的扁平化建设，完善经营流程，实现数字化技术与经营管理的有效结合，从而让企业的经营模式更加科学、高效。

2. 以“客户至上”为纲，推进企业数字化转型发展

企业要做到以“客户至上”为纲，推进企业数字化转型发展。相关建设工作以满足客户需求为出发点，不断提升生产经营的有效性和针对性，这样才能够真正促进企业的良性发展。企业要以“帮助客户成功”为宗旨，以“超越客户期望”为衡量，在企业管理及信息化建设领域，积极服务企业客户，通过数字化技术建设更加先进和完善的经营管理机制，利用互联网来提升服务的效率和有效性。考虑到在互联网不断发展的情况下，每天都产生大量市场信息，且沟通交流的速度不断加快，这使得消费者和客户有了更多可选择的对象，企业如果对相关工作开展得过慢，就会流失消费者或者客户。

因此，企业需要充分认识数字化转型的必要性，基于市场和消费者诉求，不断提升对日益分散的客户需求信息的收集和分析，基于数字化技术来提升自身对供应商信息的反应速度，获取更加系统完善的客户信息，并基于市场发展的需要，针对性推出更为多样和丰富的产品，以此来有效满足消费者的需求。

同时，想要在数字化时代迅速占领市场，企业需要基于消费者线上、线下和移动平台的服务需求，不断优化更为多样化、立体化和个性化的数字化服务机制，不断提升用户对服务的体验，让企业的产品能够在互联网上更具吸引力，不断利用数字化技术来实现网络社交经营质量，搭建互动性更强的沟通交流平台，为企业口碑和品牌忠诚度的维持和提升提供有力保障。此外，企业在数字化转型过程中，一定要坚持“以人为本”的理念，在合理利用数字化技术的同时，注意保护客户的隐私，严格遵照我国法律规定加以管控；在此基础上，积极纳入新鲜血液，让更有想法的年轻人参与到企业数字化建设中来；全面了解消费者的喜爱和认知，通过征询调查了解客户的偏好，以此来提升客户的信任度和消费者的黏性，从而提高企业数字化发展的合理性。

3. 组建团队，培训高技能人才

企业想要实现数字化转型，就需要组建相应的团队，系统地培训高技能人才，为企业的战略转型升级提供良性的人才支撑。目前，现代企业应用互联网的深度和广度都在不断拓展，因此对于人才的要求也在不断提升，特别是在当前数字化转型时期，与大数据和高级分析有关的专业化人才非常缺失，无法为企业的数字化转型提供完善的人才保障。

因此，在未来发展过程中，企业需要系统地引进高级技能人才，强化数字化技术的应用和相关工作的开展。同时，企业要进一步加强内部人才的培养力度，不断强化行业合作，积极与教育培训机构形成良好的合作机制，设定相应的培养目标，针对性地培养发展所需的高素质人才，以此来增强人才对企业发展的重大推动作用。

4. 以“管理 + IT”为方法，提升数字化管理效率

企业要基于数字化时代的特点，以“管理 +IT”为方法，提升数字化管理效率，提升企业管理的前瞻性和可持续性，从而提升市场竞争力，更好地应对市场挑战。在此过程中，企业需要合理确定自己的发展目标，进一步明确数字化战略转型的思路和方案，不断优化企业的运营和业务模式，要在强化客户端管理的基础上，不断实现互联网技术与企业生产经营的紧密结合，尤其是与后台功能和物流服务的深度结合，实现运营效率的提升，以及生产成本的有效降低。

在此过程中，企业要全方位认识到数字化技术应用的目标，然后针对性制定完善的数字化转型发展模式。同时，企业要立足自身发展的需要，设计更加灵活有效的多渠道运营模式，不断推进线上线下产品和服务的无缝对接，不断提升客户的体验感，从而为企业的发展打下良好的基础。

5. 设计完善的数字化转型模式

在企业数字化转型过程中，要设计完善的转型模式，要分阶段逐步推进。首先要实现线下操作的事物迁移到线上，提升效率，构建系统完善的信息系统，优化系统体系，为数字化转型打下基础。其次，借助数字化技术来打破部门壁垒，在企业内不断推进业务的信息化管理，并不断推进集中化、集成化、专业化和规范化的 IT 架构建设，让企业管理的各个应用系统得以统一。通过应用面向服务的架构（SOA）或者企业服务总线（ESB）体系来保证系统间数据传送的质量，并基于专业需要来相应地划分系统，制定完善的企业标准。再次，通过完善的系统机制不断推进智能化建设效果，通过数据的有效驱动来不断提升企业生产和经营的有效性。在这一阶段，要合理应用人工智能和大数据等技术手段，强化对企业组织、流程和规则的重构设计，并基于数据来推动企业的经营和管理质量，实现经营管理的智能化水平。最后，通过智能化的IT架构，使企业的业务得到重塑，并相应地创造新的业务平台，通过打造前台应用层、中台能力层和后台数据层来强化企业的数字化运营水平，让企业真正实现数字化转型发展。

6. 打破企业组织束缚，加强外部合作

在互联网时代快速发展的背景下，企业想要实现数字化转型发展，就需要打破企业组织的束缚，注意强化外部合作与交流。特别是在当前市场产业链条日益完善的情况下，企业与其他企业和客户间的沟通交流日益频繁，企业的一些业务需要外延出去，需要考虑上游供应商以及下游供应商和消费者的需求，系统整合产业链上的各个环节，并注意将其融合到平台上，只有这样才能够实现将企业的销售经营与数字化商家无缝对接。在此过程中，企业要进一步加强合作，转变过去与竞争对手激烈竞争的状况，积极达成合作或者建立联盟关系，进一步统一相应的标准，不断拓展市场，以大数据和物联网等为依托，构建统一的发展标准，从而为自身数字化发展助力。

综上所述，企业的数字化转型是一项系统工程，不仅要利用信息技术来促进自身生产经营技术的革新，而且要进行经营理念的革新及管理机制的创新和优化。也正因为如此，在数字化转型的过程中，企业需要形成完善的数字化认知理念，从经营管理层面和产品生产研发等各个方面全面提升数字化水平，只有这样才能够真正实现数字化发展。

8.4 企业数字化转型典型案例

一场数字化革命正在全球范围内全面推开，我国市场也不例外。对于我国各行业的众多企业而言，数字化转型所蕴含的可观商业价值吸引力巨大。企业拥抱数字化转型已逐渐成为行业共识。下面通过对企业数字化转型经典案例的分析，为传统企业数字化转型提供借鉴。

8.4.1 利群集团的数字化之路

青岛市拥有许多驰名中外的工业品牌，其中利群集团股份有限公司（简称利群集团）这样称雄一方的商业龙头企业也在这里。近年来，在董事局主席的带领下，利群集团获得了突飞猛进的发展：不仅在商业零售和商业物流领域取得了卓越成绩，而且在酒店连锁、药品物流和药店连锁、房地产开发、电子商务、文化投资、金融、进出口贸易等领域也取得了显著成果；业务从青岛走向山东，进而覆盖华东，实现了从区域性商业集团到全国性商业集团的跨越。利群集团位列2019年中国连锁百强企业第23位。

利群集团历来重视科技对业务的支撑和引领作用，从1997年就开始自主实施计算机管理系统，后来又自主研发企业进销存管理系统，率先使用ATM技术建立统一的内部网络，实现了信息资源共享（该项目荣获山东省科技创新一等奖）。所以当利群集团步入高速发展阶段时，领导层首先考虑的就是加强信息系统建设。随着数字化时代的到来，利群集团更是借助一系列数字化技术，实现了跨越式发展。

1. 升级数据中心，夯实基础架构

利群集团改革的第一步就是升级已使用多年的青岛台东数据中心。因为数据中心在企业整体信息系统中扮演着极其重要的角色，无论是正在实施的ERP系统，还是未来要引入的“新零售”技术，都要依托一个强大稳健的数据中心。而数据中心建设必须考虑三大要点：一是确保新数据中心网络的高可用性，二是实现数据中心网络建设的平滑过渡，三是要确保数据中心网络的整体安全性。

利群集团采用思科数据中心网络升级方案，从顶层设计入手，再配合详细的两阶段建设方案。第一阶段新建了青岛利群金鼎大厦数据中心和青岛崂山区枯桃数据中心，这两个新数据中心作为备份数据中心，和现有的青岛台东数据中心构成“主备”模式的集群。在这个阶段，利群集团采用了思科的Spine-Leaf架构为新数据中心布设网络。Spine-Leaf架构又被称为“脊叶架构”，其最大的优点是将数据中心网络从三层扁平化为二层，在减少交换机数量的同时，也减少了延迟和瓶颈。

2. 实施智慧供应链管理，提升企业运营能力

自2017年起，利群集团进入加速发展阶段。2018年成功收购10家华东区公司100%股权及72家大型商超，利群集团由此实现了从区域性商业集团到全国性商业集团的跨越。自2018年8月起，短短5个月，重装开业“利群时代”（原乐天玛特）45家门店，遍布上海、江苏、安徽、山东等多地，集团的全国市场战略布局取得重大突破。

为有效支持集团快速扩张的经营规模，应对“新零售”时代对企业运营能力的挑战，2018年初，利群使用思科统一计算系统（UCS）实施基于SAP HANA的智慧供应链信息管理系统，UCS服务器可将计算、网络、存储融合为一个整体，从而能够全面提升利群集团信息化管理水平，提高运营管理效率和质量，带动企业效益提升。

目前，智慧供应链信息管理系统已顺利上线。系统不仅使利群集团在商业领域雄厚的供应链资源优势得以充分发挥，还帮助利群集团实现了跨业态、多渠道的智能化管理，提高了办公效率，优化了内部控制流程，全面提升了企业智慧零售大数据分析能力和智能管理水平。利群集团在2018年前三个季度的营业收入同比增长6.88%，利润同比增长8.38%。

3. 通过协作平台提高企业运作效率

面对业务跨越式发展中出现的机遇和挑战，除了上线ERP系统以增强企业的运营能力外，利群集团管理团队还特别注重利用科技手段提高企业运作效率。2017年“连云港利群广场”的开业，标志着利群集团开始走出山东、迈向全国。2018年利群集团继续发力华东，一口气开店45家，并成立利群时代南通总部，试水区域化管理。在一连串令人目不暇接的扩张中，管理团队既为全体员工的蓬勃干劲高兴，也注意到随着公司规模的扩大，内部沟通成本越来越高，协作效率却有下降的苗头。驻在不同地区的不同业务团队以前采用的模拟电话加微信的通信方式，已经无法适应跨地区、跨团队的语音+视频+即时通信+文件交换的多媒体协作要求，频繁的集中会议既增加了差旅成本，也让员工在旅途中消耗了大量精力。

利群集团先在青岛总部部署了思科专为成长型企业设计的Business Edition 6000一体化协作平台，提供优质的语音、视频、即时消息和在线状态、会议、视频会议、联系中心服务等功能，又部署了视频会议服务器——Cisco Meeting Server，使任何人都可从会议室、计算机或手机上轻松创建、加入和管理视频会议。在各门店则安装了思科网真SX20/SX80，满足分支机构参加视频会议的需要，还部署了统一通信客户端Jabber，方便员工即时通信。这些措施实施后集团上下反馈良好，利群集团顺势又在新成立的南通总部和华东地区新门店复制实施了相同的方案，现在全集团都可以在统一的协作平台上办公了。

8.4.2 华为的企业数字化转型之道

“道”有两层含义：一是华为作为一家企业走过的数字化转型之路和正在前进的数字化之路，二是研讨面临的数字化转型，以及如何共同探索出具有中国特色的行业、企业数字化转型之路。

华为2018年的年收入大概是7 000多亿元，业务遍及全球170多个国家，每年输出2亿多部手机，集团有18.9万名员工，每天的邮件量达到280万封，整个集团一年产生的数据有3.5PB。从2016年开始，华为每年都会把年收入的2.1%投入到集团数字化转型中。

华为有一句老话：企业要发展，企业的领导人要一手拿着望远镜，一手拿着显微镜。望远镜是要知道企业下一步要解决什么问题，显微镜是要能洞察企业存在的问题。华为关注的焦点，就是如何从这两个角度找到企业调整的方向。

华为的企业核心文化之一是自我批判。华为在不断地追求变革，通过创新解决企业问题，促进企业不断地成长和发展。鲍尔曼讲过，一个企业和一个国家发展最大的原生动力来自于内生经济成长动力。如果把华为比喻成一架飞机，它的发动机、油箱等关键部件是好的，但要想飞得更好更远，就要不断地对这架飞机进行改造和完善。

著名管理学家陈春花老师说，一个企业要能够洞见自己存在的问题。华为当时的营收大概是3 000多亿元，消费者BG业务高速发展。但是华为的库存账实一致率只有78.6%，这意味着华为大概有20%左右账实不符。这对华为未来的发展而言有很大的风险，华为的净利润率只有不到10%，却有20%左右的账实不符。华为希望通过数字化转型，来解决这个问题。

华为为了实现收入增长一倍、人员不显著增加的目标，早在2016年就确定了公司未来五年唯一的战略变革方向——数字化转型，希望实现全连接的智能华为，成为行业标杆。

企业的数字化转型无外乎就是三个重构。一是利用数字技术打破边界，重构客户体验流程，即让客户和企业发生的需求、交易、体验全面提升；二是重构企业的制造，通过调整企业的资源配置，让企业的运营效率、决策准确度大幅度提升；三是重构企业产品和服务的创新流程。数字化转型会产生很多商业模式，华为原来是一个典型的依照国际标准做通用产品服务的公司，未来的时代如何利用工业革命的规模制造优势、快速响应千变万化的客户需求，这对组织流程再造、产品和服务创新提出了更高要求。

自2016年开始，行业数字化转型、企业数字化转型已经成为热词，它们实际用于解决三个方面的问题。

非云原生和非数字原生的企业，数字化转型就是要解决在工业革命时代没有解决的效率和成本问题，特别是服务效率和成本的问题。机器革命的时代，通过机器装备、精益制造、制造资源计划（MRP2）和企业资源计划（ERP）的实施，大幅度提升了生产效率。利用数字化技术突破边界，可以让制造业同时做到产品质量更好、服务更优、成本更低。过去没有数字技术和创新，只能三取一或者三取二，不可能同时做到这三点。华为通过数字技术开展数字化转型，解决了这一问题。

现在大多数传统企业都面临着同一问题，即原来所谓的信息化时代构建的 IT 系统基本上是功能化的、烟囱化的、封闭的，是给内部人使用的，是人在找 IT。所有的决策数据和赖以信任的 IT 系统基本上都是靠人来录入数据。但是如果人犯错呢？所以封闭的 IT 系统是不能满足需要的，所有业务流程不能都是烟囱式的、端到端的流程，不应是面向客户的，而应是面向功能的。

完成一个正常的业务活动，华为的交付人员要打开 26 个 IT 系统，要进行 30 多步操作。绝大多数企业员工出差最少有四五个电子流需要填——出差申请、机票预订、酒店预订，可能还要备用金和请假，原来功能型的电子流并不是面向客户和用户的。另外一个问题就是，信息孤岛导致数据的准确性、全面性和连通性是没有办法实现的。数字化转型的基础是数据，如果信息孤岛的问题不能得到解决，数字化转型就是无源之本。

数字化转型绝不是简单的先进技术的使用，企业的数字化转型应该回归到解决客户的什么问题，就是回归初心，回到商业的设计理念，能够在更高的层面解决目的性的问题。

没有好的架构规划，华为是建不成坂田基地的。技术是数字化转型的重要手段，但一个可持续发展的架构并不是简单的技术应用，而是解决客户的问题、解决业务的问题。

华为在数字化转型中坚持体验优先，将五大用户放在重要地位，并对场景化的服务进行了细分，划分为 68 个非常离散的业务服务场景、17 大流程，开展全面的服务化改造，形成了 900 多个能力集，就像积木一样可以快速搭建服务。通过生态多云打通数据弧岛，方便企业更快速地实施和决策。

华为本身就是数字化和互联网技术的提供者，过去华为提供的是连接能力，未来将在计算能力上构建全球第二计算平台。在此基础上，华为内部的数字化转型是指会与包括金蝶在内的产业和企业合作伙伴共同打造企业数字化转型的“黑土地”，即公共服务。

在此之上，基于华为的实践构建出华为应用云服务，并面向华为的三大业务集团（BG）、一个业务单元（BU），构建出行业解决方案。通过将能力溢出到华为的公有云以及包括金蝶在内的广大华为产业链上下游的合作伙伴，打造具有中国特色、自主可信的中国企业的互联网数字化转型平台。在这个平台上“长出更多的庄稼”，这就是华为数字化转型“黑土地”战略。华为希望到 2021 年通过内部的时间催生这个平台。

以前数字化转型都是依靠信息技术部门，华为数字化转型则是华为创始人亲自驱动和领导的。华为数字化转型最大的调整就是建立了两个责任清楚的组织：一个是华为内部 IT 云的组织，另一个是和包括消费者 BG、企业 BG、财经营销各大业务体系共同成立了业务、技术、运营的一体化团队。原来业务部门经常说 IT 不好用，IT 说需求没提清楚，运营的人不能发现问题，大家都有太多的退路。如果一个企业的数字化转型没有责任清楚的组织，那么数字化转型是做不好的。

数字化转型绝不是一蹴而就的，要有战略的决心、战略的耐心和战略的韧性，要以客户为中心，再加上业务驱动、用户驱动、技术驱动，架构视野要宽，要在细节的点上快速形成突破，然后推而广之。华为的内部流行语是：方向大致正确，组织充满活力，是应对不确定性的重要手段，这样才能建立一个快速迭代、不断变化的平台。

8.4.3 格力电器：超级计算技术让世界爱上中国造

珠海格力电器股份有限公司（以下简称格力电器）（见图 8-1）是一家多元化全球型工业集团企业，无论是空调的风机、风叶、风道流场、震动噪声、强度、耐久性，还是一系列碰撞与防护试验、管道换热和模具流道、电磁干扰及离心系统等各环节的仿真分析，都正在通过超级计算（简称超算）技术实现数字化。数字化帮助格力电器研发、生产出人性化、高品质、智能化的产品，为民众勾勒未来智慧生活的美好图景，同时也为格力电器探寻下一代制造业的制高点，为服务“中国制造 2025”和“互联网 +”国家战略提供有力支持。

图 8-1　珠海格力电器股份有限公司总部

利用超级计算机远超人类的强大计算能力辅助产品研发，已经成为世界众多顶级制造企业的共同选择。格力电器是我国最早一批在产品研发环节采用 CAE（Computer Aided Engineering，计算机辅助工程）的家电制造企业之一。在格力电器技术积累的初期阶段，使用单台个人计算机运行 CAE 就可以较好地满足研发的速度和质量需求。随着格力电器技术体系的成熟和日趋庞大，企业技术创新能力进入从“量变”到“质变”的阶段，对技术创新速度的要求随之提升。然而，受限于分散的计算资源，许多研发人员提出的技术思路与方案想要借助 CAE 进行仿真分析时，不得不以“排队”的方式轮流验证，而计算力的不足也使得仿真分析的过程变得令人难以忍受。

上述问题曾让格力电器信息部颇为苦恼：随着研发队伍的不断扩大，每天会有十几个甚至几十个技术方案需要在 CAE 仿真分析平台上验证。比如说同一款产品我们会有几个或者十几个方案，只有通过 CAE 仿真分析平台全部验证之后，才能选出最佳的方案，开始进行样机的生产。同时为了保证精度，平均每个方案都需要进行 5 ～ 6 次验证。如果没有足够的计算力支撑，产品的创新速度和品质都难以保证。

众所周知，技术专利的争夺是典型的“零和博弈”，谁能率先完成技术的研发和专利申请，谁就能构建起难以突破的专利壁垒，确立巨大的竞争优势。对于始终致力于掌握核心技术的格力电器来说，创新速度与创新能力同样重要。为此，格力电器决定重点建设自己的超算中心，通过引入最新的超级计算技术，为企业的技术研发提供统一并且强大的计算平台支撑。

经过审慎对比，格力电器最终选择了浪潮提供的领先超算平台解决方案。浪潮的 TS10000 高性能计算集群正协助格力超算中心为生产研发保驾护航，对于选择浪潮的原因，格力电器相关负责人坦言道：浪潮很专业，对 CAE 软件的应用特点和瓶颈做了非常详细的分析，并给出了相对应的解决方案。同时，在项目的实施过程中，浪潮还派出了工程与专家团队与格力一起进行整个超算平台的优化，把计算效率做到了最高的水平。

目前，格力电器超算中心经过两期建设，总计算力已突破百万亿次，CAE 的运算速度整体提升了 300%，新产品研发周期缩短约 10%，CAE 应用水平大幅提升。同时，格力电器还将通用仿真应用的计算整合到超算中心，极大减少日常运维，降低运维成本，整体运维效率提升 50% 以上。除了支撑产品研发之外，浪潮的人工智能超算服务器也在协助格力电器进行工业机器人的研发，推动全球智能制造示范基地目标的实现。

8.4.4 事件驱动架构帮助企业数字化转型

事件驱动架构（EDA）是一种设计范例，其中软件组件接收一个或多个事件通知而响应执行。EDA 比 C/S 模式更松散地耦合，因为发送通知的组件在编译时不知道接收组件的身份。

事件驱动架构就是基于事件进行通信的软件架构，具有以下特点：

（1）分布式异步架构　事件生产者和消费者高度解耦（生产者不知道有多少消费者要消费对应事件），事件消费者之间也高度解耦（消费者之间也互不感知）。

（2）更好的性能　由于事件的异步本质，因而软件不易产生拥堵，能够处理更大的流量。

（3）事件处理器　事件处理器可以独立开发、测试、部署，并容易接入整个生态系统，因此可扩展性好。

事件驱动架构可为企业提供一个灵活的系统，能够适应变化并实时做出决策。借助实时态势感知功能，获得反映系统当前状态的所有可用数据，来做出业务决策（无论是人工还是自动）。而事件网格（Event Mesh）对于事件驱动的应用程序，就好比是服务网格对于 RESTful 应用程序。它是一个可配置的和动态的基础设施层，用于解耦应用程序、云服务和设备之间分发事件。

1. 事件驱动架构转型案例一

现代制造商正试图更好地整合运营技术（OT），实现 IT 和 OT 的集成，以优化机器和设备的维护、可靠性、性能、命令与控制。例如，从机床提取丰富的原始数据，并通过应用和分析引擎运行，确保最佳的机器使用和维护。但所面临的关键挑战在于，工厂的各种设备和机器使用了不同的传感器和物联网网关、不同时期的技术和供应商，在各种应用场景下，很难在不同技术之间通信。

通过事件驱动架构，可在不同的技术之间实现由事件驱动的数据传输。可将事件代理部署于物联网网关之间，网关可来自一个或多个供应商，也可将事件代理部署到各种工厂内应用之间，以在不同的技术之间提供统一的事件和数据分发层。

2. 事件驱动架构转型案例二

数字化制造转型的另一个重要目标是实现跨全球供应链的物料跟踪。在当今许多应用场景中，传感器被部署在船舶、货车和飞机的每个集装箱或托盘上，以便在运输过程中跟踪物料和产品，监测运输过程的环境和条件（例如测量湿度和温度），并修正运输工具本身的速度、方向和时间。为实现上述目标，数以百万计的传感器正在被部署。

同时也面临一些挑战。其中一个主要挑战是在网络连接不稳定的情况下确保数据传输。因为以上述方式部署的传感器会用到多个传输网络（和各种 WiFi 网络），且网络通常不稳定，有时在线，有时离线，因此可能会在交付之前丢失事件和其他数据。

通过事件驱动可克服上述挑战。事件代理可部署在货车、轮船或飞机上，并通过连接来接收运输工具所携传感器的所有事件通知。当代理连接到移动网络时，会将之前接收的事件发布到事件驱动系统。当移动连接不可用时，事件将由代理缓冲，并在连接恢复时发送。

8.4.5 国泰君安打造金融云平台，赋能业务创新

国泰君安证券股份有限公司（以下简称国泰君安）作为我国证券业全面领先的综合金融服务商，多年来始终以客户为中心，深耕我国市场，为个人和机构客户提供领先的综合金融服务。与此同时，国泰君安高度重视对信息科技的战略性

投入，持续推进数字化转型创新，在信息技术推动证券业务发展方面有着长远规划和思考。

1. 三年数字化战略助力引领者

早在2016年，国泰君安就制定了三年数字化战略，建立了“紧抓数字时代机遇，以信息技术和金融科技为手段引领公司发展转型，以数据驱动综合金融服务升级”的总体建设思路，明确提出零售端以“科技+服务”双轮驱动，通过云计算、移动互联、大数据、人工智能等新技术应用，推进公司零售客户服务体系建设，为亿万级用户提供优质服务。

国泰君安夯实数字化金融平台，大力推进数字化建设，金融科技实力不断增强。2019年，公司移动端用户已超过3 200万户，并且已连续11年获得证券行业A类AA级监管评级。

2. 证券行业的第一个私有云实践者

云计算是金融科技的重要领域之一，它通过虚拟化技术实现异构硬件资源（存储资源、计算资源甚至网络资源）的透明池化和共享，实现IT基础架构资源的高扩展性、高可靠性、高弹性按需分配和快速交付。国泰君安早在2013年就采用开源技术Cloudstack构建了证券行业第一个私有云，用于开发测试。

3. 利用OpenStack开源技术构建新一代私有云

2015年起，国泰君安开始采用OpenStack开源技术，并遴选EasyStack ECS（易捷行云）作为云技术服务商，构建新一代私有云。一方面，OpenStack是最近几年最主流的开源云技术，具有稳定开放的技术架构、完整的基础架构资源框架、健全庞大的生态体系；另一方面，开源云技术符合国泰君安发展金融科技的理念，即自主掌控并兼顾个性化的需求。

首先，国泰君安采用OpenStack开源技术，在EasyStack的支持下，快速构建了新一代开发测试云。云服务为国泰君安的应用系统的研发和测试提供了重要支撑，加快了研发进程，缩短了金融产品投入市场的时间。2017年起，国泰君安又在同城灾备中心和异地灾备中心采用OpenStack开源技术，构建重要信息系统的同城灾备云和异地灾备云。私有云的建设和应用，提升了IT基础架构资源的利用率和服务能力，使得国泰君安向着数字化转型战略目标迈出扎实的一步。

国泰君安两地三中心整体架构如图8-2所示。

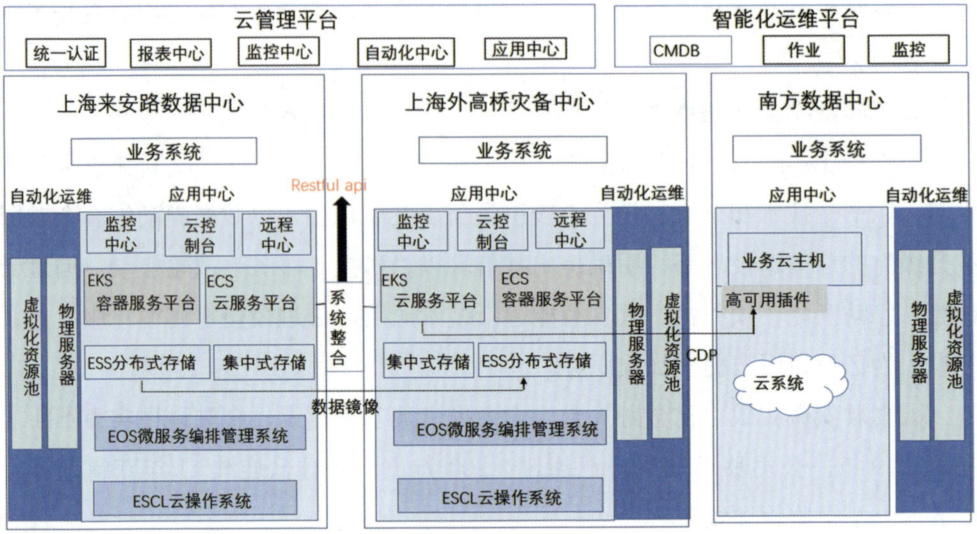

图 8-2 国泰君安证券两地三中心整体架构示意图

同城灾备中心和异地灾备中心是国泰君安的应用系统双活、多活中心。国泰君安通过云平台与智能化运维平台的无缝对接，实现了应用系统所需云资源的自动扩缩容和云资源的异地动态调度，实现了应用多活。

科技引领，创新发展，凭借一流的科技金融企业信息化、数字化基础运营能力，国泰君安不断践行金融报国的公司理念，服从、服务国家战略的使命。未来，国泰君安还将与 EasyStack 在构建应用快速交付闭环、混合云管理、契合国泰工作模式的资源生命周期管理、PaaS 服务和应用集市 SaaS 服务等方面继续合作，共同打造服务自愈、可持续进化、保持技术先进性的新一代金融云平台，持续提供更优质的金融服务。同时，双方将在搭建基于国产化自主可控技术的云计算平台方面开展合作。

8.4.6 中信建设：用数字技术连接“丝绸之路”

如果用哲学的视角去看历史，似乎很多事物的发展规律都可以用螺旋式上升、波浪式前进来预见。当汉武帝派张骞出使西域时，他绝对想不到，2000 多年后，他开辟的这条以运输丝绸为主的线路被后人发扬光大。中信建设有限责任公司（以下简称中信建设）便是“新丝绸之路经济带”上的一个建设者。在数字经济时代，中信建设狠抓信息化与数字化建设，通过业务数字化与运营管理数字化，实现了工程总包行业的“出海”跨越式发展。

“走出去”，是每一个有拼搏精神的个人、企业都拥有的梦想，中信建设觉醒得更早一些。中信建设作为一家国际领先的工程建设综合服务商，十多年前就已布局海外，在 ENR 250 家全球最大国际工程承包商排名中连续多年跻身前列。在“一带一路”倡议下，中信建设更是稳扎全球市场。2018 年中信建设深耕缅甸、柬埔寨和泰国等东南亚市场，成功进入斯里兰卡、马尔代夫、印度等海上丝绸之路市场，项目遍及全球 24 个国家和地区，海外业务占比达 88%。

1. “出海”风险增大：从粗放式管理向精细化管理转变

中信建设业务涉及项目可行性研究、立项、融资、工程建设及运营服务等，提供全生命周期的“一揽子”解决方案。中信建设面临以下挑战：在目前整个国际大背景下，所需大宗物资、能源等的价格极易波动；跨国性工程建设企业的供应链庞杂，其信息化建设方面面临信息化专业人员缺乏等问题；创新投入不足；业务分布地域广泛，网络接入难度大，员工应用公司系统困难；系统运维复杂、网络威胁日趋严重。这一切，使得原有的粗放性管理模式根本无法适应当前的发展要求，这使得中信建设“出海”风险与日俱增。

2. 措施

（1）措施一：利用信息化手段提升精细化管理　中信建设认为最好的办法就是用信息化、数字化手段来提升整个公司的精细化管理水平。通过积极地思考、设计、启动数字化转型流程，实现数字化业务的融合、客户的融合，从而提高总包的管理水平。

以中信建设财务管理为例，通过精细化管理，改变原有总部、大区 / 项目部采用单独账套管理模式下数据收集分析难度大、周期长，以及各账套科目及记账方式不完全一致导致的内部往来核对复杂的问题，利用系统从财务模块抽取和清洗数据，自动合并抵消，有效提升了报表效率，同时也实现了与合同管理、采购管理、库存管理、项目管理、设备管理等业务模块的集成。

再以项目管理为例，通过精细化管理，分解出项目招投标环节以及财务管理等所有环节的具体指标，包括成本管理、合同管理、采购管理、质量管理等，引入 SAP 系统，打通了预算、财务业务一体化、商务智能等，实现了集团层面的化繁为简的管理体系。

成本管理更是精细地贯穿于中信建设整个项目过程，不仅在项目之初实现了对项目成本的策划，确定投标成本、目标成本，签署分包合同、物资采购合同等，同时在实施过程中将物资消耗、计量确认、费用报销等自动累计为实际成本，项目管理人员通过四算对比表了解项目成本情况。上述措施彻底改变了以往中信建设在总包过程中的粗放成本管理模式。

（2）措施二：大集中管理模式是根本　实际上，实现信息管理的精细化需要强大的基础，中信建设通过大集中管理模式，提升集团的精细化管理水平。

第一步，实现人员的集中管理，统一工作思路。中信建设项目众多、地域分布广泛，所以将有限的技术力量集中管理，建立工作机制，重点区域由总部委派 IT 人员到现场负责信息化工作。

第二步，系统集中建设统一数据标准。中信建设的信息系统都是由总部集中建设的，这样能够统一信息系统的数据和接口标准，有利于避免烟囱式的 IT 建设，有效打通数据流。

第三步，系统集中部署统一运维管理。主要业务系统部署在总部数据中心及其私有云，所有用户都访问这两个数据中心，有利于统一运维和管理。

第四步，网络集中管理，统一网络安全策略。

（3）措施三：利用专业伙伴，打通全球“静脉”　目前，中信建设的基础设施分为对内、对外两部分。对内的私有云由公司总部运维的本地数据中心构成，2013 年已经完成了虚拟化。对外的公有云部分与多家云服务厂商合作，使用的服务有 IaaS、PaaS、SaaS，并通过中企网络通信技术有限公司的网络等服务实现了异地数据备份。

在数据传输安全方面，则通过 CeOne-CONNECT 专用网络及 SSL 加密技术，实现了安全的数据传送。

在网络架构方面，中信建设在北上广等基础条件好、网络价格低的大城市，使用中企网络通信技术有限公司 MPLS 专线连接，其他城市使用 SD-WAN 接入方式。

在安全架构方面，中信建设通过中企网络通信技术有限公司的多个安全运营中心（SoC），实现了统一威胁管理、Web 应用防火墙、下一代防火墙、高级威胁防护等一系列安全防护。多年来，中信建设抓住历史发展机遇，从基础建设到大集中管理，再到今天的精细化管理，中信建设为工程总包行业的“出海”闯出了一条数字化效益之路。

8.4.7　小米集团信息化之路

小米科技有限责任公司（以下简称小米）是一家以创新技术为驱动的互联网公司，2019 年 7 月成为世界 500 强。小米的信息化可分为两部分，一部分是生产制造、产销存信息化，另一部分是全球的网络销售。因为小米不仅有以新零售为中心的互联网基因，还拥有很大一部分硬件制造，包括手机、电视、便携式计算机、智能硬件以及制造端生态链等。

小米的信息化建设，是紧密围绕着战略和业务发展的不同阶段和需求来展开的：

2013 年，小米面临最大的问题是小米手机的抢购，信息部聚焦于电商平台，搭建了分布式仓储管理系统、财务预算系统。

2014 年，小米开始拓展亚洲市场，主要是东南亚市场，信息部上线了海外核算系统和供应商结算平台。

2015 年，小米发力生态链建设，信息部着手于智能硬件连接，并对小米智能设备的主数据进行管理。

2016 年，小米重点关注手机供应链系统，信息部首先进行 MRP 和无纸化办公，并重构了印度分公司的财务系统等。其次，对接代工厂，掌握工厂的每一道工序、每一个产线，以便质量系统能追踪到每一个批次。

2017 年，信息部实现了 IT 全球化，组建印度分公司技术团队，启动全球银企直联。

2018 年，小米上市，这对信息部又是一个高难度挑战。信息部基于财务部门的需求和要求，解决了最大、最重要的合规问题，在保证小米成功上市的同时，还上线了预算管理系统、贸易合规系统、供应链金融系统，成立了武汉分部，实现了区域网格信息化，初步建立了全球客服。

2019 年，小米进入了世界 500 强榜单后，信息化压力进一步加大。

1. 小米全球新零售：新零售有道，智慧化无疆

小米双引擎战略有三大支柱：硬件、互联网和新零售。目前小米有三个研发中心，分别处于北京、班加罗尔和武汉，总共管理了全球 500 多个逻辑仓库、20 多个呼叫中心、80 多个国家和地区的销售服务系统以及 9 个国际电商网站，这也是新零售团队负责的业务范围。

下面重点分享小米新零售团队在效率、线上线下协同和数据驱动决策三个方面的实战经验。

在效率方面，小米把从产品上市到售后全过程中的每件事情全部分解成小环节，将每一个环节的效率提升到极致，并且在每一个环节都做好四个路径，即信息化、自动化、数字化以及机器学习 + 人工智能（ML+AI）。注重提升每一个环节的效率，实现精细管理；流程改进对效率的提升，比节点效率提升更重要；充分利用工具，先信息化，再以数据驱动改进；不赶时髦硬上新技术，如人工智能。

在协同方面，线上与线下协同、供应和销售协同。目前有几大发展趋势：电商向传统零售渗透，获得新用户增长；传统零售因电商的竞争而转型，行业趋向线上线下协同；通过精细化运营，抢夺存量用户。小米采用线上线下一体化模式，以自身中台能力支撑各个业务的发展。前台应用包括线上商城、第三方平台、门店系统、直供 & 分销。在整个中台领域，建立了客服、仓储、结算、物流、商品、售后、交易、商户、营销、会员、库存、履约、风控等能力中心，作为业务和运营整套解决方案的基础。线上线下协同是未来企业的标配，能够给用户带来一致的、便捷的体验。

在数据方面，小米通过数据驱动业务、辅助决策。数据驱动决策从凭感觉到讲道理、从碰巧正确到持续正确。首席信息官在数据驱动体系建设中的职责，是建立面向全集团的数据和情报分析中心，推动建立数字化经营管理的文化。

2. 智能平台数字运营，拥有卓越的 ERP 体系

小米是在 2013 年开始布局 ERP 的，基于小米生态链的企业，每一家企业都是一个节点，利用互联互通的大数据的方式，把用户使用数据反向抓取回来。小米生态链上的每一家公司都是小米的 VIP，依赖整个业务发展，并迭代、支撑业务平台的建设。

ERP 是企业的中后台支撑，包含了集团财务管理、供应链管理、供应商管理，向上支撑着互联网、新零售、智能硬件等核心业务，并与公司各个平台和部门业态联动。这意味着在所有业务、交易行为发生时，都需要按照公司财务、管理方面的要求，汇集公司对外披露财务报表等资料，触达公司主要的业务。

2013—2016 年，ERP 主要服务于小米总部（北京）；2016—2018 年，随着公司海外扩张，ERP 主要服务于全球，特别是印度分公司信息化建设；2018 年到现在，ERP 主要服务于武汉分公司。随着公司战略越来越宏大，小米发现单靠一个部门和团队来支撑整个公司全部信息化需求是绝对不够的，需要更多资源和力量的投入。

随着国际局势的转变，小米的产品转外销，所以在财税方面如何应对海外业务需求，对 ERP 团队来讲是一个挑战。尤其是在小米上市后，因为上市公司需要披露财报，所以使得信息化中的合规性非常重要。在合规和管控方面，小米重点关注访问控制、过程控制、全球贸易服务、风险管理。

在全球贸易及合规管控方面，企业需要考虑关务管理、贸易合规管理以及贸易优惠管理，有效的管理有时能带来一些间接收益。

风险治理及合规涉及 GRC 风险合规驾驶舱，主要用于职责划分、资金风险管控，防止虚假交易。小米将公司主要业务系统和主要人员进行权限职责分离，由内控部门进行有效审核。

在2012年之前小米的财务系统使用的是国内软件系统，由于业务的飞速发展，小米决定在2012年底搭建以财务为导向的财务信息化平台。财务信息化平台包括数字运营平台和共享运营平台，具体包括核算报告系统、资金管理系统、税务管理系统、风控管理系统，高效、智能、全面地支撑小米财务核心能力，并考虑建设财务共享中心，共享组织职能设计，明确现有组织分工。财务信息化平台有助于公司高层更快地做出决策、更快地调整战略，使中层管理者能够更快地转变战术。

小米是生产制造型企业，需要打通产业链的上下游，对合作伙伴的生产数据、库存耗用数据等进行收集并分析后确定成本价格，以此为依据清楚地测算产品的收益。

小米通过组建集团级供应链组织，利用ERP提供集成化服务（包含了订单管理、计划管理、生产管理、采购管理、物流管理和成本管理），实现与上下游的紧密配合。小米供应链协同平台SRM3.0拥有20多种平台级解决方案，可以对供应商和代工厂、采购业务和非生产业务等进行管理。

小米表示，其硬件综合净利率永远不会超过5%。要达到这个目标，就需要算清成本、控制住各项成本、制定成本计划等。以代工厂为例，就涉及物料的耗用、生产过程中的耗用等。所以小米在成本精细化、数字运营方面，做了重点管控，并赋能合作伙伴。

3. 小米研产供领域的发展历程

小米“铁人三项”商业模式包含了新零售、互联网服务、智能硬件三个部分。小米既要向传统企业虚心学习，吸取传统企业生产制造和研发经验，也要基于互联网基因，在传统业务领域基础上，通过互联网技术进行创新，尤其要在信息化建设和平台搭建方面进行创新。

小米从2016年开始加大相关供应链领域的信息化建设投入，下面从数字化研发、质量管理、供应链计划、代工厂管理四个不同的领域，详细展开介绍。

（1）数字化研发平台　数字化研发平台主要是指小米整个硬件研发体系的支撑平台。小米搭建了集团性大平台，服务于各种不同的硬件产品研发，体现了小米的互联网企业思维。

传统企业多是先高层业务决策、制定产品组合策略，然后立项，进行项目管控和市场规划。在产品经济概念下，传统企业的最终才是研发阶段对不同阶段的支撑。小米先从底层入手，从产品研发的各个阶段入手提供相关数字化支撑，然后慢慢往上延展，最后实现数字化服务于整个小米硬件业务线。

（2）质量管理平台　集团质量管理平台搭建了三层结构体系。第一层是质量看板、分析报告，主要功能是快速获取不同类型的质量结果，快速发现问题；第二层是品质部日常质量管理，主要是定制质量标准、管理不同部门工作；第三层是跨部门质量管理，主要解决随机质量问题，进行多部门沟通，增强快速响应能力，形成统一口径。

不管是在售后、客服过程中，还是在研发、生产过程中，都会产生大量的质量数据和质量问题。小米积极探索通过大数据分析，发现数据之间的相互关系，以便提前预警，判断或防范未来有可能发生的质量问题。

（3）供应链计划平台　供应链计划平台是工业计划领域非常重要的部分，小米整体工程计划业务架构如图 8-3 所示。已建成的平台功能涵盖了供应链计划的相关业务。供应链计划平台主要分为两套体系，一套是供应链数据报表和绩效分析，另一套是供应链执行业务体系。

（4）代工厂管理平台　如何做到精准、快速回传信息，并通过信息来管理日常业务，是小米所面临的难题。所以小米搭建了代工厂管理平台，该平台主要包括业务协同和业务监控两部分功能。

业务监控，主要是指生产制造企业内部的工单管控、物料管控和设备管控。代工厂把数据及时准确回传，小米据此对代工厂状况进行监控。

业务协同，代工厂把数据反馈到小米的代工厂管理平台，小米也会向代工厂提供需求、设备。代工厂和小米都会使用这套代工厂管理平台，以便做出更便捷的行动。

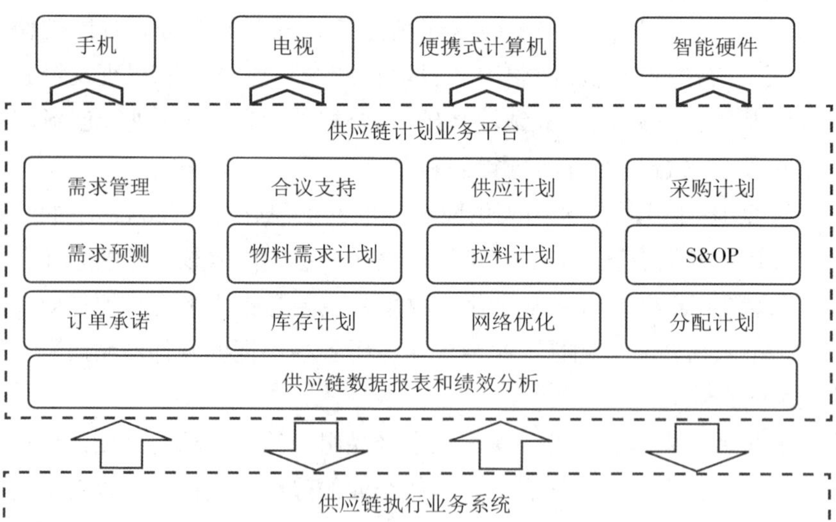

图 8-3　小米工程计划业务架构图

第9章

数据时代下企业治理发展趋势与展望

当前数据治理存在着信息孤岛、数据标准化程度低、质量不足、数据利用程度低、利用难度大、数据监管不完善等难题。如何解决这些难题，支撑起整个数据治理的良性发展？在数据治理逐步渗透甚至变革企业治理方式的背景下，企业治理又将何去何从？本章将结合数据治理的发展趋势及其支撑，从产业互联网、数据融合和工业互联网平台三个方面阐述具体行业的治理变革。

9.1 数据治理的发展趋势及其支撑

透明高效的数据治理体系，是推动数字经济、数据产业高质量发展的制度保障，有助于打破信息壁垒，弥合数字鸿沟，对实现包容性增长、兼顾效率与公平至关重要。完善的数据合规体系、健全的数据隐私保护机制以及数据标准化是实现透明高效数据治理体系的支撑。

9.1.1 数据合规的逐步完善

国家之间的数字经济竞争既是技术的竞争，也是生态的竞争，更是数据治理理念和规则体系的竞争，完善的数据合规是数字经济竞争的有力支撑。当前欧盟和美国等地分别实行不同的数据规则体系。参考欧盟和美国以及发展中国家的数据规则体系，对于探索具有我国特色的数据产业和数据经济发展模式具有重要意义。

1. 国外数据规则体系

（1）欧盟“内通外严”的数据规则体系　从市场来看，欧盟互联网日均活跃用户达到 3.15 亿人，到 2020 年数据经济增加值达到 7 390 亿欧元。总体来看，欧盟是数字市场的消费者而非数字产品和服务的主要提供者。基于消费者的身份，欧盟选择建立高水平数据保护规则的同时，不断促进数据在欧盟区域内自由流动，其数据规则体系框架已经基本成形并呈现以下特点：

1)应对安全和执法需要,提出数据的长臂管辖要求。虽然《通用数据保护条例》（GDPR）已经有相关的长臂管辖条款，但是基于安全和执法需要，欧盟强化了对数据控制权的诉求提出《电子证据跨境调取的议案》，在欧盟运营的企业可以直接调取其存在欧盟境外的数据。

2）通过建立高标准的数据保护要求，对数据流出欧盟提出“充分性”保护要求。例如，欧盟围绕单一数字市场战略，做了大量的顶层设计。其中，GDPR建立了一套高标准的数据保护机制，赋予了数据主体大量的权利，对侵害欧盟公民数据权益的企业提出巨额的惩罚标准，同时对数据流入国设置了严格的“白名单”制度。作为GDPR的特别法，于2019年实施的《电子隐私条例》，在个人电子通信数据保护方面提出了更高的标准和要求。

3）通过推进数字单一市场战略，消除区域内数字壁垒，支持数据在欧盟境内自由流动。从《欧洲数字议程》和欧盟“数字单一市场”战略的内容来看，欧盟非常重视数据的相关财产权益，希望通过推进数字单一市场战略，消除区域内数字壁垒，支持数据在欧盟境内自由流动，大力推动数据经济发展。GDPR的第一条就强调，不应出于对个人信息权利的保护而限制个人信息的自由流动；2018年4月欧委会发布《欧洲企业间数据共享研究报告》，加强对企业间数据共享的支撑，促进欧洲数据经济的发展；2018年10月，欧盟通过《非个人数据在欧盟境内自由流动框架条例》，促进欧盟内部非个人数据在欧盟境内自由流动。

总体来讲，欧盟数据法律规范体系已经对国际数据治理产生了重大影响。特别是在个人数据保护方面，韩国、日本、印度、巴西等国家的数据立法和规则均已向欧盟的GDPR靠拢。

（2）美国“全球延展”的数据规则体系　美国既是数据经济和数据产业的主要消费国，也是数字经济和数据产业的主要生产国。根据美国经济分析局对美国数字经济的估算，2006—2018年期间，美国数字经济从9 484亿美元增长到1.849 3万亿美元，数字经济占GDP的比例从7.3%上升至9.0%。数字经济实际增加值年均增长6.8%，超过整体经济增长率1.7%。从实际总产出指数看，从2005—2018年，数字经济的实际产出年增长率为5.2%，高于年平均增长率为1.5%的经济总量，呈现出逐年提高的趋势。

在数据经济和产业数据领域，美国企业实力强劲，美国数据法律规范体系的核心是支持全球数据自由流动，支持数据企业全球扩展，谋求数据的经济价值，同时也对特殊领域的数据进行严格保护。具体措施如下。

1）依托大量掌握核心技术的跨国公司（数据实际控制者），支持数据全球自由流动，并充分发挥行业自律组织在数据规则制定中的作用。除公共机构、金融、教育、保险和儿童上网隐私等涉及敏感个人信息的领域外，其他领域并没有相应的数据立法。同时，美国积极推动全球数据贸易规则的制定，在与欧盟、墨西哥、加拿大等国家和地区签订的协议中，增加消除数据流动壁垒的条款，促进双边的数字经济与贸易活动。

2）为应对国家安全和高科技技术扩散风险，对包括数据在内的高科技领域进行限制外资投资的立法。2018 年 8 月，美国出台《外商投资风险评估现代化法案》，要求对外资投资美国高科技企业和涉及美国公民敏感信息的企业进行审查。例如电信领域，美国要求国外网络运营商在美国为消费者提供通信服务的通信基础设施应位于美国境内，并将通信数据、交易数据、用户信息等仅存储在美国境内。

3）为了增强美国执法机构获取数据的能力，2018 年 3 月，美国国会通过了《澄清境外合法使用数据法》（CLOUD 法案），授予美国执法机构要求在美国运营的主体提供境外存储的数据的权力。

（3）发展中国家多数采用较为严格的数据规则　发展中国家无论在技术方面还是在基础设施方面，都较依赖国外。基于数据过于流通却无法把控国家安全和隐私的现状，大多数发展中国家采用严格的数据规则以限制流通。

2. 国内数据规则体系

我国数据治理法律规则体系建设相对比较缓慢，主要围绕国家数据安全和个人隐私保护的需求制定了一些法律法规，数据产业领域的规则建设相对落后。主要相关法律法规如下。

（1）综合性法规方面　《中华人民共和国网络安全法》第三十七条对个人信息和重要数据存储进行了原则性规定：“关键信息基础设施的运营者在中华人民共和国境内运营中收集和产生的个人信息和重要数据应当在境内存储。”

《中华人民共和国民法总则》第一百二十七条规定：“法律对数据、网络虚拟财产的保护有规定的，依照其规定。”该条关于数据保护的规定显然指向数据中所蕴含的财产权利。

《中华人民共和国民法典人格权编》纳入了“隐私权和个人信息”部分，对个人信息的范围及相关数据的收集、利用、保护等问题做了明确的规定。

（2）个人数据安全方面　最高人民法院、最高人民检察院发布的《关于办理侵犯公民个人信息刑事案件适用法律若干问题的解释》，对侵犯公民个人信息犯罪的定罪量刑标准和有关法律适用问题做了全面、系统的规定，有效震慑了“数据黑产”从业人员和机构，取得了很好的效果。但是仅依靠一纸司法解释，很难彻底地解决“数据黑产”的顽疾，切实需要进一步制定相关的数据收集、流通、利用规则，使得数据产业发展有法可依、有规可循，企业可以更加公开透明地进行数据相关的商业活动和变现，公民个人可以更加信任数字经济发展。

（3）立法趋势　国家数据安全和个人隐私保护是我国数据规则体系的重点，也是立法机关关注的重点，《中华人民共和国数据安全法（草案）》和《中华人民共和国个人信息保护法（草案）》已经被纳入立法规划。以多大限度赋予个人对数据的财产权益、以哪些手段确保数据安全等，将是立法中难以把握尺度的重点，并对数据财产权益的划分和数据安保措施产生影响，进而影响数据产业和数字经济的发展。

（4）我国数据合规完善的方向　在当前数字经济的全球化浪潮之下，我国应综合考虑国家数据安全、数据产业发展、个人隐私保护三个层面的诉求，构建国家、企业、个人三方利益平衡的数据法律规则体系。要认识到数据产业发展是维护国家数据安全和保护个人隐私的基础和前提，法律规则要支持数据技术和产业的发展，支持通过掌握核心技术不断提升数据的控制能力，并将最新技术用于新的安全防护体系和个人隐私保护体系之中，真正实现国家安全、产业发展和隐私保护的统一。

9.1.2　数据隐私保护机制的逐步健全

个人隐私保护是国际通用的数据治理原则之一，以个人隐私保护为诉求可以更好地进行国家间对话，是维护国家数据安全的重要手段，也是数据产业健康发展的内在要求。

1. 当前数据隐私保护现状

在数据化浪潮之下，数据隐私安全风险也日益受到社会和各行业的重视。下面结合国内外的数据隐私保护进行探究。

（1）英、美、澳隐私保护现状　英国《数据保护法案》（*Data Protection Act*）规定“个人数据”是指“可识别的、活着的个人数据组合，包括数据机构占有或可能占有的他人信息、任何关于该个人的观点表述”；美国《隐私权法》（*Privacy Act*）以“记录”指称“个人数据”，其个人数据是指“与一个人相关的单项信息、信息集合或一组信息，包括但不限于他的教育、金融交易、医疗病史、包含姓名的犯罪前科或工作履历、识别号码、代号，以及其他专属于一个人的标记，如指纹、声纹或照片”；澳大利亚《隐私权法案》（*Privacy Act*）用“个人信息”指称“个人数据”，其个人数据是指“关于个人的信息或观点，不论是否属实，是否形成记录材料，一旦它可以清晰合理地确定和识别出个人，即是个人信息”。美、英、澳三国均设立了政府数据开放隐私保护的专门机构，而且相关政策法规对这些机构所承担的具体职能进行了明确规定。

美国管理与预算办公室是美国政府数据开放隐私保护的领导机构，从总体上负责指导和监督政府数据开放隐私保护工作；联邦隐私委员会、数据完整性委员会、资料保护委员会和总务管理局是美国政府数据开放隐私保护的执行机构，其中联邦隐私委员会负责政府机构个人数据搜集环节中的隐私保护，数据完整性委员会负责审查政府机构个人数据保存环节中的隐私风险，资料保护委员会负责监督政府机构个人数据使用环节中的隐私风险，总务管理局负责评估美国政府个人数据系统与数据项目中的隐私风险。

英国和澳大利亚的政府数据开放隐私保护机构设置遵循权力集中的原则，相关职能集中在一个统一的部门来行使。其中，英国的信息专员办公室主要承担三个方面的政府数据开放隐私保护职能：一是向社会民众宣传和解释政府数据开放隐私保护政策法规，二是推动政府数据开放隐私保护社会合作和公众参与，三是协助政府数据开放中的公众隐私维权。澳大利亚的信息专员办公室下设信息委员会、信息自由委员会和隐私委员会，其中信息委员会负责向政府部门提供数据开放隐私保护的意见与建议，信息自由委员会和隐私委员会负责执行政府数据开放隐私保护的具体工作。

（2）我国数据隐私保护现状　我国目前已初步形成了个人信息保护的法律框架，并从产业监管、市场监管、技术支持和行业自律四个方面设立了信息保护机构。但在跨境数据流动方面，我国尚未配备完善的法律法规，且未设置专门数据保护机构。我国公民对于个人隐私保护的意识较之前虽有一定进步，但还需要进一步强化。

2. 数据隐私保护机制的完善

（1）设立数据隐私保护专门机构　我国应根据自身实际情况，以个人敏感信息和数据安全管理体系以及国家隐私信息保护为核心目标，建立以中央为领导层、各地为执行层的数据隐私保护机构，并设定相应指标评价体系，判断各地数据隐私保护的工作落实程度。在执行层面，以发挥北上深等地区的领头羊优势，将具体落实隐私保护的决策和方式传导到中西部。

在指标考评方面，可具体在个人隐私侵权的意识、侵权案件的相对指数、国际数据流动监管等方面设置具体考核指标和方式。

（2）完善数据隐私保护法律法规　国家统计局公布的第四次全国经济普查结果显示，我国规模以上企业信息化基础稳步增强，信息化管理持续拓展，互联网应用不断深化。2018 年，平均每家企业计算机拥有量超过 50 台。网络支付受到追捧，政府全面推进电子政务发展，在线办事成为政府简化行政流程的重要举措。

这些数据表明我国的个人数据正在被私营机构和政府机关大量收集、存储、使用和流转，因此尽快完善数据隐私保护的法律法规是当前亟需解决的事情。

（3）开发人工智能数据隐私侵权自主查询系统　个人信息被频繁、严重侵犯时，受害者往往并不知情，因此有必要开发出一套人工智能自主查询系统，用以筛查网络中的侵权行为。

网络侵权的自主筛查，能够从根源上有效遏制网络诈骗、电信诈骗等事件。

（4）宣传数据隐私保护　我国公民隐私保护意识薄弱，普遍存在一种“网络上的所有东西都是免费的、可以使用的”心态。以“人肉”搜索为例，它严重地侵犯了个人信息隐私。因此，在我国对数据隐私保护的宣传任重而道远。

9.1.3　数据标准化

目前各地方对于开放的数据都能提供基本的元数据信息，包括数据名称、发布单位、数据分类及数据描述等，但对平台的元数据并没有统一的标准，著录的元素、元素的取值范围和元数据文件格式等都不尽相同，多样化的标准以及广泛、差异化的命名实践都阻碍着元数据基础设施的形成。

1. 国外 OGD 元数据标准

国外政府纷纷在建立“开放政府数据”（OGD）平台的同时开始制定 OGD 的元数据标准，以提高开放数据的效率和利用率，保证数据开放的高质量，增强公众对数据的理解与获取。以下分别对美国、英国、澳大利亚、加拿大和欧盟的开放平台的元数据标准及相关政策进行比较分析。

（1）美国：开放数据项目主导　美国真正将开放数据的元数据落实到政策中的标志是 2013 年 5 月签署的《开放政策 —— 管理作为资产的信息》备忘录。其中第一部分提及“使用共享核心和可扩展的元数据”，规定了政府机构必须使用共享核心的元数据描述信息，并与开放数据项目中数据创建和收集的最佳实践保持一致。2015 年 2 月 1 日，美国政府更新了《开放数据项目元数据模式 V1.1》，对元数据标准有了更详细的注释。2016 年 5 月，美国参众两院审议《开放政府数据法案》，该法案对于公开的数据规定了机器可读性、可检索性和开放性格式三项要求，以及受控词表、元数据文件格式、著录对象、分类和属性、元数据的扩展等。

（2）英国：数据发布前标准先行　2013 年 10 月，英国内阁办公室发布了政策白皮书《国家信息基础建设》（简称 NII），旨在推动加大国家开放数据的力度，明确政府的责任。这份白皮书最新更新于 2015 年 3 月，文件不仅在第七条原则中提到了“相互关联的数据要以标准化的记录方式识别并与其他数据建立联系”，更强调了并非所有的国家信息基础建设数据都会公布或称为开放数据，但是所有的国家信息基础建设数据都必须在元数据中清晰说明，包括开放政府许可下该数据的用途和属性。英国 OGD 元数据标准尚未发布综合性文件，但是相关的元数据框架和标准均已在其开放数据平台说明，包括解释、元素来源、范例等。

（3）澳大利亚：发现、共享与复用　澳大利亚政府的数据开放从 2009 年开始，并与 Web 2.0 技术紧密结合。2009 年 12 月，澳大利亚信息化管理办公室发布的《参与：政府 2.0 的发展》中指出，为了实现和促进 PSI（Public Sector Information，公共部门信息）的发现、共享和重复利用，政府机构需要应用经认可的元数据标准（包括《澳大利亚政府定位服务元数据标准》和《澳大利亚政府交互功能词库》），以符合澳大利亚政府的信息互操作框架，如果不能符合这些标准，就要推迟这些 PSI 的发布。

（4）加拿大：顶层设计典范　加拿大政府从 2001 年开始即对外宣布使用都柏林核心（Dublin Core）作为网络资源发现的核心元数据。2010 年，加拿大政府就开放数据平台更新了其元数据标准。2013 年，作为八大工业国组织（GroupEight，G8）成员的加拿大签署了《G8 开放数据宪章》，其中原则二是注重数据的质量。对此，加拿大政府发布了《加拿大的行动计划》，其中提出数据平台中的数据集必须用英语和法语两种语言充分描述。随后，政府开放数据部门发布了《信息管理工具：加拿大政府开放数据平台元数据实施指南》，主要内容涉及元数据分类、元数据元素描述及关系、元数据使用指南。随后，《加拿大开放政府行动计划 2014—2016》中说明，此三年需要参考其他国际标准来建立和识别开放数据标准，包括元数据和文件格式。加拿大是目前开放程度最高的国家之一，开放的数据高达 20 多万数据集。

（5）欧盟：重视数据的交叉引用和互操作　欧盟的 OGD 政策在成员国中具有重要的引领作用，2011 年 12 月 12 日，欧盟公布的《开放数据 —— 创新、增长和透明治理引擎的通讯》指出，共同商定的元数据的应用能促进数据的交叉引用和互操作，因此可以大幅度提高重复使用的价值。2015 年 6 月 20 日，欧盟发布最新的 DCAT-AP（*DCAT-ApplicationProfile for Data Portals in Europe*，DCAT 应用纲要）第五次修订版，内容包括应用标准的分类以及各分类下的属性和受控词表等。欧盟开放数据门户因其首先面向全部成员国，而成为数据共享互操作探索方面的领先者。

2. 我国数据标准化的方向

我国开放政府数据平台建设需要关注数据的质量，其标准化的程度、数据的标准化程度直接影响复用和与其他数据的互通性。元数据的标准不仅规范了对 OGD 的描述方式，帮助用户理解和发现数据，促进数据之间的共享和互操作，而且对关联开放数据有着重要而深远的意义。数据标准化可以带来的益处有四个：

1）生产和消费的效率。通过自动化过程和非定制工具更容易生成和使用标准化数据集。

2）提高可比性。标准化数据集可以与不同程序和字段的其他数据集进行比较，从而提供新的见解。

3）提高一致性。标准可以为数据元素提供明确定义的含义，并有助于在手动转录时缩小人为错误的范围。

4）更大的投资吸引力。

9.2 数据时代下企业治理的未来展望

在数据化的浪潮之下，可以利用大数据、云计算、人工智能、物联网等技术，将业务各环节数据化，实现治理体系的变革，发展企业数字化转型、产业互联网、数据融合及工业互联网平台。

9.2.1 企业数字化转型

目前国内外关于数字化转型的文献主要还处在概念界定、思想阐述和典型案例佐证方面，对数字化转型的模式和路径研究还相对不足，企业数字化转型过程中遇到很多挑战。

1. 国内外数字化转型现状

企业数字化转型一般包括数字化业务优化和数字化业务转变两类。目前以数字化业务优化为主，主要聚焦在业务优化、管理优化方面，最终达到企业运营效率的提升。

Couchbase 发布的一份调查报告显示，美国、英国、法国和德国的 450 名受访 IT 高管中，绝大多数人在数字转型项目中仍遭遇到失败、效果不理想或延期的情况。在受访者中，81% 的人表示，他们在过去 12 个月里目睹了数字转型项目的失败、遭遇重大延误或缩减规模。约 42% 的受访者表示，他们的进度落后于计划，或者有可能在最重要的数字化转型项目上落后。

73% 的受访者表示，他们经常谈论数字项目的巨大潜力，但大多数情况下，这些项目并不能带来真正的变革。然而，随着时间的推移，这一比例已从 2017 年的 90% 和 2018 年的 80% 稳步下降，这表明越来越多的企业正在因为数字化转型而获利。此外，73% 的受访者表示，数字创新显著改善了他们的终端用户体验，这一比例高于 2018 年的 64% 和 2017 年的 52%。

数字化转型给企业带来了很明显的好处。报告中显示的最大好处是更有效的工作流程，58% 的受访者认同这一点。还有 50% 的受访者表示，数字化转型改善了客户体验并提高了员工的工作效率。

不推进数字化转型项目也存在一定的风险。87% 的受访者表示，如果他们未能进行数字化转型，会感到明显的威胁。46% 的受访者担心会丢失市场，42% 的受访者担心 IT 员工流失到更具创新性的竞争对手公司，32% 的受访者担心员工去其他业务领域工作。

数字化转型的起因并不一定是正确的。大约 52% 的受访者表示，他们的数字化转型过程是由 IT 员工设定的，只有 36% 的受访者表示该策略是由高层管理者制定的。Couchbase 表示，尽管 IT 团队在这一过程中发挥了重要作用，但相关的领导者需要发挥更积极的作用，才能完全转变并使整个企业受益。

推动数字化转型的许多因素是被动的。在调查推动数字化转型的主要因素时，23% 的受访者认为数字化转型是对竞争加剧的一种反应，23% 的受访者认为是由于客户对新服务要求的压力，23% 的受访者认为是监管改革的压力，22% 的受访者认为是由于高管层的压力，只有 9% 的数字转型项目来自企业内部原创和积极的想法。

2. 数字化转型的发展方向

数字中台是企业数字化转型的新途径，它将企业的共性需求进行抽象，并打造成平台化、组件化的系统能力，以接口、组件等形式共享给各业务单元使用。数字中台使企业可以针对特定问题，快速灵活地调用资源来构建解决方案，为业务的创新和迭代赋能。数字中台可分为业务中台与数据中台两种类型。

随着腾讯、京东、美团等互联网头部企业从集团层面推动以搭建数字中台为目标的组织架构变革，数据领域的一批创业公司也纷纷提出数字中台战略，这让越来越多的企业关注数字中台。数字中台是市场、技术、需求多方面综合影响下，企业 IT 治理自然演进的结果。数字中台在各行业中正处于探索实践阶段，规模应用落地仍需时日，虽然企业对它的关注程度较高，但对数字中台的相关概念及整体认知还不足，数字中台建设成本大、周期长。而且各行业尚无统一规范标准，服务厂商对企业客户业务的理解不够，这些成为阻碍数字中台在各行业发展的最大瓶颈，相关产品和技术整体都还不成熟。企业信息化水平相对滞后，不少企业处于观望阶段，在落地阶段企业面临业务改造、技术能力、组织结构、人员储备等挑战。

数字中台未来的应用趋势是向中小型企业赋能，围绕特定场景将出现更多 SaaS 应用，以降低企业的建设成本，并推动企业大数据应用向智能化发展。众多软件服务厂商入局，细分领域将会出现新的头部企业，整个云服务生态竞争会越来越激烈。

9.2.2 产业互联网

国内外产业互联网正处在 3.0 时代，通过新一代信息技术，全面融合互联网和产业链各环节。产业互联网将逐渐向垂直细分领域发展，依靠创新力量推动产业互联网产业模式革新，未来大数据将成为产业互联网发展的主要驱动力。

1. 国内外产业互联网发展现状

（1）我国产业互联网现状　近年来，产业互联网发展步伐进一步加快。通过新一代信息技术，将产业链各环节与互联网全面融合，从而为企业降低成本和风险、提高运转效率。目前，我国的产业互联网从市场规模、市场结构、区域布局上具有以下特点。

1）市场规模。我国产业互联网保持高速增长趋势，未来成长空间巨大，产业互联网发展步伐进一步加快，互联网技术对传统产业的产品设计、生产流程、产品销售等全过程渗透增强，并促使传统产业向智能化、数字化、网络化纵深发展。数据显示，2019 年，我国产业互联网整体交易规模达到了 48 万亿元。中商产业研究院预测，2021 年我国产业互联网交易规模将达 60 万亿元。

2）市场结构。B2B 电商引领产业互联网发展，产业结构基本保持稳定。我国产业互联网产业结构中 B2B 电商占比超过 50%，随着线上采购的普及，B2B 电商将持续引领产业互联网发展，其他细分领域占比基本保持稳定。

3）区域布局。北京、深圳、杭州成为产业互联网企业的主要集聚地。整体产业互联网市场中，华北、华东及华南占据市场主体地位。其中，北京具有良好的产业互联网发展环境优势；深圳具有完备的智能硬件制造产业链，为产业互联网的发展提供了土壤；杭州依托阿里巴巴、网易等互联网企业资源，成为产业互联网创新高地。

（2）国外产业互联网现状　经过几十年的发展，互联网开始成为一个具有足够大规模的产业，开始受到各个企业的重视。美国进入产业互联网较早，产业基础好，互联网在产业领域的应用也相对成熟。从总体现状来看，目前美国和欧洲都存在传统互联网介入产业互联网的状况，同时，传统的实体企业也开始熟练地应用互联网工具，改变自己的生产和经营模式，形成了相辅相成的产业互联网态势。

美国和欧洲的产业互联网参与者没有停留在传统的产业互联网范畴，积极寻找可以创新的产业互联网领域。他们主要关注两个领域：一是全新的市场机遇，例如车联网、自动驾驶等；二是新型技术与传统产业互联网融合带来的机遇。

在云计算技术逐渐普及的过程中，美国的创业者发现了一个新的机遇，这就是“共享经济”，通过云计算技术对实体资产进行数字化改造和管理，让有需要的人群根据使用情况付费，从而形成一种新型的产业互联网模式。

优步是一种最为典型的产业互联网应用。它通过建设一个产业互联网平台，并让各种车辆加入该平台，为整个社会提供交通服务。由于优步不拥有汽车，因而大大降低了固定资产的投入，为优步的运行提供了可能，对传统的出租车行业结构造成了根本性的改变。

2. 产业互联网的发展方向

（1）产业互联网逐渐向垂直细分领域发展　每个垂直细分领域都有其特定的性质，并可能衍生出千亿元级的市场。一方面，在电子商务领域，一些大型综合B2B电商利用自身用户基础和资源优势，开始向垂直B2B电商布局。另一方面，在供应链金融领域，未来融资将更加精细化和集成化，在垂直行业精耕细作，开辟新市场，如教育、培训等，选择现金流相对较好行业，纵深发展供应链金融业务。

（2）创新力量推动产业互联网产业模式革新　2017年10月13日，国务院办公厅发布《关于积极推进供应链创新与应用的指导意见》，这表明产业创新越来越受到国家的重视。未来在国家政策的支持和鼓励下，技术及应用创新将成为产业互联网发展的重要驱动因素，通过领域内龙头企业推动整个行业发展。例如阿里巴巴提出S2B，即服务于中小企业的供应链平台商业模式，为诸多中小企业提供高质量的供应链管理服务，其目的是要充分发挥中小企业自主触达客户的能力。

（3）大数据将成为产业互联网发展的主要驱动力　流量是消费互联网的驱动力，大数据则是产业互联网的驱动力。产业互联网通过将数据与产业中各环节融合，搭建起生产、采购、交易、流通、融资各环节中供应商和客户的无缝对接平台，通过采集、存储、脱敏以及数据结构化等操作，将源数据转变为可快速加工的数据，最终让数据能够快速转化成生产力且快速流通。同时，大数据的应用也更有助于个性化定制和创新型商业模式的出现，使得传统供应链流通得更灵活、更高效。

9.2.3　数据融合

在数字时代，大数据融合是最大限度发挥大数据价值的一种手段，它的实现可以使人类对世界的探索和认识向新的深度和广度拓展。它不同于传统的数据集成或知识库技术，需要大跨度、深层次和综合性的研究方法。

1. 国内外数据融合现状

全球大数据正进入加速发展时期，技术产业与应用创新不断迈向新高度。大数据通过数字化丰富要素供给，通过网络化扩大组织边界，通过智能化提升产出效能，成为实体经济质量变革、效率变革、动力变革的技术依托之一。大数据技术及其融合发展也已经成为最重要的技术发展趋势。

美国发布的《联邦数据战略第一年度行动计划》（Federal Data Strategy Year-1 Action Plan）意味着美国对于数据的重视程度继续提升，并出现了聚焦点从“技术”到“资产”的转变，其中更是着重提到了金融数据和地理信息数据的标准统一问题。此外，配套文件中“共享行动：政府范围内的数据服务”成为亮点，针对数据跨机构协同与共享，在执行机构、时间节点等各方面都进行了战略部署。同时，欧洲议会也通过决议，敦促欧盟及其成员国创造一个“繁荣的数据驱动经济”。不管是否有更多的大数据政策出台，拓宽和深入大数据技术应用已经是各国数据战略的共识。

无论是从新增企业数量、融资规模还是从应用热度上看，大数据的融合正在从传统的电信业、金融业，扩展到健康医疗、工业、交通、能源、教育文化等行业，而且大数据的应用也正在从“虚”向“实”推进。这意味着，大数据与实体经济的融合更加深入，以精确营销、智能推荐、信用评价等为代表的应用不断普及，同时个性化定制、智慧医疗、智能交通等新模式和新业态不断涌现，为培育新兴产业提供了广阔的空间。

2. 数据融合的发展方向

基于数据融合方法具备大幅度缩减装备的研制成本与时间，可以有效解决时间紧、任务重等多方面难题的优点，研究人员将进一步深入探索数据融合方法的适用性，实现与不同领域的结合。具体探索和发展方向如下。

1）数据融合将广泛用于各个学科研究领域，为工程项目的实践提供可靠的数据支撑。目前，数据融合方法已经在电路故障诊断、预测装备剩余寿命等领域得以应用，并取得较好成绩，突显出该融合技术的重要性。

2）数据融合方法综合化和创新化。目前数据融合方法种类有限，且各自均有一定的缺陷，因此创新适用范围广、融合精度高的融合方法会成为研究人员下一步的任务和方向。较为常见的融合方法有贝叶斯法、相关函数法、灰色关联法、D-S 证据法。

3）基于贝叶斯、D-S 证据、最大熵估计等融合方法建立的数据融合模型精度会成为下一步研究的热点和焦点；如何提取主要或有效数据，或剔除失效、干扰、异常数据等数据融合预处理技术也将成为改善融合精度的关键点。

9.2.4 工业互联网平台

高速运转的生产线产生的数据对实时性要求很高，工业大数据的处理相比商业大数据更加困难。而工业互联网云平台需要围绕数据采集、平台管理、建模分析以及平台互联互通等关键技术，实现传统生产制造商从“制造”走向“智造”。

1. 全球工业互联网平台现状

在工业互联网发展初期，工业数字化水平是影响工业互联网市场规模和结构的重要因素，工业设备的数字化水平低是导致平台市场规模低的主要因素之一。但随着工业互联网的迅速发展，在市场需求及新技术的推动下，工业互联网平台的市场规模会持续增长。据权威机构数据预测，到 2023 年全球工业互联网平台市场规模将达到 138.2 亿美元，占全球工业互联网市场规模的 15%，如图 9-1 所示。

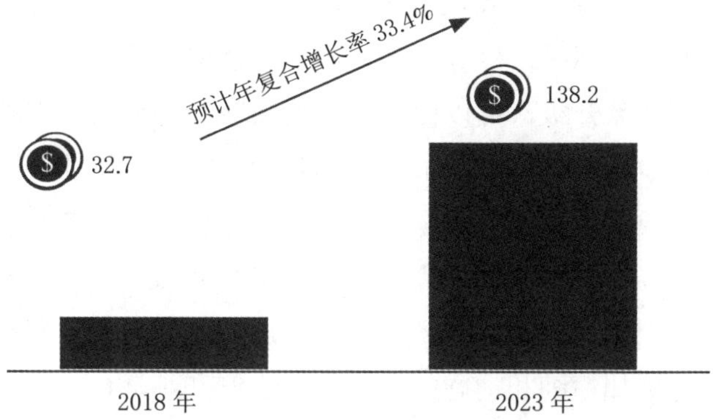

图 9-1　2018—2023 年全球工业互联网平台市场规模（亿美元）

在国家政策大力支持、各省政府高额补贴的刺激下，国内制造企业、工业软件服务商、工业设备提供商及信息通信技术四类企业多路径布局工业互联网平台。近年来，我国工业互联网平台数量实现了快速增长，截至 2018 年 3 月，国内工业互联网平台类产品数量已高达 269 个，由制造企业构建的工业互联网平台占比高达 46%。

2. 工业互联网的发展方向

（1）“智能制造”驱动工业物联网飞速发展　智能制造是伴随着信息技术的发展而逐步发展起来的，已成为制造业升级的主攻方向。从全球角度来看，通过自动化工业设备和系统之间的通信，工业物联网使工厂更加智能化，智能制造成为工业物联网的核心领域。工业物联网是智能制造的一项有力技术，它的进步将在产业升级中助力“中国制造”“互联网 + 先进制造业”，促进制造业进一步降本、提质、增效，推动供应链变革。而随着智能制造超越概念进入企业工厂正在执行的项目，制造商和它们的解决方案提供者将改进这些项目的工业物联网支持技术。

（2）“新型产业生态”推动工业物联网协调发展　工业领域构成的产业生态正在逐步跳出传统生产规模制胜的旧模式，构建起依托节能、智能、绿色三大优势的主动服务体系和行业新生态，形成了物联网时代对现代新型生产制造产业的引领力。环境保护、节能减排是我国乃至全世界都在倡导且经久不衰的话题。工业化发展在创造巨大物质财富的同时，也给空气造成很大的污染，代价极为沉重。即使一些传统企业投入了污染监控设备，环境污染仍然没有得到真正改善。工业物联网解决方案有助于打通工业流程中的生产、管理、运营，构建一个高效节能、绿色环保、环境舒适、人性化的生产环境。因此，以工业物联网思维管理和发展新型生产产业为抓手，以绿色环保产业生态创新为方向，引领智慧环保关键技术革新及设备产品升级，可以促使工业物联网与新型产业生态共同发展。

（3）应用需求增长带动工业物联网市场全面发展　工业应用需求增长是工业物联网发展的主要动能。工业物联网与现有的互联网整合起来，实现人类社会与物理系统的整合。在这个整合过程中，存在能力超级强大的中心计算机群，能够对整合网络内的人员、机器、设备和基础设施实施实时管理和控制。在此基础上，人们可以通过更加精细和动态的方式管理生产和生活，达到“智慧”状态，提高资源利用率和生产力水平，改善人与自然间的关系。工业物联网具有规模性、广泛参与性、管理性、技术性的属性，在企业应用需求的强力影响下，工业物联网将在工业领域内全面开展。

展望未来物联网产业的发展趋势，可以看到，传感器、新型通信技术及工业云平台将发挥重要作用。

参考文献

[1] 王晓林．把握市场经济行动规律与转变经济发展方式 [J]. 当代经济研究，2011（4）：66-70.
[2] 邓心安，高璐．经济时代的发展阶段及其划分标志 [J]. 中国科技论坛，2006（2）：111-114.
[3] 周敏．马克思经济危机理论简述 [J]. 经济师，2011（4）：31-33.
[4] 刘庆龙，张渊，徐沁．现阶段我国四大生产要素作用浅析 [J]. 当代经济，2005（5）：39-40.
[5] 林道立，刘正良，郑群．现代人力资本理论的形成与演化 [J]. 淮海工学院学报（人文社会科学版），2012，10（6）：107-111.
[6] 李习彬．超越工业文明开辟人类社会文明新纪元：摆脱经济危机与构建和谐世界的系统思考 [J]. 新视野，2009（6）：84-87.
[7] 信息产业部电信研究院通信信息研究所行业发展研究部．信息通信技术：推动可持续发展、建设信息社会 [J]. 世界电信，2004，17（5）：40-42.
[8] 陈晓．信息通信技术：可持续发展的推动力 [J]. 计算机光盘软件与应用，2011（16）：16-16.
[9] 刘伟鑫，魏育华．知识经济时代企业人力资源开发与企业管理 [J]. 中外企业家，2020（10）：111-112.
[10] 许继楠．传递成长的智慧 [N]. 中国计算机报，2012-03-19.
[11] 季铸．以智慧经济为突破口，引领绿色发展潮流 [C]//2018 绿色经济遂宁会议．遂宁：民盟中央、全国政协人口资源环境委员会、政协四川省委员会，2018.
[12] 刘莹，周庆忠．智慧经济与智慧城市建设 [J]. 今日财富，2020（8）：19.
[13] 刘尧远．大力发展知识经济，促进生产力迅速发展 [J]. 中国电子商务，2013（3）：187-187.
[14] 赵俊杰．浅析信息经济与知识经济 [J]. 集团经济研究，2007（32）：397.
[15] 官小春，梁莱歆．中外智力资本及其构成研究综述 [J]. 财会通讯，2010（15）：140-142.
[16] 赵罡，陈武，王学军．智力资本内涵及构成研究综述 [J]. 科技进步与对策，2009，26（4）：154-160.

[17] 袁艺，袁一骏 . 智力资本测量模型评述 [J]. 外国经济与管理，2002，24（8）：16-21.
[18] 王勇，许强，许庆瑞 . 智力资本及其测度研究 [J]. 科研管理，2002，23（4）：11-16.
[19] 杨洁 . 知识共享型组织文化的构建 [J]. 人民论坛 · 学术前沿，2011（12）：168-169.
[20] 程扬 . 经济发展的新趋势：智慧经济 [J]. 岭南学刊，2010（3）：64-67.
[21] 陈立枢 . 智慧产业发展与中国产业转型升级研究 [J]. 改革与战略，2016（10）：64-67.
[22] 陈加伟，王蓓蓓，张秋萍 . 基于共享经济背景的智慧企业发展趋势分析 [J]. 商业经济研究，2017（9）：119-121.
[23] 金江军 . 发展智能制造构建智慧企业 [J]. 装备制造，2012：98-99.
[24] 龚炳铮 . 关于发展我国智慧企业的思考 [J]. 中国信息界，2014（2）：64-71.
[25] 谭顺 . 网络经济对中国经济影响的实证分析 [J]. 山东社会科学，2005（1）：72-73.
[26] 杨晓蔚 . 智慧城市建设的德国样本 [J]. 环境经济，2016：72-77.
[27] 翟炜，凌卫 . 智慧经济：杭州转型的战略选择 [J]. 新重庆，2015（4）：41-43.
[28] 李鹏 . 智力资本的识别与优化研究 [J]. 商场现代化，2010（34）：51-53.
[29] 田新朝 . 发展智慧产业助推城市转型升级 [J]. 科技创新与生产力，2012（4）：33-37.
[30] 金环，宋赛南 . 新网络经济对现代企业的影响 [J]. 知识经济，2019（27）：38，40.
[31] 吴祖明，金德万，张梅 . 知识经济形态特征和经济学分析 [J]. 企业导报，1998（5）：4-9.
[32] 叶静，包凡 . 新经济正在颠覆旧经济 [J]. 创业家，2013（12）：18-19.
[33] 沈大勇 . 论美国"新经济"的本质特征 [J]. 国际商务研究，2001（4）：1-4.
[34] 刘贵富，刘杰民，王昕 . 新经济本质特征研究 [J]. 长春大学学报，2002，12（6）：35-37.
[35] 桁林 . 新经济的本质特征与新经济发展模式探索 [J]. 中国科技产业，2001（6）：18-21.

[36] 谢俏洁．新经济和旧经济的交融与互动 [J]. 上海综合经济，2001（7）：4.
[37] 刘治彦．以智慧经济促进发展与环保共赢 [J]. 人民论坛，2014（s2）：19-21.
[38] 杨正宇．当前国内外智慧经济发展的基本形势探析 [J]. 杭州（周刊），2014（11）：38-39.
[39] 朱文晶，阮重晖，李明超．杭州智慧城市建设与智慧经济发展路径研究：基于系统集成的视角 [J]. 城市观察，2015（2）：115-123.
[40] 庄渝霞．智慧经济：和谐社会下经济发展形态的一种新分析 [J]. 发展研究，2005（6）：70-71.
[41] 赵越．智慧经济与智慧城市建设 [J]. 现代经济信息，2019（19）：12.
[42] 胡军燕，纪超逸．智慧城市建设背景下经济增长的多因素分析 [J]. 统计与决策，2015（5）：119-123.
[43] 范广智．智慧经济与智慧城市建设 [J]. 商业故事，2015（30）：22.
[44] 夏兰，陈健．智慧城市建设与区域产业经济融合发展 [J]. 中外企业家，2017（30）：29-30.
[45] 王湛晨．智慧城市建设与区域产业经济融合发展研究 [J]. 全国流通经济，2016（14）：54-55.
[46] 牛海洋．智慧城市建设与区域产业经济融合发展研究 [J]. 中国市场，2018（28）：64，66.
[47] 顾新建，代风，陈芨熙，等．智慧制造与智慧城市的关系研究 [J]. 计算机集成制造系统，2013（5）1127-1133.
[48] 王芙蓉，迟有忠．智慧城市背景下的智慧规划思考与实践 [J]. 现代城市研究，2015（1）13-18.
[49] 宋刚，邬伦．创新 2.0 视野下的智慧城市 [J]. 城市发展研究，2012（9）53-60.
[50] 徐睿．智慧城市：以人为本的创造力 [J]. 资源再生，2013（12）18-21.
[51] 章慧霓．智慧城市建设要注重以人为本 [J]. 建设科技，2015（5）：46.
[52] 杨堂堂．从数字城市到智慧城市的建设思路与技术方法研究 [J]. 地理信息世界，2013（1）63-67.
[53] 马红丽．从智慧城市角度，看数字经济发展 [J]. 中国信息界，2018（3）：32-35.
[54] 王威．智慧城市建设助推数字经济发展 [J]. 中国国情国力，2018（7）：8-9.

[55] 杨德海，尚进．智慧城市建设应以“惠民”为导向[J]．中国信息界，2015，6：87-90.
[56] 杨建武．智慧城市的创新发展研究[J]．兰州学刊，2012（10）42-46.
[57] 吕征奇．论智慧城市的建设对城市发展意义[J]．科技视界，2012（31）67，105.
[58] 郭理桥．城市发展与智慧城市[J]．现代城市研究，2014（10）2-6.
[59] 傅白水．智慧经济引领浙江决胜未来[J]．政策瞭望，2014（7）：51-52.
[60] 傅白水．“四个转换”助力杭州智慧经济[J]．杭州（周刊），2015（4）：15-16.
[61] 王慧珍，卢跃．宁波企业跨国经营中知识产权贸易存在的问题及对策[J]．宁波通讯，2011（15）：34-35.
[62] 张文婷．网络技术的应用与宁波网络经济发展模式初探[J]．宁波大学学报（人文版），2011，24（4）：98-101.
[63] 豆晓利，李嘉桉．智慧经济背景下河南省产业结构战略性调整[J]．经济论坛，2018（5）：125-128.
[64] 王中亚．新产业革命背景下河南信息化发展问题研究[J]．现代工业经济和信息化，2016，6（18）：74-76.
[65] 朱文晶，阮重晖，李明超．杭州智慧城市建设与智慧经济发展路径研究：基于系统集成的视角[J]．城市观察，2015（2）：115-123.
[66] 徐盈群．宁波科技人才开发存在的问题及改进建议[J]．浙江工商职业技术学院学报，2010，9（3）：40-43.
[67] 金江军．智慧产业发展对策研究[J]．技术经济与管理研究，2012（11）：40-44.
[68] 赵君丽，吴建环．发达国家“四新”经济的发展及对上海的启示[J]．上海经济研究，2015（5）：79-85.
[69] 罗超．驾驭智慧技术领跑全国：深圳抒写城市建设最美篇章[J]．中国公共安全，2017（11）：46-51.
[70] 龙叶先．生产方式变革与经济转型[J]．改革与战略，2012（2）：25-27.
[71] 李忠民．知识经济发展理论[M]．北京：中国社会科学出版社，2006.
[72] 张寿宝．智慧资本：知识经济时代发展的基础[M]．北京：北京科学技术出版社，1999.
[73] 汤森．智慧城市：大数据、互联网时代的城市未来[M]．赛迪研究院专家组，译．北京：中信出版社，2015.

[74] 金江军，郭英楼．智慧城市：大数据、互联网时代的城市治理 [M]. 北京：电子工业出版社，2016.
[75] 迪金．智慧城市的演化：管理、模型与分析 [M]. 徐灵，许倩瑛，张宗潮，等译．武汉：华中科技大学出版社，2016.
[76] 杨冰之，郑爱军．智慧城市发展手册 [M]. 北京：机械工业出版社，2012.
[77] 张克平，杨冰之．智慧城市 100 问 [M]. 北京：电子工业出版社，2015.
[78] 高新民，郭为．中国智慧城市建设指南及优秀实践 [M]. 北京：电子工业出版社，2016.
[79] 刘玉书．打造数字经济发展高地，需迎接三大“考验”[N].21 世纪经济报道，2020-09-15（4）.
[80] 何传启．第六次科技革命的战略机遇 [M].2 版．北京：科学出版社，2012.
[81] 陶玉祥，盛利．文化创新与科技创新深度融合　创意产业发展春风得意 [N]. 科技日报，2020-05-28（8）.
[82] 聂永瑜．知识对生产要素的作用与管理 [D]. 广州：广东工业大学，2002.
[83] 吴丹丹．知识共享，HR 能做些什么？ [J]. 人力资源，2007（2）：17-19.
[84] 李江涛．新型城市化要始终坚持以人为本 [N]. 南方日报，2012-10-08（F2）.
[85] 刘波．智慧城市应当“以人为本”[N].21 世纪经济报道，2013-08-08（4）.
[86] 童明荣．大数据：宁波智慧城市建设的新引擎 [N]. 宁波日报，2014-10-14（A8）.
[87] 谢月娣．明晰路径 创新模式 [N]. 中国电子报，2014-02-18（2）.
[88] 杨靖．宁波：巧用财政投入建设智慧城市 [N]. 科技日报，2011-09-14（6）.
[89] 吴学文．助力宁波制造业转型升级 [N]. 宁波日报，2020-09-17（8）.
[90] 宁波高新区（新材料科技城）管委会办公室．宁波高新区：发力科技服务助力新兴产业 [N]. 中国高新技术产业导报，2016-11-07（7）.
[91] 戴桂林，王素．发展向海经济不断催生新业态新模式 [N]. 中国社会科学报，2018-04-09（7）.
[92] 叶小青．数字经济步入快车道智造之城何以再争先 [N]. 佛山日报，2020-06-29（A6）.
[93] 高怡冰．佛山转型升级的动力源泉 [N]. 佛山日报，2017-08-14（F2）.
[94] 邓辉林．信息技术为走在最前列注入澎湃活力 [N]. 深圳特区报，2018-03-26（A2）.
[95] 贾兴东．深圳：电子信息产业在新兴高端领域实现突破 [N]. 中国电子报，2015-12-04（4）.

[96] 国脉互联智慧城市研究中心 .2017 中国智慧城市发展水平评估报告 [R]. 北京：北京国脉互联信息顾问有限公司，2017.
[97] 中国信息通信研究院 . 新型智慧城市研究报告 [R]. 北京：中国信息通信研究院，2019.
[98] 亿欧 .2020 中国智慧城市发展研究报告 [R]. 北京：亿欧公司，2020.
[99] 曹玉旺，张炎明 . 浅析物联网下智慧城市的发展策略 [C/OL]//2011 年通信与信息技术新进展：第八届中国通信学会学术年会论文集 . 昆明：中国通信学会，2011[2020-12-31]. https：//max.book118.com/html/2016/1020/60129631.shtm.
[100] 杨顺元 . 全要素生产率理论及实证研究 [D]. 天津：天津大学，2006.
[101] 陈增辉 . 基于上市公司智力资本的企业价值创造实证研究 [D]. 长沙：中南大学，2011.
[102] 张陶钧 . 智慧城市发展对经济增长促进作用的实证研究 [D]. 大连：辽宁师范大学，2015.
[103] 曾妍 . 基于物联网的智慧城市实训系统设计与实现 [D]. 成都：西南交通大学，2016.
[104] 毛莉莉 . 我国智慧城市建设探究 [D]. 武汉：武汉科技大学，2015.
[105] 俞露 . 面向智慧城市建设的信息内容产业发展政策研究 [D]. 苏州：苏州大学，2014.
[106] 中国通信学会通信管理委员会 . 融合与创新：中国通信学会通信管理委员会第 29 次学术研讨会论文集 [C]. 北京：中国通信学会通信管理委员会，2011.
[107] 王少泉 . 数字时代治理理论：背景、内容与简评 [J]. 国外社会科学，2019（2）：96-97.
[108] 彭锦鹏 . 全观型治理：理论与制度化策略 [J]. 政治科学论丛 ,2005(3):61-62.
[109] 韩兆柱，马文娟 . 数字治理理论及其应用的探索 [J]. 公共管理评论，2016（1）：97-99.
[110] 王浦劬，杨凤春 . 电子治理：电子政务发展的新趋向 [J]. 中国行政管理，2005（1）：75-77.
[111] 徐晓林，刘勇 . 数字治理对城市政府善治的影响研究 [J]. 公共管理学报，2006（1）：14.
[112] 徐顽强，庄杰，李华君 . 数字政府治理中非政府组织参与机制研究 [J]. 电子政务，2012（9）：9-13.

[113] 黄建伟，刘军．欧美数字治理的发展及其对中国的启示[J]. 中国行政管理，2019（6）：36-41.

[114] 黄建伟，陈玲玲．国内数字治理研究进展与未来展望[J]. 理论与改革，2019（1）：86-95.

[115] 刘叶婷，王春晓．“大数据”，新作为——“大数据”时代背景下政府作为模式转变的分析[J]. 领导科学，2012（35）：4-6.

[116] 唐斯斯，刘叶婷．以“数据治理”推动政府治理创新[J]. 中国发展观察，2014（5）：32-34.

[117] 付先平，孙林春，熊伟伟，等．一个分级存储的信息生命周期管理系统设计与实现[J]. 小型微型计算机系统，2009，30(6):1231-1236.

[118] FU X P, SUN L C, XIONG W G et al.Design and implementation of a hierarchical storage information life cycle management system[J].Small micro — computer system, 2009, 30（6）：1231-1236.

[119] 林焱，周志峰．基于数据生命周期模型的数据资源管理剖析[J]. 图书馆学研究，2016（14）：130-133.

[120] 李伟绵，崔宇红．研究数据管理生命周期模型及在服务评估中的应用[J]. 情报理论与实践，2015（9）：38-41.